Götz Fehr – Werner Neumeister

Prag – Stadt an der Moldau

Hradzana.
Arx Pragensis.
Minor vrbs.

Götz Fehr – Werner Neumeister

PRAG *Stadt an der Moldau*

Geschichte · Kunst · Kultur

Verlag Callwey München

Zu Seite 2:
1 Ansicht von Prag, Holzschnitt von Jan Kozel und Michael Peterle von Annaberg, 1562 (Ausschnitt)

CIP-Kurztitelaufnahme der Deutschen Bibliothek
Prag, Stadt an der Moldau: Geschichte, Kunst, Kultur /
Götz Fehr; Werner Neumeister. – 2., erw. Aufl. – München:
Callwey, 1986.
ISBN 3 7667 0825 2
NE: Fehr, Götz (Bearb.); Neumeister, Werner (Ill.)

2., erweiterte Auflage 1986

Herstellung Heide Hohendahl
Schutzumschlaggestaltung Baur + Belli Design, München,
unter Verwendung der Abbildung 16
Satz und Montage Kastner & Callwey, München
Lithos Brend'amour, Simhart GmbH & Co., München
Druck und Bindung Kösel, Kempten
Printed in Germany 1986
ISBN 3 7667 0825 2

Inhalt

Das Stadtbild

Von allen Begegnungen mit der Schönheit Prags wird ein Anblick niemals aufhören, uns zu betören: das große Bild der Kaiserburg überm Strom, wie es sich aufschlägt, wenn man aus der Enge winkeliger Altstadtgassen oder aus der Pforte des Clementinums auf den Kreuzherrenplatz hinaustritt. Unvermittelt fliegt der Blick hinüber zu den Höhen des jenseitigen Ufers, die in weitem Halbrund zurücktreten und einer majestätischen Landschaftsbühne Raum geben – zur Linken die grüne Woge des Laurenziberges, ihm gegenüber die steinerne Front des völlig in Architektur verwandelten Hradschin und dazwischen, die Hänge hinansteigend, die Kleinseite mit ihren Türmen, Kuppeln und Adelspalästen. Die Dramatik des Stadtbildes mit der befreienden Weite des Horizonts erweckt Staunen und Ehrfurcht zugleich, und in der Erhöhung durch dieses Gefühl begreift man den einzigartigen Zusammenklang von Natur, Kunst und Geschichte, der das Wunder dieser Stadt hervorbrachte.

Wie hier aus der Plötzlichkeit der Begegnung der Eindruck des Visionären aufsteigt, wird man auch an anderen Stellen Prags durch Augenblicke der Überraschung immer wieder vom Sehen zum Schauen gelangen und den geheimen Strukturen des Stadtbildes auf die Spur kommen. Denn mit jedem Wechsel des Standpunktes ergeben sich neue Aspekte, und die Herausforderung durch veränderte Ausblicke läßt den Zauber ersten Erkennens ständig wiederkehren. So etwa bietet der Hradschin, bei dem die durchgehenden Horizontalen des klassizistischen Umbaus dominieren, ein völlig gewandeltes Gesicht, wenn man in den Garten des Klosters Strahov hinaustritt und alle Fluchtlinien der Burgfront sich verkürzen – eine Ansicht, bei der die Renaissance-Elemente zum Vorschein kommen – oder er enthüllt seinen mittelalterlichen Kern als turmbewehrte Befestigungsanlage, sieht man ihn vom Belvedere her. Auch das Erlebnis des großen Rundblicks wiederholt sich auf andere Weise, wenn man, die neue Schloßstiege emporsteigend, die Höhe der Burgrampe erreicht und im Zurückblicken die Stadt zu Füßen ausgebreitet findet. Das gleiche Bild erscheint intimer, stärker vom Grün der Gärten durchwoben, verläßt man die Burg durch das Tor des Schwarzen Turmes am östlichen Ende des Hradschin. Am weitesten ausgespannt aber ist das Panorama vom Laurenziberg aus: da nun sind alle Akzente des Prager Stadtbildes, Burg und Dom, Kleinseite, Moldau, Altstadt und die Bezirke der Neustadt in einer Ansicht vereinigt. Die meisten der alten Stadtveduten, vor allem die von Aegidius Sadeler und Wenzel Hollar, wurden von diesem Standpunkt aus konzipiert; denn nirgendwo wirken Natur und Kunst inniger zusammen, wird der Charakter der Stadt als Gesamtkunstwerk deutlicher als aus dieser Sicht.

Bestimmend für das Stadtbild Prags ist die von der Moldau gestaltete Landschaftsbühne. Dem von Süden her andrängenden Strom schiebt sich eine felsige Bodenschwelle in den Weg – gekennzeichnet durch Hradschin, Letna-Hügel und Veitsberg – und zwingt ihn, nach Osten auszuweichen. Es entsteht eine weiträumige Flußniederung mit Steilufern im Westen und Norden und mit sanft ansteigenden Hängen im Osten zwischen dem Felsen des Wischehrad und dem Veitsberg. Das breite, von Inseln und Sandbänken durchsetzte Flußbett begünstigte eine Furt; als letzter

◁ 2 Ansicht des Karlsplatzes in der Neustadt, Ausschnitt aus dem großen Stich von Aegidius Sadeler, 1606

Übergang vor der Einmündung der Moldau in die Elbe zog sie schon in frühgeschichtlicher Zeit Wanderverkehr und Handel an sich. Zwei Handelswege kreuzten hier die Moldau: die vom Süden heranführende Salzstraße und die ost-westlich verlaufende Bernsteinstraße, die Böhmen mit der Ostsee sowie mit Handelsplätzen in Südpolen und der Ukraine verband. Schon um die Mitte des 10. Jahrhunderts kam es in der Ebene des Moldauknies zur Gründung einer Kaufmannssiedlung, aus der sich in der Folge die Prager Altstadt entwickelte. Mit dem Anwachsen des Handels gewann aber auch die auf der westlichen Uferhöhe entstandene Burgstätte, die diesen Flußübergang schützte, an Bedeutung, so daß der Hradschin die slawischen Stammesburgen der Umgegend, vor allem Levý Hradec und Budeč, überflügelte.

Der Zug der beiden frühgeschichtlichen Fernhandelsstraßen, die in der Gegend des heutigen Altstädter Rings zusammentrafen, schafft auch heute noch die großen Verbindungslinien innerhalb der Stadt. Der Weg vom Wischehrad, bei dem die südliche Straße in die Stadt eintrat, über den Karlsplatz, den Altstädter Ring und die Karlsbrücke hinauf zum Veitsdom auf dem Hradschin, wurde zum traditionellen Krönungszug der böhmischen Könige. Den west-östlichen Straßenzug vermag das Auge durch die monumentalen Bauten, die ihn säumen, herauszulesen: beginnend beim Pulverturm über den Turm des Altstädter Rathauses führt die Linie zum Komplex des Clementinums mit seinen Türmen und Kuppeln; dem städtebaulichen Akzent des Altstädter Brückenturmes antworten auf dem jenseitigen Ufer das ungleiche Zwillingspaar der kleinseitner Brückentürme, von denen die Bewegung über Turm und Kuppel von St. Niklas zu den Türmen des Klosters Strahov weitergegeben wird.

3 Hradschin und Kleinseite vom Süden aus gesehen, rechts der Neustädter Wasserturm, Stahlstich von Johann Poppel nach Ludwig Lange, um 1840

Das dramatische Gegeneinander von Strom und Hradschinberg, dem die Stadt die vielgestaltige Landschaftsbühne verdankt, schlägt das Grundmotiv der baukünstlerischen Struktur Prags an: das in stets neuen Variationen vorgetragene Zusammenspiel der Gegensätze – die coincidentia oppositorum, aus der sich Schönheit und Zauber der Stadt immer wieder erneuern. So wie der Przemyslidenveste des Wischehrad die spätere Kaiserburg auf dem Hradschin gegenübersteht, und diese wiederum im Veitsberg mit dem neuzeitlichen Mahnmal, das an Žižkas Sieg über ein katholisches Reichsheer im Jahre 1420 erinnert, einen Gegenpol gefunden hat, so entfaltet sich ein spannungsreiches Widerspiel zwischen dem felsigen Westufer der Moldau und der gegenüberliegenden Flußniederung mit der Alt- und Neustadt. Das kleinseitner Ufer wird seinerseits vom Gegensatz und Zusammenspiel zwischen dem ganz Natur gebliebenen Laurenziberg und dem Architekturmassiv des Hradschin beherrscht. In ähnlich beziehungsvollem Kontrast steht über dem Altstädter Ring die mächtige Fassade der Teynkirche dem Turmkomplex des Rathauses gegenüber. Die Weitläufigkeit des Waldstein-Palais mit seinem festlichen Garten rivalisiert auch heute noch unverhohlen mit dem beengten Königspalast auf der Burg, und oben in der Hradschinstadt fordert die monumentale Säulenfront des Czernin-Palais die helle Antwort des Loreto-Klosters heraus. Auch die Großzügigkeit des Wenzelsplatzes, den Kaiser Karl IV. in diesen Abmessungen konzipierte, will als bewußte Absage an das Winkelwerk

4 Moldau mit Karlsbrücke vom Sommerberg/Letná aus gesehen, Stahlstich von Johann Poppel nach Ludwig Lange, um 1840 ▽

der Altstadt verstanden sein – wie überhaupt der Reiz des heutigen Prag aus dem unmittelbaren Nebeneinander altertümlicher Quartiere und moderner Großstadtviertel entspringt. Besonders deutlich wird die Harmonie der Gegensätze an der Turm-Kuppel-Gruppe der St.-Niklas-Kirche auf der Kleinseite: während konvex geschwungene Mauerflächen und Gebälke die expansive Bauform der Kuppel herausarbeiten, betonen konkave Architekturteile die Schlankheit des Turmes. Durch die asymmetrische Anordnung von Turm und Kuppel ergeben sich mit jeder Veränderung des Blickpunktes neue Überschneidungen, und das ständig wechselnde Zueinander dieser beiden gegensätzlichen Bauelemente verleiht der Kleinseite eine höchst bewegte architektonische Mitte.

Alle diese Kontraste und Gegensätze, die das Stadtbild durchwirken und beleben, sind jedoch letzten Endes nur Gleichnisse eines allgemeinen Zustandes innerer Spannung, der Prag von den Anfängen an eigen war. Die Stadt selbst entwickelte sich aus der Zusammenfassung verschiedenartiger Siedlungen: neben mehreren slawischen Runddörfern gab es gesonderte Niederlassungen wälscher Händler um die St.-Linharts-Kapelle und niederdeutscher Kaufleute bei der St.-Peters-Kirche, eine jüdische Ortschaft am Moldauufer und später um St. Gallus eine befestigte Marktsiedlung bayerischer Kolonisten; allein die Tatsache, daß die Altstadt Nürnberger Stadtrecht und die Kleinseite Magdeburger Stadtrecht besaß, zeugt davon, wie selbst innerhalb der deutschen Bürgerschaft Prags unterschiedliche Lebensbereiche aufeinandertrafen. Bereits in der Frühzeit war Prag also Begegnungsstätte heterogener Bevölkerungselemente und vielfältiger europäischer Einflüsse. Das Miteinander und Gegeneinander dieser Bevölkerungsgruppen ergab zu allen Zeiten einen vielstimmigen Klang, und der künstlerische Reichtum Prags entspringt vor allem dieser in Jahrhunderten bewährten Symbiose. Aus einer Fülle geistiger und kultureller Quellen schöpfend, wurde die Stadt innerhalb des abendländischen Kulturkreises vor allem zum Bindeglied zwischen Ost und West. Die Liebe der Deutschen zu Prag gilt der Erinnerung an eine Stadt, die immer wieder zu Selbstbesinnung Anlaß gab – durch Begegnung mit der Vitalität eines anderen Volkes – und die zugleich die Werte größerer, vom Nationalismus unangefochtener Gemeinsamkeiten deutlich werden ließ.

Wer Prag verstehen will, muß diese Brückenfunktion der Stadt im Bewußtsein halten, denn ihr entspringen Reichtum und Tragik, Höhen wie Tiefen geschichtlichen Werdegangs. Prags geistige Atmosphäre war stets von Spannungen und Auseinandersetzungen erfüllt. Sie fachten die Lebensgeister mächtig an, doch kam es immer wieder, wenn die bindende Kraft des Gemeinsamen versagte, zu offenen Konflikten. Nicht ohne Grund nannte Rilke Prag eine gewalttätige Stadt; denn wie bei kaum einer anderen unter den europäischen Hauptstädten wurde Prags Geschichte durch eine Folge blutiger Ereignisse und Umstürze erschüttert. Davon wird in den folgenden Kapiteln zu berichten sein. So haben auch zu allen Zeiten die Themen von Kampf und Unterwerfung die Prager Kunst beschäftigt – wie dies das Standbild des kämpferischen Ritters St. Georg, der »Gigantensturz« der Freitreppe von Schloß Troja und auf dem großen Deckengemälde im Czernin-Palais sowie die Statuengruppen auf den Pfeilern des äußeren Burgtores vor Augen führen. Auch wird, wer einmal in einer Gewitternacht über die Karlsbrücke ging, begreifen, warum die Statuen der Heiligen mit wehenden Gewändern und beschwörenden Gebärden wie in Stürmen stehen – als Kämpfer und Künder des Glaubens, die allen geheimen Ketzern und Hussiten, Ungläubigen und Abtrünnigen ein Spießrutenlaufen bereiten. Hier, an der pulsierenden Lebensader des Landes, konnte Kunst bekehren helfen.

Überhaupt sind es die Tag- und Nachtstunden atmosphärischen Aufruhrs und die Stunden des Übergangs in denen Prags eigentliches Antlitz sichtbar wird, das wie ein Urbild unter vielen Masken schlummert: das Antlitz einer uralten verwitterten Stadt, die ihr Geheimnis hütet. Wenn an lichtlosen Nebeltagen des Herbstes oder Winters alle Form und Gliederung der Bauten vom Grau der Mauern aufgesogen wird, wenn sich die Häuserfronten dumpf verschließen und auch vertraute Gassen abweisend erscheinen, dann weiß man, daß dies die Stadt des Golem ist, das Prag der Alchimisten, Astrologen und Beschwörer dunkler Mächte, wie sie der menschenscheue Kaiser Rudolf II., aber auch ein Wallenstein, in ihren Dienst beriefen, der Schauplatz dunkel ausweglosen Schicksals, das Kafka in immer neuen Abwandlungen beschreibt. Prag hat erst eigentlich in unserer Zeit den Hauch des Mystischen und Hintergründigen verloren, der ihm Jahrhunderte hindurch zu eigen war. Es scheint, als sei mit der Zerstörung des sagenumwobenen Ghetto und mit dem Bau der Uferstraßen, welche der innigen Verschränkung von Fluß und Stadt ein Ende bereiteten, der Mythos der Unzugänglichkeit dahingeschwunden. Und doch ergreift auch uns noch eine Ahnung jener alten Verwunschenheit, wenn wir, wie im Hause Nr. 16 der Karpfengasse, zwei Stockwerk in die Tiefe steigen und uns unversehens im Erdgeschoß eines romanischen Hauses wiederfinden. Durch immer neuen Schutt hat sich im Laufe der Jahrhunderte das Niveau der Altstadt an manchen Stellen bis zu vier Metern gehoben. So steht auch heute das letzte große Bauwerk des frühen Ghetto, die Altneu-Synagoge, in einer Bodensenke – während nebenan, im eng bemessenen Bezirk des alten jüdischen Friedhofs, der Boden durch ungezählte Bestattungen immer höher wuchs, bis ihn die Umfassungsmauern kaum noch halten konnten. Das Prag von heute ist nur Oberfläche vielfach geschichteter Geschichtlichkeit.

Gerade diese Schichten des Verborgenen, diese dunklen Seiten sind es, die der Schönheit Prags den tieferen Glanz verleihen. So festlich sich die Stadt im Frühling zu geben weiß, wenn Blütenbäume auf den Hängen des Laurenziberges und Hradschin dem Stadtbild allenthalben helle Lichter aufsetzen, so selten gibt sie doch den alten Goldgrund preis, dessen Leuchtkraft der Herbst hervorzutreiben vermag. Das Laub der Bäume in den Gärten malt dann die vielen Farben des Reifens in das Bild, und unter den in zarten Tönen verlöschenden Abendhimmeln findet sich die Stadt in unwirkliche Verzauberung getaucht. Man entdeckt dieses Farbenspiel im verhaltenen Leuchten der Edelsteine wieder, mit denen Kaiser Karl IV. die Wände des innersten Heiligtums von Prag, der Wenzelskapelle im St.-Veits-Dom, verkleiden ließ.

5 Die Prager Burg, vom Norden aus gesehen, Federzeichnung von R. Savery, um 1615 (Ausschnitt) ▷

Überhaupt die Gärten Prags! Innerhalb des festen Gefüges des architektonischen Stadtbildes sind sie, gleich dem Moldaustrom, das Element zeitlosen Wandels, von Menschenhand geschaffene Werke der Kunst, welche die Natur in ihren Schoß zurückgenommen hat. In besonderer Weise gilt dies für den Seminargarten an der nordöstlichen Flanke des Laurenziberges, bei dem heute nur noch die Obstbäume daran erinnern, daß dies tatsächlich einmal ein Garten war; er scheint am schönsten, wo er verwildert ist und sich den ordnenden Bemühungen der Gartenarchitekten widersetzt. Vom Kloster Strahov her stürzt in der Senke zwischen Laurenziberg und Hradschin ein Strom von Grün über die Kaskaden vieler kleiner Gärten in den grauen Leib der Stadt. Hier erkennt man vielfach noch an den Terrassen, daß diese Gärten ursprünglich Weinberge waren, die erst in späterer Zeit den Häusern oder Palästen zugeordnet wurden. Seit Ferdinand I. von Habsburg für seine Gemahlin Anna, die sich nach dem Süden zurücksehnte, beim Belvedere einen Garten nach italienischem Vorbild anlegen ließ, wetteiferten Bürger wie Adelige, die Wohngebäude durch Gemächer unter freiem Himmel zu ergänzen. Besonders großartig demonstrierte diesen neuen Lebensstil der Herzog von Friedland, der ein ganzes Wohnviertel abreißen ließ, um hinter seinem Stadtpalais einen Garten mit Loggia, Volière, Springbrunnen, Teichen, Grotten und einem Labyrinth von Laubengängen ausbreiten zu können. Doch gibt es auch Häuser an der Hangseite der Thungasse, in denen man das vierte Stockwerk erklimmen muß, um dann über einen kurzen Laufgang den Garten zu betreten und, in ihm höhersteigend, den Ausblick über die Dächer der Kleinseite zu gewinnen. Im Gasthof »Zum goldenen Brünnl« ist einer dieser bürgerlichen Terrassengärten der Öffentlichkeit zugänglich gemacht.

Am reinsten aber verkörpert sich die Prager Gartenkunst in jenen Anlagen des 17. und 18. Jahrhunderts, bei denen die Festlichkeit der Stadtpaläste in Freiraumarchitektur umgesetzt erscheint. Die meisten von ihnen finden sich am Fuße des Laurenzibergs und des Hradschin, wie etwa die Gärten der Palais von Lobkowitz, Schönborn, Vrtba, Fürstenberg, Kolovrat oder Ledebur. Indem sie die Stufen ehemaliger Weinberge nützen, steigt man in ihnen über Freitreppen oder Rampen und in den Hang hineingebaute Stiegenhäuser von Terrasse zu Terrasse höher; jedes der kleinen Gartenparterre ist eine Raumeinheit für sich, und jede Höhenstufe bietet einen völlig veränderten Ausblick, bis man schließlich auf der obersten Plattform den gesamten Garten und die Stadt zu Füßen ausgebreitet sieht. Obwohl vielfach auf engstem Raume angelegt, wie etwa der besonders reizvolle Vrtba-Garten, vermitteln sie durch dieses Erlebnis des Höhersteigens und durch die Aussicht ein Gefühl der Freiheit, wie man es sonst nur von großen Barockparks her kennt. Man ist in ihnen der Natur in gleicher Weise nahe wie der Stadt. Wer Prag lieben lernen will, muß die Gärten aufsuchen, in denen sich Vogelruf und Glockenschlag der Turmuhren mit dem fernen Lärm der Großstadt mischen. In ihnen auch erfährt man die Stadt als das, was sie seit jeher war: als großes, von Natur und Menschenhand hervorgebrachtes Kunstwerk – gewachsen durch die Jahrhunderte hindurch, sich selbst ergänzend zu immer neuer Schönheit.

6 Der Hradschin mit der Kleinseite, mit Moldau und Karlsbrücke. Unterhalb des Domchores der ehemalige königliche Palas mit der Allerheiligenkapelle.

Zu Seite 14, 15:
7 Hradschin, Burgstadt und Kleinseite vom Aussichtsturm auf dem Laurenziberg aus. Untere Bildmitte: das Wälsche Spital und das Lobkowitz-Palais.

8, 9 Städte und Burgen

Abb. 8: Blick auf die Kleinseite vom Seminargarten aus mit der Kirche Maria de Victoria im Vordergrund; jenseits der Moldau die Türme und Kuppeln der Altstadt

Abb. 9: die beiden Burgen Prags, der Wischerad am rechten Moldau-Ufer, stromabwärts im Hintergrund der Hradschin

10, 11 Der Fluß im Stadtbild
Abb. 10: die Moldau unterhalb der Karlsbrücke

Abb. 11: der Seitenarm der Moldau, die Čertovka, zwischen Kleinseite und Insel Kampa; letzte der zahlreichen Prager Mühlen, die Großprioratsmühle

12 Die Hradschinstadt vor dem westlichen Zugang zur Burg, vom Turm des St.-Veits-Domes aus. Links im Bild das Palais Salm, danach das Palais Schwarzenberg und die St.-Benedikt-Kirche; an der westlichen Schmalseite des Hradschinplatzes das Palais Toscana, im Hintergrund rechts die Türme des Loreto-Klosters vor der Front des Czernin-Palais. Links oben die Türme des Prämonstratenserklosters Strahov.

13, 14 Die mittelalterliche Burganlage
Abb. 13: das östliche Burgende mit dem Schwarzen Turm aus dem 12. Jahrhundert, davor der Batterieturm Daliborka, von Benedikt Ried, 1496 vollendet
Abb. 14: der Dom vom Belvedere aus, rechts über dem Hirschgraben das Kegeldach des anderen Batterieturmes von Ried, der Mihulka

Zu Seite 24, 25:
15 Die Spornergasse/Nerudová auf der Kleinseite, Fahrweg zur Burg

16 Der Hradschin vom Rudolfinum aus gesehen

15

16 ▷

17, 18 Giebel und Gärten: die Kleinseite, Stadt des Adels, der Bürger und der Hofkünstler
Abb. 17: Neue Schloßstiege mit dem Palais der Herren von Neuhaus, später des Geschlechts Slawata. Das Palais wurde durch den Umbau von drei Häusern geschaffen.
Abb. 18: Der Fürstenberg-Garten unterhalb der Alten Schloßstiege

19, 20 Gärten der Kleinseite
Abb. 19: Bürgergärtchen unterhalb der Schloßrampe, mit dem Palais Lobkowitz im Hintergrund, dem heutigen Sitz der Deutschen Botschaft
Abb. 20: der Ledebur-Garten mit seiner Loggia, überragt von Turm und Kuppel der St.-Niklas-Kirche

Zu Seite 30, 31:
21, 22 Das Stadtviertel der kleinen Leute, der Hofbediensteten und Handwerker, die »Neue Welt« in der Hradschinstadt
Abb. 21: das Gasthaus zur Goldenen Birne
Abb. 22: in der »Neuen Welt«

21

22 ▷

23, 24 Die Stadt der Bürger, die Prager Neustadt am rechten Moldau-Ufer
Abb. 23: der Komplex des Altstädter Rathauses, unter dem Rathausturm die Astronomische Uhr. Hinter den Laubenhäusern des Altstädter Rings die Westfront der Teynkirche.
Abb. 24: die Seminaristengasse am Clementinum

◁ 25 *Blick vom Altstädter Rathausturm auf die Einmündung der Melantrichgasse; rechts das Haus zum Ochsen*

26 *Das Portal des Hauses zu den Zwei Goldenen Bären in der Melantrichgasse, entstanden um 1590; hier wohnte die Familie Kisch, Geburtshaus des »Rasenden Reporters«*

27, 28 Das Prag der Gotik
Abb. 27: Chor der Teynkirche, 1370 als dreischiffige Basilika in den strengen Formen der deutschen Bürgergotik begonnen, Westfront erst in der 2. Hälfte des 15. Jahrhunderts im Stile der tschechischen Spätgotik vollendet
Abb. 28: Pulverturm von Matthias Rejsek, 1475–1500 als repräsentatives Bauwerk errichtet, rechts anschließend das Gemeindehaus, 1905–1911, Emporium der tschechischen Sezession

29, 30 Das jüdische Prag
Abb. 29: Altneu-Synagoge (um 1270) und jüdisches Rathaus (ab 1763) in der Maiselgasse, Reste des Ende des 19. Jahrhunderts niedergerissenen Ghettos
Abb. 30: Alter jüdischer Friedhof vom Anfang des 15. Jahrhunderts mit rd. 20 000 Grabsteinen

Anfänge – Romanik und frühe Gotik

Man kennt Prag nicht, wenn man nicht den Weg von der Altstadt über die Karlsbrücke hinauf zur Burg gegangen ist. Denn nur dem Wandernden erschließt sich im ständigen Wechsel der Ansichten der eigentliche Zauber dieses Stadtbildes. Entscheidend ist beim Vorgang dieser Begegnung, wie die Eindrücke - oft kontrapunktisch - sich miteinander verbinden, wie ein Bild das andere hervorbringt.

In übertragenem Sinne gilt diese Feststellung auch für den Begriff der Zeit: um Prag wirklich zu verstehen, muß man es in seiner geschichtlichen Dimension erwandern. Es genügt nicht, sich allein mit dem künstlerischen Wert der Denkmäler und Bauwerke zu befassen und sie stilgeschichtlich einzuordnen, man muß sie eingebettet sehen in den Strom historischer Ereignisse, von denen sie hervorgebracht wurden. Erst wenn man das Stück kennt, das die Historie auf dieser Bühne und vor diesen großartigen Kulissen spielte, wird man vom Wesen Prags ganz ergriffen werden.

Denn Prag ist primär ein geschichtlicher Ort, an dem zu allen Zeiten politische, religiöse, kulturelle Entscheidungen sich wie in einem Brennspiegel sammelten. Prag hat gelebte Gegenwart immer unmittelbar künstlerisch gestaltet, in Kunst verwandelt – daher fällt es in Prag so leicht, sich durch Werke der Kunst in vergangene Zeiten zurückversetzen zu lassen. Wer einmal in Prag lebte, hat erfahren, daß man vor allem in einem geschichtlichen Raume beheimatet war, der in ständiger Kommunikation mit dem Gewesenen stand. Man hatte nicht nur am Leben und am Geschick mehrerer Völker teil, man fühlte sich auch unmittelbar mit mehreren Geschichtsepochen verständigt. Die Sage vom Golem, dem von Rabbi Löw geschaffenen künstlichen Menschen, der – den Gesetzen von Leben und Tod nicht unterworfen – alle dreiunddreißig Jahre in den Gassen der Judenstadt auftauchte, beleuchtet gleichnishaft dieses mystische Verhältnis zur Vergangenheit, bei dem die Zeit nicht linear abläuft, sondern als ständiger Kreislauf begriffen wird. Geschichte wird solchermaßen zum dauernden Daseinsmedium.

Die Landschaft zu beiden Seiten der Moldau, in der sich Prag entfaltete, hat eine ältere Geschichte als die Mythen und Sagen, die von der Gründung Prags durch die Seherin und Fürstin Libussa berichten. Bodenfunde aus allen Perioden der Vor- und Frühgeschichte zeugen davon, daß das Hügelland zwischen dem Motol-Bach und dem Scharka-Bach, also südlich und nördlich des Hradschin, seit der älteren Steinzeit ständig besiedelt war. Auch heute noch kann man sich in der Scharka ein Bild von der ursprünglichen Beschaffenheit dieser Landschaft machen, vor allem bei der Podbaba, die – wie der Name besagt – Ort einer heidnischen, dem Mutterkult geweihten Opferstätte war.

Zu Beginn unserer Zeitrechnung wurden die in diesem Gebiet ansässigen keltischen Bojer, die einer illyrischen Bevölkerung gefolgt waren, von markomannischen Einwanderern verdrängt. Auf die Markomannen folgten gegen Ende des 4. Jahrhunderts Langobarden, zu denen sich zwei Jahrhunderte später slawische Stämme gesellten. Nach Abzug der Langobarden sicherte sich der Stamm der Tschechen das Hügelland westlich von Prag als Siedlungsgebiet mit den Burgen Levý Hradec, Bu-

◁ *31 Der Wenzelsplatz, früher Roßmarkt, von der Rampe des Nationalmuseums aus* deč und Libušín als Stützpunkte wachsender Macht. Der Name der Tschechen sollte in der Folge auf die gesamte slawische Bevölkerung Böhmens – abgeleitet von Boeheimb, d.i. Bojarheim – übergehen. In früheren Zeiten verstand man unter »Böhmen« alle Landesbewohner, also sowohl Deutsche wie Tschechen.

Der Eintritt der Tschechen in die Geschichte fällt mit der Ausdehnung ihres Herrschaftsbereiches in östlicher Richtung bis an die Moldau und mit dem Ausbau der Prager Burg zu Ende des 9. Jahrhunderts zusammen. Vermutlich errichtete der Przemyslidenherzog Boriwoj, der am Hofe Großmährens, des Slawenreiches zwischen Byzanz und dem karolingischen Imperium, die Taufe empfangen hatte, im Jahre 873 oder 890 auf dem Hradschinberge als erstes Bauwerk ein hölzernes Marienkirchlein nahe einer heidnischen Opferstätte. Der Name Praha-Prag läßt darauf schließen, daß eine kahle, möglicherweise durch Feuer gerodete (prach heißt Staub) Stätte die Entwicklung der Burganlage begünstigte. Die mächtige Palisadenumwallung aus Steinen und Lagen von Baumstämmen, deren Reste in den Jahren 1958–1961 an zwei Stellen freigelegt wurden, dürfte jedoch erst unter Boriwojs Sohn Spitihnew fertiggestellt worden sein.

Es fällt auf, daß diese weitläufige Burg – sie umfaßte in ihrer Ausdehnung nahezu den gesamten heutigen Hradschin – im Unterschied zu anderen Stammesburgen der damaligen Zeit über drei Toranlagen verfügte, eine am östlichen, die andere am westlichen Ende des langgestreckten Berings, dazu ein Tor in der Mitte des südlichen Palisadenwalles. Offenbar waren die beiden Haupttore über einem bereits bestehenden Straßenzug errichtet worden, nämlich über der von der Moldaufurt heraufführenden Fernhandelsstraße. Erstes steinernes Bauwerk war die vor 921 von Herzog Wratislaw gegründete St.-Georgs-Basilika, ein Bau von vier Jochen, an den bereits 925 die Ludmilakapelle als Grablege für Wratislaws Mutter angebaut wurde. Restaurierungsarbeiten der jüngsten Zeit haben Reste dieser ersten Anlage, der 974 ein Westwerk hinzugefügt wurde, freigelegt; dem Willen ihres Stifters entsprechend sollte sie zur Grabkirche der Przemysliden werden.

Diesem ersten steinernen Bauwerk folgte etwas weiter westlich die St.-Veits-Rotunde, die Herzog Wenzel in den Jahren 926 bis 930 erbauen lies. An der Südseite des Platzes zwischen der St.-Georgs-Basilika und der St.-Veits-Rotunde befand sich ein hölzerner Pfalzbau, auf dem heutigen Georgsplatz nach alter Überlieferung der Fürstenstuhl, auf dem die böhmischen Herzöge gekürt und durch Huldigung in ihrem Amte bestätigt wurden, ähnlich wie die deutschen Könige durch Besteigen des Königsstuhles von Rhens im Rheinland vom Reiche Besitz ergriffen. Der Umstand, daß die Landrechtsstube, der Versammlungs- und Tagungsort der böhmischen Landstände, in unmittelbarer Nähe dieser früheren Dingstätte errichtet wurde, zeugt vom Fortleben der Erinnerung an diese Tradition bis ins späte Mittelalter, ebenso wie der St.-Veits-Dom als Krönungskirche der böhmischen Könige.

Die Bauform der St.-Veits-Kirche als Rotunde mit vier Apsiden – ihre Fundamente wurden unter der Wenzelkapelle freigelegt – gab der Forschung manches Rätsel auf.

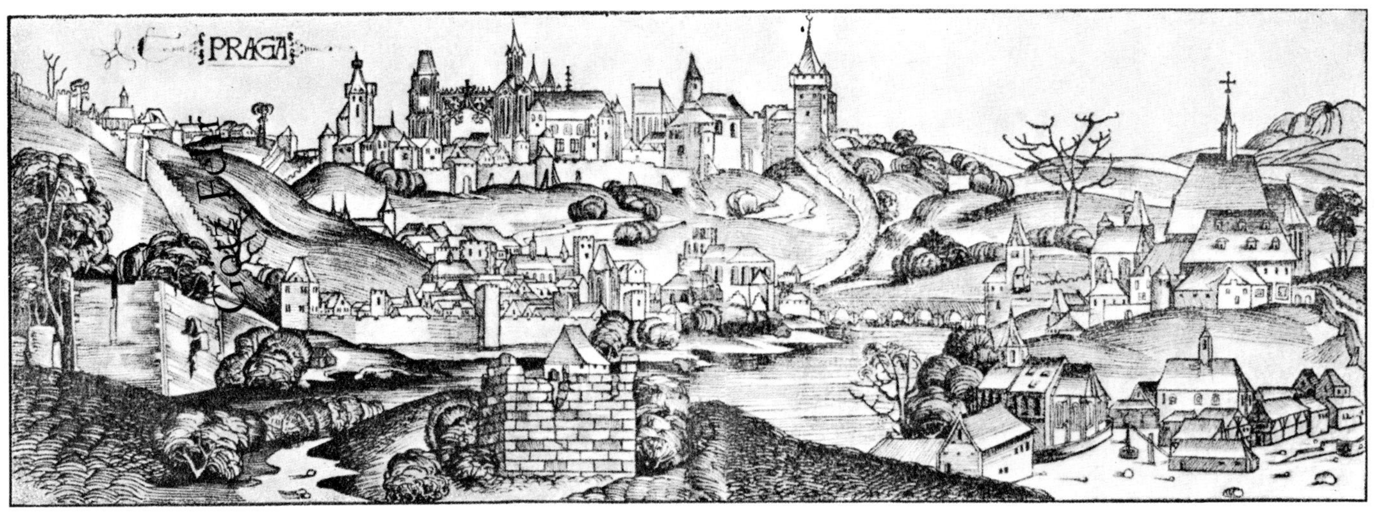

32 Älteste Stadtansicht von Michael Wolgemut, Holzschnitt von 1493 aus der Schedelschen Weltchronik

War der Zentralbaugedanke von der Aachener Pfalzkapelle Karls d. Gr. als Vorbild abzuleiten? Ausgrabungen in jüngster Zeit in Südmähren unterstützen die Annahme, daß dieser Typus von Kirchenbauten des Großmährischen Reiches übernommen wurde, bei denen byzantinisch-mediterrane Einflüsse zur Geltung kamen. Andererseits deutet das St.-Veits-Patrozinium auf engere Bindungen an Norddeutschland hin. Beide Umstände spiegeln die politischen Spannungsverhältnisse in Böhmen zu Beginn des 10. Jahrhunderts: Herzog Wenzel selbst war in der Tradition des slawisch-byzantinischen Christentums des Großmährischen Reiches herangewachsen, das im 9. Jahrhundert unter Svatopluk die Herrschaft über Böhmen gewonnen hatte. Im Kampf gegen die großmährische Oberhoheit hatten sich die Böhmen jedoch in die Abhängigkeit von Bayern begeben, eine Bindung, die mit der Zeit zur Last geworden war; Wenzel suchte sich aus dieser Bindung zu lösen, indem er sich Sachsen als dem neuen Zentrum der Macht im Reiche zuwandte. Auch war er auf die Unterstützung der Ottonen im Kampf gegen die Ungarn angewiesen, die 907 die Mährer und die Franken bei Preßburg vernichtend geschlagen hatten; das St.-Veits-Patrozinium kündet von dieser Hinwendung nach Sachsen. Wenzels politische Pläne fanden allerdings nicht ungeteilte Unterstützung im Lande: im Jahre 929 wurde er von seinem Bruder Boleslaw ermordet, der erneut freundschaftliche Beziehungen zu Bayern und Ausgleich mit den Ungarn anstrebte. Im Laufe zweier Jahrzehnte mußte sich Boleslaw jedoch der wachsenden Macht Ottos d. Gr., der mit einem Heer vor Prag erschienen war, beugen und die Lehensherrschaft des Reiches über Böhmen anerkennen. Seit etwa 950 konnte er nicht anders, als die Politik seines Bruders fortzusetzen, vor allem nach dem Siege über die Ungarn auf dem Lechfeld i. J. 955. So verfolgte er auch in der Kirchenpolitik die Bestrebungen Wenzels nach Errichtung eines selbständigen Prager

Bistums weiter, das direkt Rom unterstellt sein sollte. Zwar konnte er gegen den Einspruch Otto d. Gr. keine vom Reiche unabhängige Kirchenorganisation für Böhmen durchsetzen, doch gelang es ihm immerhin, bei Errichtung des Prager Bistums i.J. 973 die Bindung an Regensburg zu lösen und eine direkte Unterstellung unter das Erzbistum Mainz zu erwirken.

Von Anfang an – das mag dieser Exkurs in die Geschichte bewußt gemacht haben – stand Böhmen mit Prag in einem Kräftefeld wechselnder politischer Einflüsse, die sich schon frühzeitig auch in den Werken der Kunst geltend machen. Von der Abhängigkeit vom Großmährischen Reich in der frühen Phase der Christianisierung künden die in Böhmen weit verbreiteten Rundkapellen, von denen sich in Prag allein drei – ursprünglich waren es wohl acht – erhalten haben, nämlich St. Martin am Wischehrad (um 1100), die Kreuzeskapelle nächst dem altstädter Moldau-Ufer und St. Longin in der Neustadt. Wenn auch diese Kirchen erst im 12. Jahrhundert entstanden, so gehören sie doch einer Bautradition an, die in der frühesten christlichen Kulturschicht wurzelt und damit primär von Großmähren, in der Folge vorwiegend von Regensburg, das die ersten Priester entsandte, beeinflußt war.

Die Komponente sächsischer Einflüsse wird vom Benediktinerinnenkloster St. Georg vertreten, das 973 gegründet wurde, im gleichen Jahr, da der sächsische Benediktinermönch Dietmar als erster Bischof in Prag einzog. Die heutige, nach dem Burgbrand d.J. 1142 in Erweiterung von Wratislaws St.-Georgs-Kirche entstandene Basilika übernahm einige bestimmende Elemente des Baues der Zeit um 1000, wie z. B. die Emporen für die Nonnen; Raumform, Stützenwechsel und Doppelchörigkeit verweisen auf das Benediktinerinnenkloster St. Cyriak zu Gernrode im Harz als Vorbild. Auch Prags zweiter Bischof, der aus dem einheimischen Geschlecht der Slawnikinger stammende Adalbert, war in Magdeburg im Geiste der reichen ottonischen Kultur aufgewachsen; er gründete 992 das Benediktinerkloster Břevnov (Breunau) vor den Toren der Stadt in unmittelbarer Nähe der nach dem Westen führenden Handelsstraße. Durch Anfeindungen und Stammesfehden aus Böhmen vertrieben, fand Adalbert i.J. 977 bei den Pruzzen den Märtyrertod.

Um das Jahr 973 war es wohl auch, daß ein jüdischer Kaufmann namens Ibrahim ibn Jakub aus dem arabischen Spanien nach Prag kam. Sein Bericht schildert Prag als größten Markt in den slawischen Ländern: »Und die Stadt Fraga ist von Stein und Kalk erbaut und durch ihren Handel die reichste aller Städte. Von der Stadt Krakwa kommen Russen und Slawen mit ihren Waren dahin, und aus dem Land der Türken kommen Mohammedaner und Juden und desgleichen Türken mit Waren und Mithkals zu den Einwohnern Fragas, um dafür Sklaven, Zinn und mancherlei Pelzwerk einzutauschen... Und in der Stadt Fraga machen sie Sättel und Zaumzeug und starke Schilde, wie man sie in ihren Ländern braucht. Und in den Ländern von Buima macht man leichte Tüchlein, die sehr fein gewebt sind in der Art von Netzen und die zu nichts taugen...« Da aus der Zeit um das Jahr 1000 im Gebiet der heutigen Altstadt bisher keine größeren steinernen Bauten nachgewiesen werden konnten, nimmt die

Forschung an, daß Ibrahim ibn Jakub mit der »von Stein und Kalk« erbauten Stadt die Burg meinte, vor deren westlichem Tor sich ein Markt befunden haben könnte. Bodenfunde lassen erkennen, daß auf dem rechten Ufer der Moldau bereits nach der Mitte des 10. Jahrhunderts Eisen verhüttet wurde, daß hier also Niederlassungen von Handwerkern und Händlern bestanden, aus denen sich später eine lockere Marktsiedlung entwickelte. Eine Stadt im eigentlichen Sinn des Wortes gab es damals noch nicht.

Die von Ibrahim ibn Jakub erwähnten Handelsbeziehungen zu Polen hatten einen verhängnisvollen politischen Rückschlag zur Folge: Gegen Ende des 10. Jahrhunderts bemächtigte sich der polnische Piastenfürst Boleslaw Chrabrý Schlesiens und in der Folge Böhmens in der Absicht, ein polnisch-böhmisches Großreich zu bilden. Dem Przemyslidenfürsten Jaromir gelang es nur mit Unterstützung Kaiser Heinrichs II., die Polen 1004 vom Hradschin zu vertreiben; der wiedereingesetzte Böhmenherzog empfing in der St.-Georgs-Kirche aus der Hand des Kaisers die Lehensfahne. Dieser Akt sollte für die Zukunft des Landes fortwirkende Bedeutung gewinnen, denn von nun an erwies sich das Interesse des Reiches an den böhmischen Belangen als stabilisierender Faktor. So konnte 1105 ein Angriff des mährischenHerzogs Svatopluk unschwer abgewiesen werden und 1142 schlug ein kaiserliches Entsatzheer Konrad von Znaim, der den Hradschin zwei Monate lang bestürmt und dabei alle Gebäude der Burg eingeäschert hatte, in die Flucht. Die zunehmende Beruhigung der Verhältnisse im Innern verschaffte Böhmen nach außen hin gesteigertes politisches Gewicht, was mit der Krönung Wratislaws zum König i.J. 1086 in Regensburg Ausdruck fand.

In die Zeit unmittelbar nach der Jahrtausendwende fällt die Entwicklung des »suburbium pragense«, die Erweiterung des Burgfleckens zum Vorläufer der Stadt. Etwa 1050 ersetzt Bretislaw die Palisadenumwallung der Burg durch eine Mörtelmauer, die erste Befestigung dieser Art in Böhmen, und ab 1060 erbaut Herzog Spitihnew anstelle der St.-Veits-Rotunde einen geräumigen romanischen Dom nach Regensburger Vorbild mit zwei Apsiden. Spitihnews Nachfolger Wratislaw II. (1061–1092) schließlich gründete Burg und Kapitel Wischehrad und gab damit der Stadt den zweiten Pol fürstlicher Macht.

Inzwischen aber hatte sich bereits unten in der Moldauebene des rechten Ufers ein drittes Zentrum künftiger Entwicklung herausgebildet, der fürstliche Teynhof als Zoll- und Stapelstätte und damit als Kern der verschiedenen Siedlungen von Handwerkern und Kaufleuten. Das Wort Teyn (tschechisch Týn) ist offenbar von der keltischen Bezeichnung »dunum« für einen befestigten Ort abzuleiten. An die ehemalige Zollstätte erinnert der Name Ungelt für den Teynhof ebenso wie die Zeltnergasse, tschechisch Celetná, die Zollstraße, die dem Zug der alten ost-westlichen Handelsstraße entspricht. Im Teynhof selbst befanden sich Waage und Maße sowie das fürstliche Marktgericht, unmittelbar anschließend ein Spital für Fremde sowie eine kleine Marienkirche. Der große Marktplatz, aus dem sich später der Altstädter Ring entwikkelte, grenzte mit seiner nördlichen Seite an die Siedlung jüdischer Händler; an seiner nord-westlichen Ecke verließ die Handelsstraße über den Zug der heutigen Karpfengasse (Kaprová) den Platz und führte zum Ufer gegenüber der östlichen Schmalseite des Hradschin. Schon Ende des 10. Jahrhunderts dürfte hier eine hölzerne Brücke den Übergang über die Moldau erleichtert haben.

Zu den Siedlungen jüdischer, welscher und deutscher Kaufleute gesellten sich bald Dörfer einheimischer Leibeigener und zahlreiche feste Gutshöfe der Burgmannen. Durch Ausgrabungen wurden im Bereich der Altstadt bisher etwa 40 steinerne Häuser aus dem 11. und 12. Jahrhundert ermittelt, von denen einige Wohntürme und Kapellen besaßen; eine davon dürfte die Heilig-Kreuz-Rotunde gewesen sein. Von den vielen frühen Kirchen sind nur wenige auf unsere Tage gekommen, alle in umgebauter Form (St. Peter; St. Clemens; St. Martin an der Mauer, vor 1187 u.a.). Aus der Marienkirche am Teyn, 1135 erstmals erwähnt, entwickelte sich später die Hauptkirche des Marktes, die heutige Teynkirche.

Zum Schutze dieser offenen Siedlung begann Wratislaw II. (1061–1092) mit dem Ausbau des südlich gelegenen Wischehrad-Felsens zu einer zweiten Fürstenburg. Allerdings leiteten ihn auch politische Motive: nachdem sein Bruder Jaromir, der in Lüttich studiert hatte, als Bischof Gebhard auf dem Hradschin eingezogen war, machte er Wratislaw die alte Przemyslidenburg als Mittelpunkt der geistlichen Macht im Lande streitig; neben dem Neubau des Domes errichtete er einen befestigten Bischofshof, der den alten fürstlichen Palast bescheiden erscheinen lassen mußte. Wratislaw entschloß sich daher, das politische Zentrum des Herzogtums nach dem Wischehrad zu verlegen. Er umgab den Felsstock über der Moldau mit einer steinernen Befestigungsmauer und begann mit dem Bau einer Basilika, die er den Apostelfürsten Petrus und Paulus weihte und zum Begräbnisort der Przemysliden bestimmte. Daneben entstanden ein Kollegiatskapitel samt weitläufigen Wohngebäuden, ein Palast und in der Folge weitere Gotteshäuser wie eine Clemenskirche, eine Johanniskirche, eine Magdalenenkapelle, eine dem Hl. Laurentinus geweihte Basilika und die Martinsrotunde. Der Wischehrad als Fürstensitz und Versammlungsort des Adels sollte solchermaßen den Hradschin – den Bischofssitz mit dem Krönungsdom – überflügeln.

33 Ausschnitt aus Aegidius Sadelers großem Stich von 1606, Burg Wischehrad (rechtes Ende des Stiches)

Dieser erste Streit zwischen Kirche und Krone wurde nach dem Tode der beiden Brüder zwanglos zugunsten der älteren Ordnung entschieden; das Zentrum der Macht kehrte zum Hradschin zurück, der Wischehrad verfiel im Laufe der folgenden Jahrhunderte, nur die Pröbste des Kollegiatskapitels führten die Tradition des Wratislawschen Herrschaftsanspruches fort, indem sie Jahrhunderte hindurch das Kanzleramt Böhmens verwalteten. Auch ließ man weiterhin den Krönungszug vom Wischehrad ausgehen. Von den für das Kollegiatskapitel in Auftrag gegebenen Kunstwerken ist unter anderen Schriften der herrliche Wischehrader Codex, das Wratislawsche Krönungsevangeliar von 1086, auf uns gekommen, das der Tradition Regensburger Buchmalerwerkstätten entstammt.

Herzog Sobeslaw, der von 1125 bis 1139 herrschte, erneuerte die Befestigungen des Hradschin, obschon er selbst noch auf dem Wischehrad residierte. Mit der Errichtung

einer mächtigen Quadermauer brachte er die Burg von 1132 an auf den neuesten Stand der Verteidigungstechnik. Von den drei damals aufgeführten Tortürmen ist heute nur der Schwarze Turm am Ostende des Burgberges zu sehen; seine Höhe von über 40 Meter gibt ein anschauliches Bild von der Monumentalität der Befestigungsanlage, die einen Burgbeszirk von 435 Meter Länge und von 140 bzw. 70 Meter Breite umspannte. Die beiden anderen Tortürme wurden bei späteren Umbauten in den Gebäudekomplex der Burg einbezogen; so ist an der westlichen Stirnseite des Wladislawsaales das Quaderwerk des ehemaligen südlichen Torturmes zu erkennen.

Unter Sobeslaw wurde bereits auch mit dem Neubau des Palas begonnen, der nach der Art romanischer deutscher Kaiserpfalzen unmittelbar an die Burgmauer anschloß; seine endgültige Form erhielt er jedoch erst nach dem Burgbrand von 1142 unter der Herrschaft Wladislaws. Von diesem romanischen Pfalzbau, der den Herrschaftsstil Kaiser Barbarossas widerspiegelt und enge Verwandtschaft mit den Palasbauten zu Nürnberg, auf der Wartburg und zu Eger zeigt, ist der 48 Meter lange und 10,5 Meter breite Erdgeschoßsaal unter durchlaufender Tonnenwölbung heute noch zugänglich. Im Osten schloß sich an den Palas die Allerheiligenkapelle an, deren Weihe im Jahre 1182 einen Anhaltspunkt für die Fertigstellung der gesamten Anlage gibt.

Gleichzeitig mit diesen Bauarbeiten wurde auch, wie bereits erwähnt, die St.-Georgs-Basilika durch den Baumeister Wernher von 1147 bis 1151 erweitert; die innere Ausgestaltung des Gotteshauses mit Wandmalereien dürfte bis in die ersten Jahrzehnte des 13. Jahrhunderts gedauert haben. Hiervon spricht auch das romanische Madonnenrelief, das heute als Altaraufsatz dient, ursprünglich aber das Bogenfeld des Südportals der Basilika einnahm. Der Entstehung nach gehört es in die Zeit der Äbtissin Anna und folgt dem Stil der Halberstädter Plastik zwischen 1200 und 1220. Zu beiden Seiten der Gottesmutter knien die beiden Erbauerinnen der Kirche, die Äbtissinnen Milada und Bertha, neben ihnen in den Seitenteilen des Reliefs König Przemysl I. und seine Schwester, die Äbtissin Anna.

Hatte bereits Wratislaw II. für seine Person den Königsreif durch seine Anhänglichkeit an Kaiser Heinrich IV. erworben, so empfing Wladislaw die Königswürde 1158 aus der Hand Kaiser Friedrich I. Barbarossas, der ihm auf diese Weise die Waffenhilfe im Feldzug gegen die aufständischen oberitalienischen Städte dankte (erblich wurde die böhmische Königswürde erst durch die »Sizilische Bulle« Friedrichs II. i.J. 1212). Nach einem halben Jahrhundert innerer Unruhen brachte Wladislaws Regierung Böhmen wiederum eine Periode wirtschaftlichen und kulturellen Aufschwungs; die Festigung der Machtverhätnisse wirkte sich günstig auch auf die böhmischen Belange aus. Nicht zuletzt war durch Wladislaw die politische Bedeutung Böhmens für das Gleichgewicht im Reiche offenkundig geworden – die böhmischen Länder sollten fortan eine entscheidende Rolle in der Reichspolitik spielen.

Palasbau und St.-Georgs-Kirche bekunden die engen Beziehungen Böhmens unter Wladislaw zu den angrenzenden deutschen Landschaften. Nach dem Tode seiner ersten Gemahlin Gertrud von Babenberg hatte Wladislaw die Tochter des thüringischen

Landgrafen, Judith, geheiratet; deren aufgeschlossener Geist wurde bald zur treibenden Kraft in der Entwicklung des Landes. Judith nahm maßgeblichen Anteil am Ausbau des Klosters Strahow (gegründet 1142), das Wladislaw auf Rat des Bischofs Daniel, einem Vertrauten Barbarossas, mit Prämonstratensermönchen aus dem Kloster Steinfeld bei Köln besetzte. Kloster Strahow wurde innerhalb kurzer Zeit zum Mittelpunkt des geistlichen Lebens im Lande und zur Erziehungsstätte junger Adliger; auch zog sich Wladislaw im Alter vorübergehend dorthin zurück.

Gleichzeitig mit dem Prämonstratenser-Orden ließen sich auch die in den Kreuzzügen erstarkten Johanniter, die Helfer der Kranken und Gefangenen, in Prag nieder; 1156 schenkte ihnen Wladislaw am Moldau-Ufer unterhalb der Burg ein Grundstück für ein Spital, auf dem sie eine Basilika (vollendet 1182) errichteten, deren Reste in der heutigen Malteserkirche nachzuweisen sind. Die Wahl des Ortes dürfte kein Zufall gewesen sein; zwei Jahre danach wurde in unmittelbarer Nähe des Johanniterspitals mit dem Bau der ersten steinernen Brücke (1158–1172) begonnen – das Spital stand damit an einem der verkehrsreichsten Stellen im gesamten Burgbereich.

Diese Judithbrücke leitete eine Neuorientierung des in der Entstehung begriffenen Stadtorganismus ein, indem sie den alten Flußübergang zwischen dem Klarow unterhalb des östlichen Burgendes und der Karpfengasse weiter nach Süden hin verlegte. Die Fernhandelsstraße mußte fortan den Weg vom Altstädter Ring zur Brücke durch das Winkelwerk bereits vorhandener Bebauung nehmen; auf dem jenseitigen Ufer führte die Straße dann den Hang des Hradschin entlang hinauf zum Strahowkloster und verlieh damit der Senke zwischen Burgberg und Laurenziberg eine neue Orientierungsachse. Bei einer Länge von 514 Metern war die Brücke ein Meisterwerk der Technik und übertraf die Brücken von Würzburg und Regensburg, die als unmittelbare Vorbilder gelten können; auch waren die Pfeiler ihrer 21 Bogen direkt ins Wasser gebaut. Bei niedrigem Wasserstand sind die Reste der Brückenanlage, die 1342 unter dem Ansturm einer Hochwasserflut zusammenbrach, auf dem Altstädter Ufer in Höhe des Kreuzherrenklosters zu erkennen.

Der westliche Brückenturm, der ursprünglich den Zugang zur Brückenrampe bewachte – heute der niedrigere der Kleinseitner Brückentürme – trägt eines der wichtigsten Bildwerke spätromanischer Plastik in Böhmen: die Reliefdarstellung einer Herrschergestalt, zu deren Füßen eine männliche Figur kniet. Dieses Relief aus der Zeit um 1260 – heute im Hause verborgen, das später an den Brückenturm angebaut wurde – gehört ohne Zweifel in den Kreis der Regensburger Monumentalplastik. Wahrscheinlich stellt es einen König dar, der einem Locator oder Städtegründer, vielleicht auch dem Obmann der Bürgergemeinde, die königlichen Stadtprivilegien aushändigt. Als bildlicher Ausdruck der Rechtsstellung der Stadt besitzt das Relief damit die gleiche Bedeutung wie etwa die Rolandstatuen in deutschen Städten, die von der unmittelbaren Unterstellung des Gemeinwesens unter die Gerechtsame des höchsten Herrschers und damit von der Freiheit der Bürger Zeugnis ablegen. Wladislaws Nachfolger Sobelaw II. bestätigte die Privilegien der deutschen Kaufleute im Jahre

1178 mit folgender Urkunde: »Ich, Sobeslaw, Herzog der Böhmen, mache für alle Zeiten kund, daß ich die Deutschen, die unter der Burg von Prag siedeln, in meine Gnade und unter meinen Schutz nehme, und ich will, daß diese Deutschen, wie sie als Volk verschieden sind von den Böhmen, auch in ihren Gesetzen und Bräuchen sich von diesen unterscheiden. Ich gewähre daher diesen Deutschen, nach deutschem Recht und Gesetz zu leben, wie sie sich schon dessen seit den Zeiten meines Großvaters, des Königs Wratislaw, erfreuen. Wer aber dieses Gebot bricht, der sei verflucht in alle Ewigkeit.«

Die Herrschaftszeit der Könige Przemysl Ottokar I. (1198 bis 1230) und Wenzel I. (1230 bis 1245) stand im Zeichen des Ausbaues der Marktsiedlung zum städtischen Gemeinwesen. Eine maßgebliche Rolle spielte hierbei die Gründung von Klöstern, durch die nicht nur neue bauliche Zentren, sondern auch Pflanzstätten geistiger und sozialer Ordnung im Volke entstanden. Hier war es vor allem die Przemyslidentochter Agnes, Schwester Wenzels I., die mit der Gründung des Agnesklosters i.J. 1234 dem Geiste franziskanischer Caritas zum Einzug in Böhmen verhalf. In ihrem selbstlosen Wirken erwies sich Agnes als geistige Schwester jener ungarischen Königstochter Elisabeth, die 1221 den Landgrafen von Thüringen geheiratet und nach seinem frühen Tode das Ideal freiwilliger Armut zum Lebensziel erwählt hatte. So wie über dem Grabe der Hl. Elisabeth zu Marburg die erste Hallenkirche Deutschlands entstand, zog auch in Böhmen mit dem Geiste dienender Frömmigkeit die Gotik ein. Das von Agnes gegründete Männerkloster der Franziskaner, das Klarissinenkloster, dem sie selbst als Äbtissin vorstand, das Kloster der Dominikaner St. Clemens wie auch das Minoritenkloster bei St. Jakob (1232) wurden in der Folge zu frühen Zeugnissen gotischer Bauweise im Lande.

Den Anstoß zur eigentlichen Stadtwerdung Prags gab König Wenzel I., indem er zwischen 1230 und 1232 den Münzmeister Eberhard mit der Gründung einer neuen Kolonistensiedlung beauftragte. Unmittelbar östlich von der Bebauung um den Altmarkt, dem späteren Altstädter Ring, wurde ein langgestreckter Markt angelegt, dessen Schmalseiten in die beiden Fernhandelsstraßen einmündeten, im Norden beim Obstmarkt in die Zeltnergasse, im Süden mit dem Kohlmarkt in den vom Wischehrad heranführenden Straßenzug. Den Mittelpunkt dieses »Neumarktes«, dessen großzügige Abmessungen spätere Verbauung (u.a. das Ständetheater) verunklärte, bildete die St.-Gallus-Kirche. In Ausdehnung und Gliederung entspricht diese Anlage süddeutschen Städten wie etwa Landshut. Bezeichnend ist die Aufteilung in längsrechteckige Grundstücke, die mit den Schmalseiten an den Marktplatz grenzen; über Laubengängen im Erdgeschoß erheben sich Giebelhäuser, die sich zu reich gegliederten Straßenfronten zusammenschließen. In der Rittergasse sind diese Laubenhäuser teilweise noch erhalten. Einige von ihnen besaßen feste Wohntürme, wie man sie von Regensburg her kennt; der letzte dieser Geschlechtertürme steht in barocker Verkleidung an der Ecke zum Brückl (Mustek).

Die meisten der Kolonisten kamen aus Bayern, was nicht zuletzt der Umstand bezeugt, daß die Siedlung Nürnberger Stadtrecht erhielt. Schon um 1240 wurde zum Schutze der Neugründung mit dem Bau einer Befestigungsmauer begonnen, die man in den folgenden Jahren nördlich und südwestlich zum Moldau-Ufer hin fortsetzte, sodaß bereits 1253 der gesamte Bereich der Altstadt gegen Angriffe gesichert war. 1255 wurden dann auch die den Bürgern des Neumarktes verliehenen Privilegien auf die anderen Siedlungen im Altstadtbereich ausgedehnt.

34 König Przemysl Ottokar II., nach einem Stich des 17. Jahrhunderts

Dieser Stadterhebung folgte i.J. 1257 die Gründung der kleinen Stadt am jenseitigen Moldau-Ufer, später Kleinseite genannt, durch Przemysl Ottokar II. Auf königliches Geheiß mußte die dort ansässige tschechische Bevölkerung Kolonisten aus Norddeutschland weichen; diese brachten nicht nur Magdeburger Stadtrecht mit, sondern gaben auch dem Marktplatz als Mittelpunkt der neuen Siedlung quadratische Gestalt, wie es bei norddeutschen Kolonistenstädten üblich war. Der von Laubenhäusern gesäumte Kleinseitner Ring wurde in späterer Zeit gleichfalls verbaut, indem man in die Mitte des Platzes die St.-Niklas-Kirche und später das Jesuitenprofesshaus hineinsetzte.

Durch beide Städtegründungen gewann das deutsche Element die Oberhand nicht nur über die jüdischen und welschen Kaufleute, sondern auch über die im Stadtgebiet siedelnden Tschechen. Die nationalistische Geschichtsschreibung hat es nicht an beziehungsreichen Deutungen dieser Tatsache fehlen lassen. Es muß jedoch festgestellt werden, daß nationale Gesichtspunkte in der damaligen Zeit keine Rolle spielten. Die Deutschen waren als Kaufleute und Handwerker ins Land berufen worden; sie sollten Handel und Gewerbe entfalten und damit entscheidend zur Erhöhung des Steueraufkommens der Krone beitragen. Indem ihnen von den Przemyslidenfürsten Selbstverwaltung, eigene Priester und eigene Gerichtsbarkeit zugestanden wurden, schufen sie die Grundlagen kommunaler Freiheit, die bald auch dem tschechischen Bevölkerungsteil zugute kam.

Die Stellung der Deutschen in Böhmen war hierin jener der Juden in der mittelalterlichen Gesellschaft nicht unähnlich; sie waren privilegierte Fremdlinge, die sich in Sprache, Sitten und Gebräuchen sehr wesentlich von der einheimischen Bevölkerung unterschieden. Ihre bürgerlichen Freiheiten, vor allem aber ihr durch Handel erworbener Wohlstand mußten bald soziale Ressentiments heraufbeschwören. So fanden sich Deutsche und Juden in Prag verschiedentlich in enger Schicksalsgemeinschaft, zumal in Zeiten des Aufruhrs, in denen sie gemeinsam den Zorn des von den Feudalherren unterdrückten tschechischen Volkes zu spüren bekamen.

Tatsächlich unterhielt die Prager Judenschaft zu allen Zeiten enge Beziehungen zu deutschen Judengemeinden, besonders zu der Regenburgs. Einen Hinweis auf diese Verbundenheit gibt die Altneu-Synagoge in der Altstadt, die um 1270 von sächsischen Bauleuten errichtet wurde, wie dies verschiedene Stilmerkmale vermuten lassen. Der zweischiffige Bau folgt dem Vorbild zisterziensischer Refektorien, etwa dem Herrenrefektorium zu Maulbronn. Von allen frühgotischen Bauwerken Prags ist keines so rein und unverändert auf uns gekommen wie die Altneu-Synagoge; darin spiegelt sich Kraft und Traditionssinn der Prager Judengemeinde, die in ihren Anfängen bis auf die Mitte des 10. Jahrhunderts zurückgeht. Zusammen mit dem nahe gelegenen alten jüdischen Friedhof gehört die Altneu-Synagoge zu den ehrwürdigsten Denkmälern jüdischer Kultur in Europa.

Das Aufblühen der städtischen Gemeinwesen in Prag um die Mitte des 13. Jahrhunderts war vor allem einem Herrscher zu verdanken, dessen Persönlichkeit, Weitblick, Wagemut und Kunstverstand vereinigte – Przemysl Ottokar II., der 1253 in Böhmen an die Regierung kam, nachdem er bereits 1251 von den österreichischen Ständen zum Herzog gewählt worden war. Durch Heirat und erfolgreiche Feldzüge dehnte er sein Reich bis nahe an die Adria und bis an die Ostsee aus – in Ostpreußen legte er 1255 den Grund zur Stadt Königsberg. Zum ersten Male in der Geschichte wurde Prag zu einer königlichen Residenzstadt von europäischer Bedeutung. Dem durfte die Burg nicht nachstehen: Przemysl Ottokar erweiterte den alten Pfalzbau durch einen großen Saal im Obergeschoß und einen vorgelagerten Arkadenbau. Auch die Allerheiligenkapelle wurde damals im Stil der Gotik erneuert, und an der Nordseite des prächtig ausgestatteten Domes entstand ein gotischer Kreuzgang (1234–1243), der allerdings späteren Umbauten zum Opfer fiel.

Ottokars glanzvolle Hofhaltung wurde zu einem Mittelpunkt deutscher Kultur; mit Ulrich von Türlin zog süddeutsche Dichtung auf dem Hradschin ein und wurde unter Ulrich von Eschenbach heimisch in ganz Böhmen. Als Zeichen der Machtstellung Ottokars im Reiche wurde ihm 1257 eines der Kurfürstenämter, das des Reichsmundschenks, verliehen, das seitdem mit der böhmischen Krone verbunden blieb; in der Zeit des Interregnums wurde ihm sogar die deutsche Königskrone angetragen. Die Wahl Rudolfs von Habsburg zum deutschen König i.J. 1273 verstrickte ihn jedoch in einen tragischen Konflikt, an dem er schließlich zerbrach.

Przemysl Ottokars Tod in der Schlacht auf dem Marchfeld i.J. 1278 stürzte Böhmen in eine Folge von Wirren und Thronstreitigkeiten, die erst mit dem Tode des letzten Przemysliden-Fürsten Wenzel III. im Jahre 1306 endeten. Doch erwies sich gerade in jenen unruhigen Zeiten zum ersten Male die politische Bedeutung des zu Einfluß und Ansehen gelangten Bürgertums. Es bildete für nahezu drei Jahrhunderte die dritte Macht im Lande, mit der König und Adel zu rechnen hatten.

Prag als Reichshauptstadt – Blütezeit der Gotik

Zweimal im Laufe seiner Geschichte war Prag Hauptstadt des Reiches, unter Kaiser Karl IV. von 1346 bis 1378 und unter Kaiser Rudolf II. von 1576 bis 1611. Erhöht durch den Glanz und die Ansprüche der kaiserlichen Hofhaltung fand sich Prag beide Male unversehens in den Prozeß europäischer künstlerischer Entwicklung einbezogen. Als Mittelpunkt politischer Macht wurde die Hauptstadt jeweils auch zum Emporium der Musen.

Doch sollte keine der Blütezeiten länger als ein Menschenleben währen; beide endeten mit politischen Katastrophen, die sich weit über Böhmens Grenzen hinaus verhängnisvoll auswirkten: mit dem Ausbruch der Hussitenkriege im Jahre 1419 und mit dem Beginn des Dreißigjährigen Krieges im Jahre 1618.

Gibt es eine Erklärung für diese tragische Duplizität geschichtlicher Entwicklung?

Gewiß hatte jede der beiden Kaiser-Epochen eine Überlagerung des Einheimischen durch fremde Einflüsse mit sich gebracht und dadurch Widerstände und Unzufriedenheit bei der tschechischen Bevölkerung hervorgerufen, doch war – zumal unter Karl IV., der als König von Böhmen die deutsche Kaiserkrone errungen hatte – die Notwendigkeit eines nationalen Abwehrkampfes der Tschechen gegen die Deutschen kaum gegeben. Schließlich hatten die böhmischen Länder gerade durch Karl IV. eine einmalige Vorrangstellung gewonnen; als größte politische Einheit innerhalb des Verbandes des Heiligen Römischen Reiches war ihnen zwanglos eine Führungsrolle zugefallen, die dem tschechischen Element alle Voraussetzungen bot, sich auf die Dauer gegen das Deutschtum zu behaupten. Der Umstand, daß beide Katastrophen durch religiöse Gegensätze ausgelöst wurden, weist auf tiefere Konfliktursachen hin als jene, die sich aus der deutsch-tschechischen Nachbarschaft ergaben. Man muß Maßstäbe einer gesamteuropäischen Entwicklung anlegen, um zu glaubhaften Erklärungen zu gelangen.

Vom Standpunkt der alten Provinzen des Reiches aus gesehen, waren die böhmischen Länder erst sehr spät in den Einflußbereich der römischen Kultur eingetreten – die Christianisierung bedeutete schließlich nichts anderes als die Ausdehnung des römisch-germanischen Kulturkreises und seiner politischen Ordnung auf Osteuropa. Während dieser Vorgang in den nördlichen Gebieten Mitteleuropas eindeutig von Zentren im Westen – vom Frankenreich und von Irland – ausging, stießen im Großmährischen Reich, zu dem Böhmen im 9. Jahrhundert gehörte, die Missionare aus Salzburg und Regensburg auf das Missionierungswerk der Slawenapostel Cyrill und Method. Sie waren um die Mitte des 9. Jahrhunderts vom byzantinischen Kaiser Michael III. entsandt worden, um in Mähren eine Landeskirche aufzubauen, eine Liturgie in der Landessprache zu schaffen und das slawische Recht aufzuzeichnen. Obschon diese Verbindungen zu Ostrom durch den Sieg der Ungarn über die Mährer und Franken i.J. 907 bei Preßburg eine Ende fanden, blieb die Stellung der römischen Kirche in den böhmischen Ländern fortan angefochten, zumal in ihrem Ausschließlichkeitsanspruch; auch war solchermaßen die innere Bindung an die im Westen Europas entwickelte Herrschaftsordnung in Frage gestellt. Fortan sollten sich in den böhmischen Ländern die Kraftfelder politischer Macht im Westen und Osten Europas überschneiden; ähnlich wurde Böhmen vier Jahrhunderte später zum Feld der Entscheidung im Nord-Süd-Konflikt zwischen Preußen und Österreich.

Das sollte sich besonders am Beispiel der Entwicklung des Städtewesens zeigen, und da vor allem in Prag, wo immer wieder das ganze Königreich betreffende politische Fragen zur Entscheidung drängten. Knapp hundert Jahre nach der Stadterhebung wurde Prag zur Hauptstadt des Reiches – zur ersten festen Hauptstadt in der Geschichte des Heiligen Römischen Reiches deutscher Nation überhaupt! Die Bürgerschaft, zusammengesetzt aus landfremden Kolonisten und Händlern sowie bäuerlichen Einheimischen, hatte gerade erst begonnen, sich als eigener Stand zu organisieren und ihre Positionen gegenüber der feudalen Herrschaftsschicht auszubauen. Demgegenüber besaßen die deutschen Städte an Rhein und Donau eine meist mehr als tausendjährige Tradition und seit dem 12. Jahrhundert eine in zähen Kämpfen gefestigte politische, soziale und wirtschaftliche Ordnung, deren Kernstück die Bürgerfreiheiten waren. Was im Westen geprägte und bewährte Form war, befand sich hier, auf dem Boden des böhmischen Neulandes, noch im Zustand des Werdens und Übergangs, war Anfechtungen jeglicher Art ausgesetzt; Schwächen und latente Gegensätze in der geistigen und sozialen Struktur der mittelalterlichen Gesellschaft mußten hier leichter aufbrechen als in anderen Bereichen Mitteleuropas. Tatsächlich erwies sich dann zu Beginn des 15. Jahrhunderts die religiöse und soziale Revolution der Hussiten, durch nationale Gegensätze akzentuiert und verschärft, als Vorwegnahme jener allgemeinen Krise, die in Deutschland so vehement erst hundert Jahre später – in der Reformation und in den Bauernkriegen – zum Durchbruch gelangte. Eine um 1400 allenthalben in Europa schwelende Auseinandersetzung zwischen Bürgern und Stadtobrigkeit, zwischen dem Patriziat und den nach Gleichberechtigung drängenden Zünften – 1398 erhoben sich in Köln, 1408 in Lübeck die Zünfte gegen den Rat, 1404 rebellierten die Landshuter Bürger gegen den fürstlichen Stadtherrn, 1418 errangen die Zünfte von Paris die Herrschaft in der Stadt – loderte hier in Prag zum Kriegsbrand auf, der das gesamte Königreich in einen unversöhnlichen Konflikt stürzte und das Gefüge der mittelalterlichen Gesellschaft bis in ihre Grundfesten zerstörte.

35 Stadtwappen der Hradschinstadt, Darstellung des 16. Jahrhunderts

So scheint in Prag der lange Entwicklungsprozeß des Aufstiegs und Niedergangs der mittelalterlichen Bürgerkultur, der in deutschen Landen von etwa 1100 bis zur Mitte des 16. Jahrhunderts währte, auf den Zeitraum von knapp 150 Jahren verdichtet. Die Geschichte Prags als Kaiserstadt ist nicht zu trennen vom bewegten Schicksal der Prager Bürgerschaft.

Welchen Anblick bot Prag zu Beginn des 14. Jahrhunderts?

Es gibt keine Stadtansicht aus jener frühen Zeit, doch läßt sich der Zustand leicht rekonstruieren. Unter der Hradschinburg, deren Ansicht von der mächtigen Befestigungsmauer beherrscht wurde, drängte sich in enger Ummauerung die Kleinseite; die Stadtmauer schloß unmittelbar an die südlichen Häuser des Rings an und erreichte

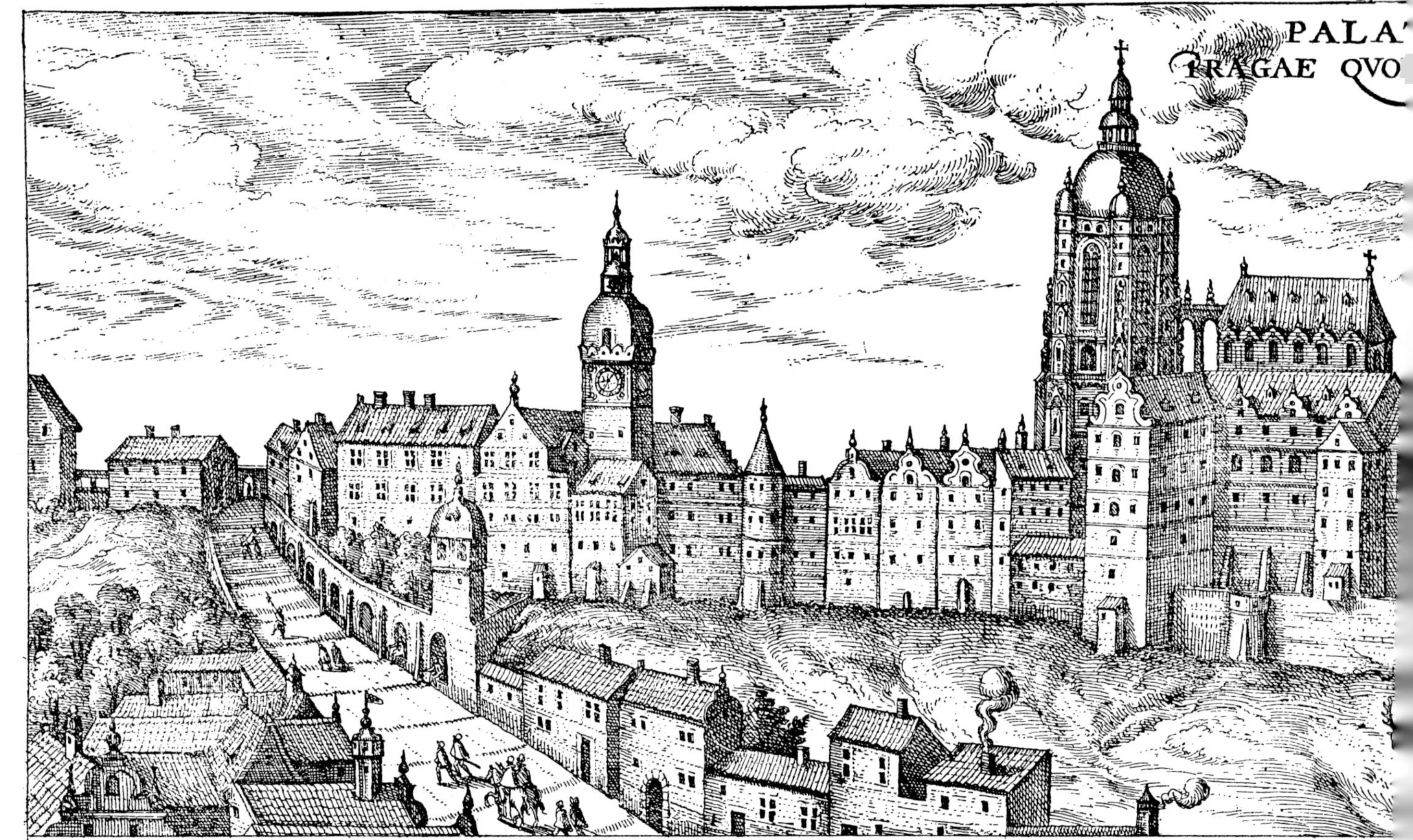

beim Johanniterspital die Moldau. Auf dem rechten Moldau-Ufer, zu dem man über die steinerne Judithbrücke gelangte, umspannte ein halbkreisförmiger Mauerzug – heute durch Národní, Příkopy und Revoluční gekennzeichnet – die Altstadt. Nur vereinzelt erhoben sich steinerne Türme von Kirchen, Gutshöfen oder Bürgerhäusern über das uneinheitliche Gewirr der Dächer. Mittelpunkte dieser Stadtanlage bildeten zwei große Plätze, der Altstädter Ring und der Neumarkt der Gallus-Stadt. Auch das freie Gelände südlich der Altstadt bis hin zum Felsen des Wischehrad war dicht besiedelt: neben einigen Gutshöfen und verschiedenen Kirchen gab es hier mehrere Dörfer, etwa Opatovice, Botič, Rybnik und Podskal. Im Nordosten lagen außerhalb des ummauerten Stadtgebietes die ehemalige Kaufmannssiedlung der Deutschen um die St.-Peters-Kirche und die große Vorstadt Poříč.

36 Gesamtansicht der Prager Burg, Ansicht des Hradschin aus »Civitates Orbis Terrarum« von Georg Braun und Fr. Hoogenbergh, Köln 1595

Die Entfaltung des städtischen Gemeinwesens geriet nach Aussterben der Przemysliden vorübergehend ins Stocken. Bereits unmittelbar nach dem Tode Wenzels II. war es zu Unruhen in der Stadt gekommen, hervorgerufen durch ständige Reibereien zwi-

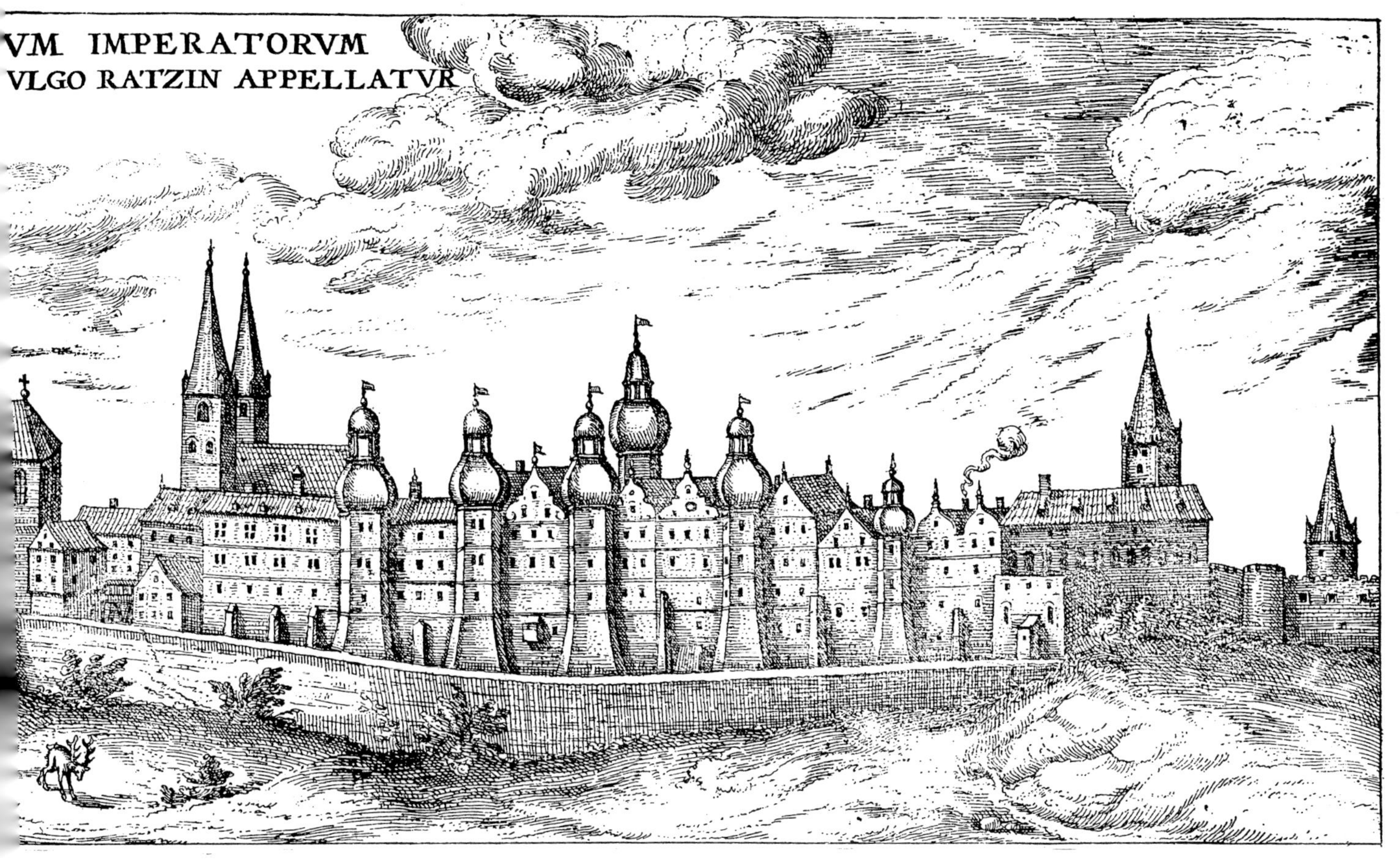

schen den Bürgergeschlechtern und den zur Herrschaft drängenden adeligen Herren. In einem Aufstand der Bürger vom Jahre 1309, den die Patrizier Wolfgang Wölflin und Nikolaus Thusintmark anführten, wurden die Adelsherren festgenommen und gezwungen, der Bürgerschaft stärkere Beteiligung an der Führung der öffentlichen Angelegenheiten zuzusichern. Doch sollte dieser Vertrag nicht lange währen: noch im gleichen Jahre brachen die Adelsherren die Abmachung und besetzten wiederum die Stadt. Solchermaßen in ihrer Vormachtstellung gestärkt, wandten sich die Adligen in der Folge gegen den schwachen König Heinrich von Kärnten und wählten an seiner Stelle den Sohn Kaiser Heinrichs VII., Johann von Luxemburg, dem die letzte Przemyslidenfürstin, die Tochter Wenzels II. Elisabeth, zur Gemahlin versprochen wurde.

Der Herrschaftsantritt des jugendlichen Johann von Luxemburg beleuchtete gleichnishaft die Verschiebung der sozialen Strukturverhältnisse in der Stadt, die bis dahin von den Patriziergeschlechtern beherrscht war. Denn als der neue Thronanwärter, den der Mainzer Erzbischof Peter von Aspelt begleitete, mit bewaffnetem Gefolge Ende November 1310 vor Prag erschien, waren es vor allem die streitbaren Metzger, die eines der Stadttore mit ihren Beilen zerhackten und dadurch den Angreifern den Weg in die Stadt eröffneten. Auch war es wohl kein Zufall, daß das Krönungsmahl für Johann und Elisabeth dann im Jahre 1311 im St. Jakobskloster stattfand, dessen Kirche die Zunftkirche der Metzger war. Die Vertretung der Bürgerschaft lag nicht mehr allein bei den Patriziergeschlechtern der Kaufleute, sondern wurde in steigendem Maße auch von den Handwerkern und ihren Zusammenschlüssen, den späteren Zünften, beansprucht.

Mit den Luxemburgern war erstmals eine fremde Dynastie auf den böhmischen Thron gekommen. König Johann wurde zeitlebens nicht recht heimisch in Prag – die meiste Zeit verbrachte er an fremden Fürstenhöfen, auf Turnieren oder auf Kriegszügen im Ausland. Von seinen ritterlichen Aventuren kehrte er meist nur dann nach Prag zurück, wenn er Geld benötigte. Die Bürger wußten die chronische Finanzmisere des Königs zu nutzen, um ihm ein Privileg nach dem andern abzuhandeln und dadurch ihre Lage zu verbessern. Bereits 1311 kauften sie ihm für 600 Mark Silber die Zollstätte, das »Ungelt«, ab und brachten damit den Fernhandel unter ihre Kontrolle. Nachdem sie sich zuvor von Wenzel II. ausbedungen hatten, daß alle ausländischen Kaufleute, die länger als fünf Tage in Prag blieben, ihre Waren den einheimischen Kaufleuten anbieten mußten, ohne selbst direkten Handel mit der Bevölkerung treiben zu dürfen, war nunmehr das Monopol des Patriziats auf den Handel mit ausländischen Waren besiegelt. 1316 ließen sich dann die Bürger der Altstadt alle früher gewährten Freiheiten und Privilegien erneut bestätigen. Als allerdings Johann im Jahre 1319 zu einem Monsterturnier in Prag rüstete, zu dem er ritterliche Abenteurer und Haudegen aus allen Ländern Europas einlud, und den Bürgern der Altstadt daraus Kosten von über 13000 Pfund Silber erwuchsen, obwohl es gar nicht zur geplanten Festveranstaltung kam, war ihre Geduld zu Ende: auf einer Protestversammlung der ganzen Stadtgemeinde wurden sechs Bürger gewählt, damit sie dem König ihre Forderungen unterbreiten sollten. Johann versuchte zunächst, die Altstadt mit Waffengewalt zu nehmen. Da dies mißlang, mußte er auf die Wünsche der Bürgerschaft eingehen; so bestätigte er im Juli 1319 erneut die alten Rechte der Prager Deutschen und sicherte den Patriziern zu, sie beim Eintreiben von Schulden gegenüber adeligen Gläubigern zu unterstützen. Freilich erwies Johann nur geringe ritterliche Gesinnung; denn kaum war er nach der vergeblichen Belagerung wieder in Prag eingezogen, widerrief er alle Zusagen und verbannte die Rädelsführer des Aufruhrs aus der Stadt. Der Bürgerschaft wurde eine so hohe Buße auferlegt, daß das Patriziat in der Folge verarmte und vor allem die führenden deutschen Geschlechter nicht mehr wagten, sich gegen die Adelsherrschaft aufzulehnen.

Als Johann kurz danach das Land wiederum verließ, nahm er seinen knapp vier Jahre alten Sohn Wenzel, den nachmaligen Regenten Karl, mit sich nach Frankreich. 1321 kehrte er nur nach Prag zurück, um neues Geld einzutreiben und ein großes Tur-

37 Siegel der »Goldenen Bulle« mit dem Bildnis Kaiser Karls IV., 1348 Wien, Österr. Staatsarchiv

nier zu veranstalten. Seine Methoden der Geldbeschaffung wurden immer fragwürdiger: 1325 verpachtete er das Münzrecht an ein Konsortium lombardischer Bankleute, 1327 ließ er minderwertige Münzen schlagen, 1335 suchte er nach Gold im Grabe des Hl. Adalbert, 1336 durchstöberten seine Schergen die alte Synagoge und 1337 raubte er aus dem Grabe des Hl. Wenzel zwei Silberstatuen, die sein Sohn Karl kurz zuvor für 500 Schock Silber hatte anschaffen lassen. Seine wichtigste Einnahmequelle blieb jedoch die Vergabe neuer Privilegien – zum Wohle der Stadt, denn alle königlichen Zugeständnisse festigten die Rechte und Freiheiten der Prager Bürgerschaft und förderten ihren wirtschaftlichen Aufschwung, vor allem nachdem 1333 der junge Kronprinz Karl die Regentschaft in Böhmen angetreten hatte. 1337 wurde den Bürgern das Recht bestätigt, daß ihre Repräsentanten, die Konsuln, bei der jährlichen Ablösung selbst ihre Nachfolger wählen durften; gleichzeitig erhielt der Rat die Halsgerichtsbarkeit. Damit war die Bürgerschaft praktisch unabhängig geworden. Im Jahr darauf genehmigte der König den Bürgern, das Haus des Patriziers Wölflin vom Steine am Altstädter Ring zu kaufen und zu einem Rathaus umzubauen; dies war der größte Sieg der Bürgerschaft in ihrem Ringen nach Selbständigkeit, denn bis dahin waren Verwaltung und Rechtssprechung von einem königlichen Beamten ausgeübt worden, den die von der Bürgerschaft gewählten zwölf Konsuln lediglich beraten konnten. Diese im Laufe der Zeit errungenen Rechte der Altstadt wurden 1341 durch vier Beauftragte kodifiziert, damit sie auch für die übrigen königlichen Städte Rechtsverbindlichkeit erlangen sollten; gleichzeitig wurde Prag zur Berufungsinstanz aller königlichen Städte ernannt.

So trug der leichtsinnige König Johann ungewollt dazu bei, die Entwicklung eines selbständigen städtischen Gemeinwesens zu beschleunigen und Prags Vormachtstellung im Königreiche zu untermauern. Seinen eigentlichen Aufstieg zu einer der führenden Städte Europas verdankt Prag jedoch der Fürsorge und den hochfliegenden Plänen eines wahrhaft großen europäischen Monarchen; die Prager Bürgerschaft nahm an dieser weiteren Phase der Entwicklung freilich nur mehr indirekten Anteil, ja man kann sagen, daß zuletzt sie es war, die Karls großes politisches Konzept zu Fall brachte.

Mit knapp achtzehn Jahren war Karl aus Frankreich in die Heimat zurückgekehrt. Obschon seine Möglichkeiten als Mitregent, den der Vater mit dem Titel eines Markgrafen von Mähren ausgestattet hatte, beschränkt waren, wußte er von Anfang an umsichtig und planvoll vorzugehen, vor allem die Willkürmaßnahmen seines Vaters zu mildern. Innerhalb kurzer Zeit erwarb er sich das Vertrauen der Bürger und den Beinamen eines »Vaters des Vaterlandes«. Schon in seinen frühesten Maßnahmen ließ er sich von der Absicht leiten, Prag zum Mittelpunkt eines erneuerten Reiches zu machen. Vorstellungen zentraler französischer Königsherrschaft, wie er sie im Pariser Hof kennengelernt hatte, verbanden sich mit der Einsicht, daß sich die Reichspolitik von der verhängnisvollen Bindung an Italien lösen müsse und daß es darauf ankäme, Übereinstimmung mit Osteuropa zu erzielen. Auch wußte Karl, daß stabile Regierungsverhältnisse im Reiche eine starke Hausmacht des jeweiligen deutschen Königs und römischen Kaisers voraussetzten. So fiel Prag als Hauptstadt seines Königreiches und zugleich eines nach Osten hin orientierten deutschen Kaiserreiches die entscheidende Rolle zu; hier war die Stelle, um mit der Verwirklichung seiner staatsmännischen Pläne zu beginnen.

Karls erste Schritte auf diesem Wege galten dem Ausbau seiner böhmischen Hausmacht. Er nützte seine engen persönlichen Bindungen zu Papst Clemens VI., der zuvor in Paris als Pierre Roger sein Lehrer gewesen war, um 1344 die Erhebung Prags zum Erzbistum zu erwirken; die Abhängigkeit von Mainz fiel damit fort und gleichzeitig sollte Prag die Oberhoheit über die Bistümer von Olmütz und Breslau gewinnen, was eine engere Bindung der östlichen Provinzen an Böhmen zur Folge hatte. Dem bedeutsamen Ereignis wurde am 21. November 1344 sichtbarer Ausdruck verliehen durch die Grundsteinlegung zu einer neuen St.-Veits-Kathedrale. Als Baumeister berief Karl den französischen Architekten Matthias von Arras.

Das Jahr 1346 brachte die entscheidende Wende im Leben Karls, als sein Vater Johann auf französischer Seite in der Schlacht von Crecy fiel – Karl selbst konnte sich nur durch Flucht vor Gefangennahme durch die Engländer retten – und Karl damit Herrscher in Böhmen wurde. Im Juli des gleichen Jahres zu Rhens am Rhein zum deutschen König gekürt, wurde er am 26. November 1346 im Bonner Münster gekrönt. Damit waren ihm die Geschicke des Reiches in die Hand gegeben.

Welche politische Konzeption leitete den jungen König? Aus heutiger Sicht beurteilt, war es die Vorstellung eines zentral verwalteten Staates in Mitteleuropa, der die traditionellen deutschen Lande samt Österreich mit Osteuropa verbinden sollte. In Absage an das »fahrende Kaisertum« wollte Karl dem neuen Imperium ein festes Zentrum der Macht geben – Prag. Fasziniert vom Vorbild Roms, Konstantinopels und Paris', vertraute Karl offenbar darauf, daß eine wahre Hauptstadt die Kraft besitzen würde, die Einheit des Reiches kulturell, wirtschaftlich, administrativ und letzlich auch politisch zu verwirklichen und zu garantieren. Das erklärt die Entschlossenheit, mit der er den Ausbau Prags zur Reichshauptstadt in Angriff nahm.

Sein Vater hatte ihm eine reichlich verwahrloste und zurückgebliebene Stadt hinterlassen; der dauernde finanzielle Aderlaß hatte keine größeren Bauten gestattet. Zwar war vor der Burg ein drittes städtisches Gemeindewesen entstanden, die Hradschinstadt, doch kam dieser vorerst keine Bedeutung zu. Lediglich von den neuen städtischen Predigerorden waren größere Bauvorhaben gewagt worden: 1315 hatten auf der Kleinseite die Augustiner-Eremiten mit dem langen Mönchschor der Thomaskirche begonnen und 1318 folgten in der Altstadt die Franziskaner mit dem Chorneubau der St.-Jakobus-Kirche; in beiden Fällen hielt man sich offensichtlich an das Vorbild österreichischer Bettelordenskirchen. In der 1339 begonnenen Halle der Ägidienkirche mit der wuchtigen Zweiturmfront, die als Kollegiatskirche errichtet wurde, wirkten möglicherweise Baugedanken der Marburger Elisabethkirche nach; ein ähnliches, durch mächtige Strebepfeiler gegliedertes Turmpaar sollte auch die Malte-

38 Der ehemalige Roßmarkt, heute Wenzelsplatz, nach Vincent Morstadt, Prag 1830

serkirche auf der Kleinseite erhalten, doch gelangte der Bau nicht über zwei Geschosse hinaus. Besonders traurig war es um die Burg auf dem Hradschin bestellt, die nach einem Brand i.J. 1304 nicht wieder aufgebaut worden war. So mußte Karl nach seiner Rückkehr nach Prag zuerst in einem Bürgerhause Wohnung nehmen; immerhin gelang es ihm noch im Laufe seiner Regentschaft, den Palas nicht nur wiederherzustellen, sondern ihn auch – wohl in Erinnerung an den Pariser Louvre - wohnlich und festlich auszugestalten, indem ein Nordostflügel hinzugefügt und ein zweites Obergeschoß mit drei großen Sälen aufgesetzt wurde. Mit der Erneuerung der Allerheiligenkapelle i.J. 1338, bei der Karl ein Kollegiatskapitel stiftete, dürften diese Wiederherstellungsarbeiten abgeschlossen worden sein.

Bei der Verwirklichung seines Planes, Prag zum Zentrum des Reiches zu machen, griff Karl weit über das Vorhandene hinaus. Als erstes fügte er der Altstadt eine großzügig angelegte Neustadt hinzu, die sich als halbkreisförmiger Gürtel dem alten Stadtkern zuordnete. Am 3. März 1348 legte der König den Grundstein zur neuen Stadtmauer von 3,5 Kilometer Länge, die, vom Wischehrad ausgehend, das neue Stadtgebiet im weiten Bogen umfaßte und bei der Vorstadt Poříč die Moldau erreichte. Das Stadtgebiet wurde damit um das Dreifache vergrößert! Drei große Marktplätze gliederten die neuen Bezirke auf: in der Mitte ein breiter Straßenmarkt, der Roßmarkt, heute Wenzelsplatz, im Süden der Viehmarkt, jetzt Karlsplatz, und nördlich der Heumarkt. Die Plätze wurden durch Straßenzüge miteinander verbunden – durch die Wassergasse (Vodičková) und Heinrichsgasse (Jindřisská). Die Aufteilung in große Häuserparzellen mit 20–35 Meter Frontbreite verrät, daß Karl hoffte, eine Bebauung mit geräumigen Handels- und Lagerhäusern zu erreichen. Tatsächlich versuchte er auf die verschiedenste Weise, Prag zum wirtschaftlichen Zentrum Mitteleuropas zu machen, indem er vor allem die Handelswege zwischen dem Mittelmeer und Nordeuropa, zwischen Ungarn und Flandern über Prag zu leiten bemüht war. Den Neubürgern wurden große Vergünstigungen eingeräumt: wenn die Häuser 18 Monate nach Zuweisung der Parzelle unter Dach waren, sollten sie für 12 Jahre steuerfrei bleiben. Als erstes wurden aus der Altstadt alle Handwerker in die Neustadt umgesiedelt, die mit Metall und Hämmern arbeiteten, dazu die Zeidler, Mälzer und Bierbrauer. Das Tempo des Aufbaues wird durch die Tatsache beleuchtet, daß die neue Stadtmauer in knapp zwei Jahren vollendet war.

Diese Stadterweiterung am rechten Moldauufer setzte Karl IV. dann durch Vergrößerung der Kleinseite zu Beginn der sechziger Jahre fort. Hiervon zeugt heute noch die alte Befestigungsmauer mit ihrem Zinnenkranz auf der Höhe des Laurenziberges; ihr Name Hungermauer erinnert daran, daß der Kaiser durch dieses in den Jahren 1360–1362 ausgeführte Bauvorhaben dem notleidenden Teil der Stadtbevölkerung Arbeit und Brot verschaffte.

Besonders aufschlußreich für die Vorstellungen, die Karl mit dieser Neugründung verband, ist der kirchliche Bebauungsplan. Außer zwei Pfarrkirchen – St. Stephan und St. Heinrich – wurden sechs neue Klöster angelegt: das bereits 1347 gegründete

Karmeliterkloster Maria Schnee wurde kurz danach erheblich erweitert; 1350 folgte die Grundsteinlegung der Kirche der Hl. Maria und Karls d. Gr. mit einem Kloster der Augustiner-Chorherren, 1354 das Augustinerinnen-Eremiten-Kloster St. Katharina. 1355 stiftete Karl IV., der am 5. April 1355 zu Rom zum Kaiser gekrönt worden war, in Erinnerung an die vorhergegangene Krönung in Mailand mit der eisernen Krone der Langobarden (13. 1. 1355), für den Ritus der Mailänder Benediktiner die Kirche St. Ambrosius; sie wurde nach der Säkularisation zum Zollhaus gegenüber dem Pulverturm umgebaut. Eine Sonderstellung nahm das bereits 1347 gestiftete Benediktinerkloster St. Cosmas und Damian, später Emaus genannt, ein, das 1372 mit großem Gepräge eingeweiht wurde; es sollte slawische Benediktiner aus allen Ländern Osteuropas aufnehmen und durch Pflege der glagolitischen Schrift und der slawischen Liturgie zur Überwindung der Kirchenspaltung in eine Ost- und Westkirche beitragen, gleichzeitig den slawischen Osten näher an die neue Reichshauptstadt heranführen. Schließlich gründete Karl 1360 noch ein Servitenkloster mit der Kirche Maria auf der Säul (P. Marie na Slupi). Die große Unterschiedlichkeit dieser Orden und ihrer Riten zeigt an, daß Karl offensichtlich allen Formen des christlichen Kultes in Prag eine Pflegestätte schaffen wollte. Prag sollte auch in kirchlicher Hinsicht zu einer Weltstadt werden. Gleichzeitig verliehen diese Kirchen- und Klosterbauten der neuen Stadtanlage architektonische und kommunale Schwerpunkte,

Baukünstlerisch am interessantesten ist das Oktogon des Karlshofes, dessen Kuppel das Stadtbild weithin beherrscht; neben dem Vorbild der Aachener Pfalzkapelle – die Karlshofer Kirche war dem Andenken Karls d. Gr. geweiht – könnte auch die Erinnerung an den achteckigen Felsendom zu Jerusalem mitgewirkt haben. Manches spricht dafür, daß die Kirche, die heute eine Wölbung aus dem Jahre 1575 besitzt, ursprünglich über einer Mittelsäule eingewölbt werden sollte. Überhaupt kann man sagen, daß bei diesen von Karl in Auftrag gegebenen Sakralbauten dem Typus der Predigtkirche gegenüber dem der Altarkirche der Vorrang gegeben wurde; so handelt es sich meist um Hallenkirchen, wie z. B. bei der Klosterkirche von Emaus, bei Maria Säul, der St.-Heinrichs-Kirche oder bei den Erweiterungsbauten der St.-Castulus- und der St.-Adalbert-Kirche. Zumal die zweischiffigen Kirchenräume dieser Zeit zeichnet edle Schlichtheit aus.

Karls Absicht, Prag durch Konzentrierung geistlichen und geistigen Lebens zum spirituellen und politischen Mittelpunkt des Reiches zu machen, kam vor allem in der Gründung der Universität zum Ausdruck. Bereits im Januar 1347 hatte Papst Clemens IV. mit einer Bulle die Einrichtung eines studium generale in Prag genehmigt und damit den internationalen Status der neuen Universität dokumentiert. Die Universitätsgründung selbst erfolgte am 7. April 1348. Nach dem Vorbild der Pariser Universität wurden vier Fakultäten – eine theologische, medizinische, juristische und artistische (später philosophische) – eingerichtet und die Hörer in vier Nationen eingeteilt: die böhmische Nation umfaßte alle Angehörigen des Königreiches einschließlich Ungarn und Siebenbürger, die bayrische alle Süddeutschen, Österreicher, Rheinländer und Westfalen, die polnische Nation Polen, Litauer, Preußen und Schlesier und die sächsische ganz Norddeutschland. Die Nennung dieser Stämme und Völker umreißt den geistigen Raum, den Karl seinem Imperium zugemessen hatte. Die Universität blieb ein geistliches Institut und wurde dem Prager Erzbischof als Kanzler unterstellt. Sie verfügte vorerst über keine eigenen Gebäude, die Vorlesungen fanden vielmehr in Klöstern, vor allem bei den Dominikanern, statt; erst 1366 wurden Kollegs als Wohnstätten von Studenten und Lehrern und gleichzeitig als Unterrichtsstätten eingerichtet, so das Karlskolleg und das Allerheiligenkolleg. Der ungeheure Zulauf – schon nach wenigen Jahren wurden mehrere tausend Hörer gezählt – machte Prag zum geistigen Mittelpunkt Deutschlands, ja des ganzen nördlichen Mitteleuropa.

Als letzte Zentralinstanz richtete Karl schließlich auf der Prager Burg die Kaiserliche Kanzlei ein, in der alle politischen Belange des Reiches zusammenliefen. Unter dem feingeistigen und hochgebildeten Kanzler Johannes von Neumarkt, einem gebürtigen Schlesier, der 1353 an ihre Spitze trat, entwickelte sie sich zu einem Instrument geistiger Führung. Beamte aus dem ganzen Reich wurden an ihr ausgebildet. Die Notwendigkeit, die verschiedenen deutschen Stammesdialekte auf den Nenner einer gemeinsamen Kanzleisprache zu bringen, führte zur Herausbildung einer gemeinsamen deutschen Umgangssprache. Unter den vielen Notaren, Ratsschreibern und Beamten, die aus dieser Kanzlei hervorgingen, war auch Johannes von Saaz, der Verfasser des »Ackermann aus Böhmen«.

Gleich Karl unterhielt Johannes von Neumarkt vielfältige Beziehungen zu Avignon und zu Italien. Des Kaisers großartiges Unterfangen, Prag zu einem neuen Zentrum europäischer Macht auszubauen, nährte manche Hoffnung. So hielt sich Cola di Rienzo, der 1347 in Rom eine Republik nach antikem Vorbild zu errichten versucht hatte, seit 1350 längere Zeit in Prag auf; vergeblich versuchte er Karl für seine phantastischen Staatspläne zu gewinnen. In ähnlicher Absicht weilte 1356 auch der große italienische Humanist und Dichter Francesco Petrarca an Karls Prager Hof; ihm ging es um einen Staat, der dem Menschen des neuen Zeitalters – dem die Welt durch Geist und Wille gestaltenden Individuum – Raum zur Entfaltung gewähren sollte. Karl, der längst sein eigenes staatsmännisches Konzept gefunden hatte, stand solchen Plänen wohlwollend und interessiert, in der Sache aber skeptisch gegenüber. Zu Karls italienischem Anhang gehörte auch Angelus von Florenz, der als Hofapotheker den ersten botanischen Garten anlegte (an der Stelle der heutigen Hauptpost) und dessen Apotheke sich an der Ecke zum Kleinen Ring – Haus zum Engel – befand.

Überhaupt waren es die kulturellen und künstlerischen Leistungen, in denen Karls imperiale Gesinnung letztlich fortleben sollte. Während sein politisches Konzept im Sturm der religiösen und sozialen Auseinandersetzungen, die sich im Hussitismus entluden, unterging, wirkten die künstlerischen Impulse, die von Prag ausstrahlten, weit über das 14. Jahrhundert hinaus. Die überragende Künstlerpersönlichkeit, die Karl kongenial zur Seite trat, war der Baumeister und Bildhauer Peter Parler aus Schwäbisch Gmünd.

Peter Parler war erst 23 Jahre alt, als er 1353 nach Prag berufen wurde, damit er den nach dem Tode des Matthias von Arras liegen gebliebenen Dombau fortführe. Hervorgegangen aus der Kölner Parler-Familie, in der Inschrift über seiner Bildnisbüste im Triforium wird er »de Colonia« genannt, war er mit dem System der französischen Kathedralgotik vertraut. Doch konnte Parler der künstlerischen Herausforderung nicht widerstehen, in Prag völlig Neues zu wagen. Als kaiserlicher Baumeister war er dem strengen Reglement mittelalterlicher Bauhütten entbunden. Als erstes lieferte er in der Sakristei des St.-Veits-Domes ein Zeugnis seiner technischen Fähigkeiten, indem er den Raum mit zwei hängenden Schlußsteinen ausstattete – sichtbaren Gleichnissen für die Überwindung der Schwerkraft. In Abänderung der Pläne seines französischen Vorgängers verwandelte er den Hochchor in ein lichtdurchlässiges Glashaus: eine völlig neue Wölbweise gestattete ihm, die Hochschiffwände weitgehend zu eliminieren, die Fenster zu verbreitern und bis fast zur Scheitelhöhe des Gewölbes hinaufzuführen. Sehnig und rundplastisch unterscheiden sich die von ihm ausgeführten Bauglieder von den asketisch-dünnen Diensten Matthias'. Am Außenbau steigen die Strebebögen bis nahe zum Dachansatz empor und umhüllen dadurch den Chorbau mit einem durchsichtigen Gewebe steinerner Kräftebahnen. Zwei mächtige Türme sollten die Mitte des Bauwerks akzentuieren – nur der südliche von ihnen wurde zur Hälfte ausgeführt; überreich im Dekor kündet er, wie auch das großartige Südfenster des Querschiffes, von der Meisterschaft der Bauhütte in der Behandlung des Steinwerks.

Parlers baukünstlerisches Meisterwerk ist ohne Zweifel die St.-Wenzels-Kapelle, die er als geschlossenen Raumkörper in den differenzierten Organismus der Kathedralanlage hineinsetzte. Sie dürfte bereits 1367 vollendet gewesen sein. Über einem Grundrißquadrat von 10,5 m Seitenlänge führte Parler einen Raum auf, dessen Proportionen und Formen in völliger Harmonie aufeinander abgewogen sind. Ohne Gelenkstelle gehen die aufsteigenden Dienste in Gewölberippen über, die den Wölbungsgrund in ein regelmäßiges Muster gleich großer Felder aufteilen. Man begreift am Beispiel dieser Kapelle voll dichtester Raumstimmung, was der spätgotische Einheitsraum verwirklichen wollte. Mit ihrer reichen Gewölbefiguration, ihren in Goldgrund eingelassenen Edelsteinen, den Freskenzyklen und dem Bildschmuck mutet die Wenzelskapelle wie ein in Architektur umgesetzter Reliquienschrein an. Etwas vom magischen Dunkel byzantinischer Zentralbauten ist in diesem Raumgebilde eingefangen, das sich konstruktiv als Ausdruck klarster Baulogik erweist. So spiegelt sich in der Kapelle die Gesinnung ihres Bauherrn, in dessen Geiste sich der Traum einer mystischen Reichsidee mit der abwägenden Nüchternheit eines neuzeitlichen Staatsmannes verband.

Parlers wölbetechnische Leistungen leiteten ein neues Kapitel spätgotischer Baukunst ein. Ein Jahrhundert lang galten die Angehörigen der Prager Bauhütte – die Junker von Prag – als Pioniere technischen Fortschritts; Parlersöhne oder Parlerschulen arbeiten in Wien, Passau, Regensburg, Nürnberg, Ulm, Freiburg und Straßburg.

39 St.-Veits-Dom auf dem Hradschin vor dem neugotischen Anbau des westlichen Hochschiffs, Ansicht um 1840. Vor dem Südportal die St.-Ge-

orgs-Statue auf barockem Sockel. Lithographie von Sandemann nach Zeichnung von R. Alt.

Das um 1385 vollendete Netzgewölbe des Hochchores machte allenthalben in Europa Schule. Indem Parler die Kreuzrippen in eine Doppelspur paralleler Rippen zerlegte und die Gurtbögen bis auf kurze Ansätze eliminierte, also die Kreuzrippen durch diagonale Gewölbestreifen ersetzte, unterteilte er den Wölbungsgrund in eine Abfolge nahezu gleich großer Gewölbefelder. Er erzielte dadurch innerhalb der Gewölbeabschnitte günstige Druck- und Spannungsverhältnisse, zumal er auch die Schnittwinkel der Gewölberippen den stabilen Verhältnissen im Quadrat annäherte. Vor allem konnten nunmehr die relativ kleinen Gewölbefelder freihändig, d. h. ohne unterlegte Holzschalung, gemauert werden; es brauchten fortan nur noch die Rippen mit Schalbrettern unterfangen zu werden. Die solchermaßen erzielte Vereinfachung im Gewölbebau war revolutionierend. Vom optischen Standpunkt aus faßt das im Zickzack über den Wölbungsgrund dahinstreichende Parallelrippengewölbe den Raum zur Einheit zusammen. Anstelle der additiven Abfolge in sich geschlossener Jocheinheiten, durch die der Raumeindruck hochgotischer Sakralbauten bestimmt wird, tritt das Raumbild eines von Bewegungsstößen durchpulsten spätgotischen Einheitsraumes.

Nicht weniger kühn gemeistert war der Bau der Karlsbrücke, zu der der Kaiser 1357 den Grundstein legte, nachdem die alte Judithbrück dem Hochwasser von 1342 zum Opfer gefallen war; Parlers Pläne wurden hier vom Bauleiter Johann Ottl ausgeführt. Bei einer Länge von 520 m und 10 m Breite ruht die Brücke auf 16 flachen Segmentbogen – eine Ingenieurleistung, wie sie in Europa ihresgleichen suchte. Der Brückenturm am Altstädter Ende wurde durch reichen Statuenschmuck zu einem Wahrzeichen kaiserlicher Macht ausgestaltet; die Stadtseite zeigt zwischen der Sitzstatue des alten und gichtkranken Kaisers und jener des jungen Königs Wenzel die Gestalt des Landespatrons Veit, der auf dem Brückenmodell steht.

Auch als Bildhauer brach Parler einer neuen Gesinnung Bahn. Selbst wenn wir nicht immer sagen können, welche der zahlreichen Bildwerke seiner Hand entstammen, wurde das bildhauerische Opus der Parler-Hütte doch entscheidend vom Temperament des Oberhauptes der Künstlersippe bestimmt. Eines der vollendetsten Werke ist das Standbild des Hl. Wenzel in der Wenzelskapelle, das Heinrich Parler, ein Neffe Peters, 1373 ausführte und das von Meister Oswald farbig gefaßt wurde. In der formgenauen Wiedergabe der zeitgenössischen Tracht und in der Stilisierung hoheitsvoller Versonnenheit paaren sich neuzeitlicher Naturalismus mit der lyrischen Gefühlsbetonung der späten Gotik. Peter Parlers eigene Hand ist in der liegenden Grabstatue Ottokars I. und in der Tumba Ottokars II. zu erkennen: hier nun ist der abstrakte Figurenaufbau der gotischen Plastik ganz zugunsten einer realistischen Formauffassung überwunden; die Mächtigkeit der Gestalten, ihre packende Körperlichkeit und die Ausdruckskraft der Gesichter zeugen von einer neuen Diesseitsbejahung. Die Ausführung des Grabdenkmals Ottokars I. durch Peter Parler ist für das Jahr 1377 urkundlich überliefert. Zwischen 1374 und 1385 entstanden in der Triforiengalerie des Domes einundzwanzig Portraitbüsten, die überzeugend die führende Rolle der Par-

40 Karlsbrücke mit Altstädter Brükkenturm, nach V. Morstadt, um 1830

ler-Hütte in der damaligen Kunst beweisen: denn bis dahin gab es in Europa kaum Plastiken von solcher Bildnistreue. Auch hier wird man die durch Naturalismus und Plastizität bestimmten Werke dem engeren Kreis der Parlersippe zuschreiben können – etwa die Büsten des Wenzel von Luxemburg, Peter Parlers, Karls dritter Gattin Anna von Schweidnitz und des Baurektors Wenzel von Radeč – während die übrigen, die durch eine weichere Oberflächenbehandlung und gemüthafte Ausdruckswerte bestimmt sind, von Gehilfen ausgeführt worden sein dürften. Der unterschiedliche Charakter wird u. a. im Vergleich der Bildnisbüsten von Peter Parler, Blanka von Valois, Karl IV. und Anna von Schweidnitz deutlich, die nachfolgend einander gegenübergestellt sind.

Der Schöpfer der Marienstatue am Erker des Altstädter Rathauses, die um 1380 entstand, wird gleichfalls ein Angehöriger der Parler-Hütte gewesen sein; eng verwandt mit der Madonnenstatue der Ägidienkapelle im Wiener Stephansdom, zeigt sie viele Motive aus der gleichzeitigen Prager Tafelmalerei und leitet dadurch zu den schönen Madonnen des Weichen Stiles der Zeit um 1400 über.

Die großartige Reiterstatue des Hl. Georg, die 1373 von den Brüdern Martin und Georg aus Klausenburg in Bronze gegossen wurde, wird dem Kreis der Parlerschule zugerechnet, obwohl nicht ausgeschlossen ist, daß dieses bedeutendste deutsche Reiterstandbild des ausgehenden Mittelalters erst später, vielleicht aus Ungarn, nach Prag gebracht wurde. Die Statue stand ursprünglich auf dem St.-Georgs-Platz und danach lange Zeit vor dem Eingang zum königlichen Palas, bevor sie die wenig vorteilhafte Aufstellung auf dem modernen hohen Sockel im 3. Burghof fand. Eines der spätesten Bildhauerwerke der Parler-Hütte ist die kleinfigure Darstellung der Leidensgeschichte Christi im Bogenfeld des nördlichen Portals der Teynkirche (um 1390). Die Einflüsse dieser Kunst strahlten in den folgenden Jahrzehnten weit über Böhmen hinaus – unmittelbare Zusammenhänge lassen sich im Osten bis Thorn, im Westen bis Straßburg nachweisen.

Die Hochblüte der Bildhauerei muß in enger Verbindung gesehen werden mit dem Wirken einer weitverzweigten Malerschule in Prag, die ihrerseits Kunstwerke von europäischem Rang hervorbrachte, wie etwa die Tafeln des Meisters von Wittingau. Hierbei spielen Gnadenbilder, vor allem die Darstellungen des innigen Wechselspieles zwischen der Jungfrau Maria und ihrem göttlichen Kinde, eine führende Rolle; die formalen Motive und die Sensibilität der Abbildungen entsprechen oft so weitgehend den Statuen der Schönen Madonnen, daß nicht zu entscheiden ist, ob die Tafelgemälde den Plastiken oder umgekehrt, die gemalten Bilder den Bildhauern als Vorbild dienten. Eines der frühesten dieser Gnadenbilder ist die Strahover Madonna (um 1350); sie gehört offensichtlich in den Kreis der Werke des Meisters von Hohenfurt. Motive der byzantinischen Madonnendarstellung erscheinen hier von neuer Lebenswirklichkeit und Gemütstiefe erfüllt. Neuartig und gegenwartsnahe ist auch der große Freskenzyklus im Kreuzgang des Emausklosters, der mit 79 Bildern aus dem Leben Christi in der Art einer biblia pauperum berichtet. Es ist nicht ausgeschlossen, daß diese um 1360 entstandene Bilderzählung, die formal den Fresken Nikolaus Wurmsers auf Burg Karlstein nahesteht, von oberitalienischen Vorbildern beeinflußt wurde.

Auch in der Malerei ist die karolinische Hofkunst durch Wirklichkeitsnähe und seelische Ausdrucksstärke gekennzeichnet. Die Werke der Prager Malerzeche – deren deutsch verfaßte Zunftstatuten erhalten sind – wanderten in das ganze Reich hinaus. Ihre schönsten Zeugnisse sind uns in Südböhmen erhalten geblieben, das von den Hussitenkriegen verschont wurde, während in Prag selbst nur wenige Zeugnisse den Bildersturm der Hussiten überdauerten. Die Prager Nationalgalerie beherbergt die Mehrzahl der Meisterwerke dieser in der Geschichte Europas einmaligen Hochkunst.

Wenn im heutigen Stadtbild Prags die Gotik – neben dem Barock – eine dominierende Rolle spielt, dann ist dies vorwiegend der Zeit Karls IV. und dem Wirken der Parler-Hütte zu verdanken. Nach dem Ausbruch der Hussitenkriege wurden, vom Ausbau der Westfassade der Teynkirche abgesehen, bis zum Ende des 15. Jahrhunderts keine größeren Bauvorhaben mehr ausgeführt. Der Hauptbau der Teynkirche war in Formen der strengen Bürgergotik bereits um 1400 beendet; in der Monumentalität ihrer Abmessung spiegelt die Teynkirche den Stolz und das Selbstbewußtsein der deutschen Bürgergemeinde, der sie als Pfarrkirche diente. Nach 1421 wurde sie dann zur Hauptkirche der hussitischen Bewegung.

Noch größer in den Abmessungen sollte die Kirche Maria Schnee nächst dem Wenzelsplatz werden, die Karl IV. um 1349 als Krönungskirche und Klosterkirche der

Karmeliter gründete. Ihr Chorraum, einziger ausgeführter Teil der Anlage, übertrifft an Höhe alle anderen Kirchenbauten Prags, obwohl die Gewölbe, die Ende des 16. Jahrhunderts einstürzten, ursprünglich noch höher angesetzt waren. Der 1397 in den Formen der strengen Bürgergotik vollendete Chorraum wurde zu Beginn des 15. Jahrhunderts zu einem der Mittelpunkte der hussitischen Bewegung; von Maria Schnee aus führte der Pfarrer Jan Želivský (Johann von Seelau) am 30. Juli 1419 eine Prozession von Armen, arbeitslosen Tagelöhnern und religiösen Fanatikern zum Neustädter Rathaus und gab damit den Auftakt zur hussitischen Revolution.

Geistiger Ausgangspunkt der hussitischen Bewegung war die Betlehemskapelle, die der Ritter Johann von Mühlheim und der Patrizier Kříž ausdrücklich als tschechische Predigerkirche gestiftet hatten; sie wurde zur Wirkungsstätte des großen tschechischen Reformators Jan Hus. Die in späterer Zeit zerstörte zweischiffige Kapelle wurde 1950 bis 1952 wiederhergestellt. Architektonisch kann sie als Schlüsselbau der Spätgotik gelten: die von der mittleren Pfeilerreihe ausgehenden Fächergewölbe fanden ihr Widerlager in korrespondierenden Pfeilern entlang der Schiffswände, die konstruktiv die Funktion eingezogener Strebepfeiler ausübten; die Betlehemskapelle demonstrierte damit zum ersten Male die Vorteile eingezogener Strebepfeiler, die zum bestimmenden Bauelement der süddeutschen Spätgotik, vor allem im Donaugebiet, werden sollten.

Auch sonst bediente sich die Bürgerschaft der Parler-Hütte. Davon zeugen besonders die reich geschmückten Kapellenerker am Altstädter Rathaus (1381) und am Karolinum (um 1370), dem ältesten Gebäude der Universität. Das heutige Karolinum war ursprünglich eines der Kollegs, hervorgegangen aus dem Hause des Münzmeisters Rothlöw, das Wenzel IV. 1383 der Universität stiftete.

Keines der großen Bauwerke spiegelt jedoch seine Vorstellungen als Staatsmann und seine Geisteshaltung klarer als Burg Karlstein, zu der er am 10. Juni 1348 – dem Jahre der Stadterweiterung und Universitätsgründung – den Grundstein legte. Sie erweist sich letzten Endes als architektonische Paraphrase seiner Reichsidee. Knapp eine halbe Tagesreise von Prag entfernt, sollte die Burg als wehrhafter Aufbewahrungsort der Reichskleinodien und der böhmischen Krönungsinsignien dienen, zugleich aber auch dem Herrscher selbst als repräsentativer Wohnsitz und als Refugium für Stunden und Tage stiller Meditation. Die bewußte Bezogenheit auf das Erbe Karls des Großen dürften den Kaiser veranlaßt haben, Karlstein nach dem Typus einer fränkischen Turmburg anzulegen, wobei nicht ausgeschlossen ist, daß Vorstellungen aus der Gralssage mit im Spiele waren: die Bestimmung etwa, daß keine Frau im Hauptturm, dem innersten Heiligtum, übernachten durfte sowie die Einsetzung einer ritterlichen Ordensgemeinschaft als Hüter der Burg, deuten auf solche Gedankengänge hin. Die Anlage war in ihren wesentlichen Teilen fertiggestellt, als Karl 1355 von seiner Krönung zum Kaiser aus Rom nach Böhmen zurückkehrte.

Zur Verwirklichung seiner Idee zog Karl IV. bedeutende Künstler aus dem ganzen Reiche heran; den ursprünglichen Plan dürfte Matthias von Arras geliefert haben, doch wird an der Ausführung die Hütte der Parler maßgeblich beteiligt gewesen sein. In den Innenräumen der Burg legt ein vielgestaltiges Programm von Wandgemälden, Tafelbildern, Plastiken und Kunstgegenständen Zeugnis ab vom Mysterium der Reichsidee, die Karl neu zu beleben bemüht war. Hierbei spielten Kunst und Kult eine maßgebliche Rolle. So schilderte im Audienzsaal des Palas ein Stammbaum die göttliche Abkunft der Luxemburger, welcher – beginnend bei Noah und den assyrisch-babylonischen Herrschern – ihren legitimen Anspruch auf die Kaiserkrone belegte. Spätere Restaurierungen haben diesen Zyklus leider vernichtet.

Im zweiten Hauptgebäude stattete Nikolaus Wurmser aus Straßburg 1356/7 die Kollegiatskirche der Hl. Jungfrau Maria mit einer Folge von Wandgemälden aus; indem auf ihnen dargestellt wird, wie Karl einmal aus der Hand des französischen Dauphins, zum anderen von Peter von Lusignan, dem König von Zypern und Jerusalem, Christusreliquien in Empfang nimmt und sie in einem Reliquienkreuz niederlegt, wird die Rolle Karls als Vereinigers der beiden Teile des alten römischen Imperiums symbolisch vor Augen geführt. Ein schmaler Gang führt von diesem Andachtsraum zur Katharinenkapelle, dem 1357 geweihten Oratorium des Kaisers, in dem er in völliger Abgeschlossenheit von der Welt und durch Einkehr bei Gott, Sammlung für seine politischen Entscheidungen zu suchen pflegte. Die Wände des kleinen Raumes sind ganz mit böhmischen Halbedelsteinen und Freskomalereien bedeckt. Ein kleiner Altar zeigt auf dem Sockel das Bild der Kreuzigung, in der Altarnische darüber ein Wandgemälde mit Karl und seiner dritten Gemahlin Anna von Schweidnitz zu Füßen der thronenden Gottesmutter; die Madonna wendet sich der Königin zu, während das Christuskind seine Händchen dem Kaiser entgegenstreckt. Formale Ähnlichkeiten weisen auf Nikolaus Wurmser als Autor dieser Malereien hin.

Das innerste Heiligtum der gesamten Anlage schließlich bildet die Kreuzkapelle im Hauptturm. Sie ist mit kaum noch zu überbietender Pracht ausgestattet, ein in funkelndem Glanz erstrahlender Reliquienschrein. Den Absichten des Kaisers gemäß sollte die Kapelle zum ideellen Mittelpunkt seines Reiches werden; nur der Erzbischof von Prag und der zum Diakon gesalbte Kaiser selbst, er barfuß und barhäuptig, durften ihren Altarraum betreten, in dem die Reichskleinodien, die böhmischen Krönungsinsignien und kostbarsten Reliquien in einer Nische verwahrt wurden. Ein Riesengeschlecht feierlich blickender Heiliger, deren Bildnisse die Wände bis zur Wölbung hinauf ausfüllen, bewacht gleich einer himmlischen Heerschar diese Heiligtümer. Die 132 Tafelbilder schuf Meister Theoderich von Prag. Indem Theoderich die Figuren nicht aus Linien, sondern aus farbigen Flächen plastisch aufbaute und jegliche Idealisierung gegenüber einer realistischen Figurenauffassung zurücktreten ließ, wies er der mittelalterlichen Malerei völlig neue Wege. Zugleich diente seine aufs Großformige gerichtete Vereinfachung ganz der seelischen Vertiefung.

Aus der Kraft eines jungen Volkes schöpfend, versinnbildlicht der einheimische Theoderich den seelischen Reichtum, den Karls Idee im Volke zu entbinden vermochte – eine Kraft und einen Reichtum, die sich allerdings, durch die unselige Politik von Karls Nachfolger Wenzel fehlgeleitet, später dann nur noch in Fanatismus entladen konnte. Man wird dem Phänomen des Hussitismus kaum gerecht, wenn man ihn nicht auch vor dem Hintergrunde der hochfliegenden Pläne Karls sieht. Die Berufung der Tschechen zum Reichsvolk – diese Rolle hatte ihnen Karl als den Trägern seiner Hausmacht zugedacht - scheiterte an den sozialen Problemen und nationalen Spannungen, die sich zwangsläufig in einer aus dem Boden gestampften Metropole erge-

41 Stadtansicht vom Norden, aus: »Civitates Orbis Terrarum« von Braun und Hoogenbergh, 1595

ben mußten. Das große imperiale Konzept wurde nach Karls Tod im Jahre 1378 durch eine Vielzahl kleinlicher Geister vertan – durch gewinnsüchtige Patriziergeschlechter und machthungrige Adlige ebenso wie durch nationale Schwarmgeister, religiöse Fanatiker und ein auf materielle Vorteile bedachtes Proletariat. An Prag scheiterte, was mit Prag begonnen hatte: der Plan eines West und Ost versöhnenden Reiches.

Innerhalb weniger Jahre war Prag nach Konstantinopel und Paris zur drittgrößten

Stadt des Abendlandes geworden. Man zählte in ihr nicht weniger als 76 Kirchen und Kapellen sowie 24 Klöster. Schon nach einem Monat Aufenthalt in der Stadt konnte das Bürgerrecht erworben werden, konnte ein Neuangekommener an den städtischen Freiheiten teilhaben; in allen anderen Städten betrug die Frist ein volles Jahr. Das zog nicht nur Kolonisten und Handwerker, sondern auch viel heimatloses Volk an, entlaufene Leibeigene, verarmte Bauern, ungelernte Taglöhner. Und wenn der italienische Reisende Uberto Decembrio 1399 berichtete: »Nirgendwo sah ich solch eine Menschenmenge, eine so reiche und mit allen möglichen Gütern überschwemmte Stadt«, dann hatte er wohl den Prunk des Klerus und der Patrizier, nicht aber das Elend des besitzlosen Volkes vor Augen, aus dem zwei Fünftel der Stadtbevölkerung bestanden.

Der Kaiser erkannte die Problematik dieser uneinheitlich zusammengesetzten Bevölkerung, die sich – vom Strom eines großen Aufbauvorhabens getragen – von Tag zu Tag treiben ließ. So geht die Berufung des Bußpredigers Konrad Waldhauser aus Wien vermutlich auf den Einfluß des Kaisers zurück. Vom Jahre 1358 an beschwor Waldhauser in der St.-Gallus-Kirche arm und reich zu geistiger Einkehr, zu Demut und besonnener Lebensführung. Bei St. Ägidien rüttelte der tschechische Prediger Johann von Milíč das Gewissen des Volkes auf; und obschon Kaiser und Erzbischof ihn im Kampf gegen Verweltlichung des Klerus und Sittenverfall unterstützten, schreckte er nicht davor zurück, selbst Karl IV., den Exponenten weltlicher Macht, als Antichrist zu bezeichnen. Beide Prediger wurden, allerdings erfolglos, vom Klerus als Ketzer verklagt – sie erhielten dadurch nur noch mehr Zulauf. Das Volk horchte auf, denn es spürte, daß in der bedingungslosen Wahrheitssuche dieser Eiferer eine neue soziale Wirklichkeit sich Bahn zu brechen suchte.

Sah sich dieses Volk nicht tatsächlich in Kaiser Karls »neuem Rom« in die Situation der Urchristen versetzt - als besitzloses Proletariat und rechtlose Masse einer privilegierten Oberschicht von Patriziern und Adeligen gegenüber? Man vermag den revolutionären Elan der hussitischen Idee nicht zu erklären, wenn man sie nicht als Erneuerung ursprünglicher christlicher Werte und Grundgedanken erkennt, die das Volk, so wie einstmals die Sklaven und rechtlosen Untertanen Roms, in der Tiefe existentieller Not ergriffen und aufrüttelten. Die Gläubigen vernahmen eine Erlösungsbotschaft, die immer dringlicher zur Selbsterlösung, zur revolutionären Tat aufrief.

Nur zu bald schienen sich die unheilvollen Voraussagen dieser Fanatiker des Glaubens zu bestätigen. Zu Ende des Jahres 1378 war der Kaiser gestorben. Zwei Jahre danach wurde Prag von der Pest heimgesucht; besonders unter der armen Bevölkerung hielt der Schwarze Tod grausame Ernte. Das öffentliche Leben erlahmte. Es kam zu wirtschaftlichen Rückschlägen; da Prag unter der Regierung des charakterschwachen König Wenzels IV. aufhörte, Mittelpunkt der politischen Macht zu sein, versiegte allmählich auch der Strom des Fernhandels. Die Ursachen des Verfalls der politischen Autorität lagen in der Natur des jungen Königs, der zu viel von der Leichtlebigkeit seines Großvaters, zu wenig von der dienenden Hingabe seines Vaters an das Herrscheramt geerbt hatte. Wenzels ausschweifender Lebenswandel entfremdete ihn vor allem dem Klerus und dem Adel; da er zumal den Trägern der Hofämter in steigendem Maße zu mißtrauen begann, umgab er sich mit Rittern und Bürgern als Beratern wie auch als Spielkumpanen. Die Pflichten des Königsamtes, die ihm die Hofhaltung auf der Burg zwangsläufig auferlegte, wurden ihm bald zur Last. Er verlegte daher 1382 seinen Wohnsitz vom Hradschin in die Altstadt; hier war er dem Treiben des Volkes näher, konnte er sich in nächtlichen Ausflügen zweifelhaften Vergnügungen hingeben. Die Gespielinnen seiner ausgelassenen Feste, die leichtgeschürzten Bademädchen, fanden selbst in den Bildschmuck von Bibeln und Evangeliaren Eingang, die eine Werkstatt Prager Buchilluminatoren ausführte.

Als die Kurfürsten Wenzel wegen seiner Unfähigkeit im Jahre 1400 als deutschen König absetzten, und als im Jahre danach ein Reichsheer vor Prag erschien, wurde der persönliche Konflikt des Königs zu einer Auseinandersetzung der Nationen. Magister Johannes Hus, der aufrechte Streiter für eine Erneuerung der Kirche, verkündete damals: »Die Tschechen sollten im böhmischen Königreich gemäß Gesetz, ja nach dem Willen Gottes und der Natur, die ersten in den Ämtern sein, so wie die Franzosen im französischen Königreich und die Deutschen in ihren Landen, auf daß Tschechen ihren Untergebenen gebieten und Deutsche deutschen.« Es ging nicht mehr um Angelegenheiten des Reiches, sondern nur noch des Landes – mit dem Erlöschen des Reichsmandates waren die Deutschen, auch wenn sie seit jeher in Prag heimisch gewesen waren, zu Fremdlingen geworden.

Wenzels Streit mit der Kirche trug weiterhin zur Verschärfung der Gegensätze bei. Vergeblich versuchte Erzbischof Johann von Jentzenstein durch Strenge der Verwilderung der Sitten zu wehren – über die Wahl des Abtes von Kladrau kam es schließlich zum offenen Konflikt mit dem König, der den Vertrauten des Erzbischofs, den Generalvikar Johann von Pomuk, gefangennehmen und nach grausamer Folterung von der Karlsbrücke in die Moldau stürzen ließ (20.3.1393). Der Erzbischof mußte aus Prag fliehen, und dem König blieb der zweifelhafte Triumph, die Autorität der Kirche als der stärksten Stütze des Königshauses völlig erschüttert zu haben.

Die Folgen blieben nicht aus: in der Kirche Maria zur Laken eiferte der deutsche Prediger Nikolaus von Dresden gegen das Patriziat und forderte offen den bewaffneten Aufruhr, in der Betlehemskapelle trug Johannes Hus in zündenden Reden seine Reformideen der Kirche ins Volk; er bestritt Roms Autorität und forderte einen nationalen Charakter der Kirche. Der König unterstützte diese Angriffe, da Hus gegen den ihm feindlich gesonnenen Papst und gegen die Deutschen predigte, die ihn abgesetzt hatten. So wandte er sich schließlich auch gegen das stärkste der Kirche und den Deutschen verbliebene Bollwerk in der Stadt, gegen die Universität. 1409 verfügte er im Kuttenberger Dekret, daß fortan die böhmische Nation über drei, die anderen drei Nationen nur über eine Stimme bei der Rektorswahl und allen wichtigen Fragen verfügen sollten. Als der König schließlich einen seiner Günstlinge zum Rektor bestimmte, verließen zweitausend deutsche Professoren, Magister und Studenten die

Stadt und zogen nach Erfurt und Leipzig, wo sie im gleichen Jahre eine neue Universität gründeten. Der Prager Universität blieb damit nur noch die Aufgabe einer Landesschule. Nach der Kirche war nun auch der zweite tragende Pfeiler aus dem Bau Kaiser Karls herausgebrochen.

Es blieb die Stadt: aber konnte sie ihre Vormachtstellung im Reiche ohne die ehemalige Aufgabe halten? Nach dem Auszug der deutschen Universitätsangehörigen ging der wirtschaftliche Abstieg unaufhaltsam weiter. In jenen Jahren der Untergangsstimmung schrieb Johannes von Saaz, der seit 1411 als Protonotar der Prager Neustadt tätig war, den »Ackermann aus Böhmen«, Zeugnis eines vergeblichen Protests des Menschen gegen die Macht des Todes. Zwei Jahre danach schränkte ein Dekret des Königs die Zahl der Deutschen im Rat der Stadt auf die Hälfte ein. Die nationalen Gegensätze nahmen unaufhaltsam zu. Als dann Johannes Hus, der nach Konstanz gezogen war, um seine Lehren zu verteidigen, am 6. Juli 1415 einen ungerechten und grausamen Tod auf dem Scheiterhaufen fand, wurde die Reformationsbewegung zur Revolution. Das tschechische Volk fühlte sich von Kaiser und Papst verraten. Aber war es in Konstanz nicht in Wahrheit um den Bestand der römischen Kirche selbst, um die Bewahrung ihrer Fundamente gegangen? Und hatte die wirtschaftliche Notlage des Volkes tatsächlich nicht andere Ursachen als die Herrschaft der deutschen Patrizier über den Markt und die der Juden über das Geldgeschäft? War die Not nicht über das Land gekommen, weil ein großer Plan zerbrochen, eine Weltstadt ihrer Funktion beraubt worden war?

Überall in Europa gärte es in jenen Jahren, erhob sich das einfache Stadtvolk gegen die Patrizier, drängten die Zünfte zur Macht. In Prag, der vom Schicksal verratenen Hauptstadt eines erträumten Imperiums, mußte sich der Konflikt in offenem Aufruhr entladen. Am 13. Juli 1419 erstürmte eine aufgebrachte Menge des Neustädter Rathaus und warf die Schöffen aus den Fenstern. Klöster wurden gestürmt, Kirchen geplündert, mit den Klerikern die Deutschen vertrieben.

König Wenzel vermochte dem Geiste der Zwietracht, den er leichtfertig gefördert hatte, nicht mehr Einhalt zu gebieten. Zu spät erkannte Wenzel – den sein Vater einst in der Taufe zu Nürnberg mit Gold hatte aufwiegen lassen, als Dank dafür, weil dem Reiche ein Thronfolger geschenkt war –, daß er das Erbe seines Vaters verspielt hatte. Von der Erfahrung der eigenen Hilflosigkeit erschüttert, starb er zwei Wochen nach dem Aufstand an einem Schlaganfall. Das letzte bittere Ende des Königreiches blieb ihm erspart: als nach dem Siege Žižkas über ein Reichsheer vor Prag, das die Kaisertreuen und katholischen Deutschen befreien sollte, und nach dem Abzug der Burgbesatzung im darauffolgenden Jahre, der Hradschin am 7. Juli 1421 gestürmt und geplündert wurde. Die wütenden Beilhiebe, mit denen eine fanatisierte Menge die Bildnisse der böhmischen Könige im St.-Veits-Dom zertrümmerte, hatten mit den hohen Zielen eines Johannes Hus nichts mehr gemein. Sie waren nur noch hilfloser Ausdruck einer Absage an alles, was der »Vater des Vaterlandes«, Karl IV., einst seiner geliebten Hauptstadt an Ruhm und Aufgaben zugedacht gehabt hatte.

Das Zeitalter der Glaubenskämpfe

Der Aufstand des Proletariats von Prag gegen Klerus und Patriziat loderte im Laufe des Sommers 1419 zu einer Revolution im ganzen Lande auf, die Bauern, Bürger wie Adelige gleichermaßen erfaßte. Bald wurde deutlich, daß hinter den Forderungen der Hussiten – Freiheit der Predigt, Spendung des Sakraments unter beiderlei Gestalt, apostolische Armut des Klerus – mehr stand als eine Reform der Kirche; im Grunde ging es um eine allgemeine Absage an die geistige, soziale und politische Ordnung der mittelalterlichen Welt, wie sie sich in den Autoritäten von Kaiser und Papst verkörperte. Man wollte frei sein von jeglicher Obrigkeit.

Alle Versuche Kaiser Sigismunds, das Erbe seines Bruders, Wenzel IV., in Böhmen anzutreten und die abtrünnige Hauptstadt mit Waffengewalt zu bezwingen, scheiterten an der fanatischen Kampfentschlossenheit der hussitischen Heerhaufen. Unter der Führung von Jan Žižka und Prokop dem Kahlen schlugen die Hussiten nicht nur alle in Böhmen eingedrungenen Reichsheere zurück, sondern trugen den Kampf in mehreren Kriegs- und Plünderungszügen weit über die Grenzen Böhmens hinaus. Als schließlich auch der fünfte Reichskrieg gegen die Hussiten im Jahre 1431 mit einer schmählichen Niederlage bei Taus geendet hatte, entschloß sich der Kaiser zu Verhandlungen; Vertreter der Hussiten wurden zum Konzil nach Basel eingeladen.

Prag selbst hatte unterdessen einen Höhepunkt republikanischer Macht erklommen. Auf dem Landtag zu Tschaslau im Juli 1421 wurde eine Landesregierung, bestehend aus acht Bürgern – davon vier Pragern –, sieben Rittern und fünf Baronen gebildet; damit schien nach der Königsmacht auch die Adelsherrschaft gebrochen. Gleichzeitig wurde Prag zur Gerichtsinstanz über alle königlichen Städte und übte solchermaßen praktisch die Herrschaftsgewalt des Königs im gesamten Lande aus.

Dieser Triumph der hussitischen Revolution wurde jedoch bald durch innere Auseinandersetzungen verspielt. Nachdem die Altstädter Konsuln den Führer des nach wie vor aufrührerischen Proletariats, den Prediger und obersten Glaubensrichter Johannes von Seelau (Jan Želivský), ins Rathaus gelockt und kurzerhand hingerichtet hatten, brachen erneut blutige Unruhen in der Stadt aus; sie endeten mit der Spaltung der hussitischen Bewegung in eine Gruppe gemäßigter Utraquisten – abgeleitet von »sub utraque«, d. h. Kommunion unter beiderlei Gestalt – und in radikale Taboriten, die in der von ihnen gegründeten Stadt Tabor als kommunistische Gemeinschaft die Armutsideale des Christentums zu verwirklichen suchten. Über die Verhandlungen mit dem Konzil, das in den Baseler Kompaktaten die hussitische Lehre anzuerkennen und damit Magister Hus zu rehabilitieren bereit war, kam es dann zur offenen Feindschaft zwischen den beiden Parteien. Die Taboriten lehnten jede Versöhnung mit Rom als Verrat an der hussitischen Idee ab. In der Schlacht bei Lipan Ende Mai 1434 bereitete ein vereinigtes Heer der gemäßigten Adelsherren und der Prager Bürger den Taboriten eine vernichtende Niederlage.

Die Entscheidung von Lipan beraubte die hussitische Bewegung ihrer elementaren Stoßkraft. War ihr Schwung nicht aus tiefer religiöser Ergriffenheit entsprungen? Die aufwühlenden Anklagen und Mahnrufe der Bußprediger hatten das Volk mit einem anderen Christentum bekannt gemacht als jenem, das die Priester in den Herrschaftskirchen der Burgen und Adelshöfe zu verkünden pflegten. Unvermittelt zündeten die revolutionären Grundgedanken der christlichen Lehre bei der armen Bürgerschaft Prags. Die gläubige Inbrunst und Erlösungssehnsucht der entwurzelten Bauern, besitzlosen Taglöhner und verarmten Handwerker, von denen viele früher Leibeigene gewesen waren, sprang wie ein Lauffeuer auf die unterdrückte ländliche Bevölkerung über. Die Bauern liefen ihren Grundherren davon und rotteten sich zu bewaffneten Haufen zusammen; und obschon große Teile des Adels selbst überzeugte Anhänger der hussitischen Lehre waren, konnten sie als Feudalherren diese Entwicklung auf die Dauer nicht hinnehmen; sie gefährdete die Grundlagen ihrer herrschaftlichen Existenz. So war der Sieg von Lipan nicht nur ein Sieg über das proletarisch-bäuerliche Element der hussitischen Revolution, sondern auch ein Sieg der alten Gesellschaftsordnung.

Auf dem Landtag von Iglau i.J. 1436 wurden die Baseler Kompaktaten, deren zentrales Zugeständnis das Abendmahl unter beiderlei Gestalt bildete, feierlich verkündet und Böhmen wiederum in die katholische Kirche aufgenommen. Nachdem sich Kaiser Sigismund verpflichtet hatte, die durch die Revolution geschaffenen Verhältnisse nicht zu ändern – u.a. die Städte nicht zur Wiederaufnahme der vertriebenen Deutschen und zur Rückerstattung ihrer Güter zu nötigen –, hielt er im August Einzug in Prag und empfing die Huldigung der Stände. Beim Heiltumsfest im darauffolgenden Jahre wurden, wie unter Karl IV., die Reichsinsignien bei der Allerheiligenkapelle dem Volke gezeigt und eine Loyalitätsbotschaft des Kaisers in lateinischer, tschechischer, deutscher und ungarischer Sprache verlesen. Böhmen schien befriedet, das Land in die Ordnung des Reiches zurückgeführt.

In Wirklichkeit ging der Verfall der Bindungen zu Deutschland unaufhaltsam weiter. Dies wurde offenkundig, als 1448 der Herrenbund einen seiner Angehörigen, Georg von Podiebrad, zum Gubernator in Böhmen bestimmte; nach dem Tode des Thronanwärters Ladislaus Postumus wurde Georg dann 1458 vom Landtag zum König gewählt. Unter großem Jubel des Volkes, das den Landtag unter Druck gesetzt hatte, bestieg zum ersten Male ein Utraquist, nach langer Zeit wiederum ein Tscheche den böhmischen Königsthron. Der Chronist berichtet, daß die Menge auf dem Altstädter Ring vor Freude geweint hätte, »weil sie Gott von der Herrschaft der deutschen Könige erlöste«.

In der Regierungszeit Georgs von Podiebrad wurde die Teynkirche, die zur Hauptkirche der utraquistischen Bewegung geworden war, durch Vollendung der Türme zu Ende gebaut; man brachte im Westgiebel einen großen vergoldeten Kelch, das Wahrzeichen der Utraquisten, mit der Umschrift »Veritas Dei Vincet« an, darunter eine Statue König Georgs. Auch das Altstädter Rathaus wurde damals erweitert. Sonst aber erholte sich Prag nur langsam von der Verwüstungen der Hussitenstürme. Der glücklose Volkskönig, der seine Residenz im Königshof der Altstadt aufgeschlagen hatte, vermochte der Stadt und dem Lande nur wenige Jahre friedlicher Entwicklung zu schenken; unter der Oberfläche schwelte der Konflikt zwischen Utraquisten und Katholiken unaufhaltsam weiter.

Als Georg 1471 starb, führte der Versuch, Böhmen aus einer neuerlichen Bindung an Deutschland herauszuhalten, das Land in völlige Verwirrung. Der katholische Herrenbund wählte Matthias Corvinus von Ungarn, die Partei der Utraquisten den Polenprinzen Wladislaw zum König. Der Kampf der beiden östlichen Nachbarn um die böhmische Krone zerrüttete das Land bis in seine Grundfesten und ließ es gänzlich zu politischer Ohnmacht herabsinken. Nur die Adelsbünde zogen aus dieser hoffnungslosen Lage Nutzen, indem sie ihre Machtpositionen gegenüber dem Bauernstand und den Städten auszubauen wußten. Als Wladislaw nach dem Kompromißfrieden von Olmütz, der ihm von allen Kronländern lediglich Böhmen beließ, 1478 in Prag einzog, fand er eine Stadt vor, die nur einen matten Abglanz einstiger Größe bot: beide Burgen, der Hradschin und der Wischehrad, lagen wüst und verlassen, die meisten der Kirchen und Klöster, die der Stadt architektonische Würde verliehen hatten, waren zerstört, ganze Stadtteile verödet. So schreibt der böhmische Humanist Bohuslaw Lobkowitz von Hassenstein in einem Brief aus den neunziger Jahren: »Ich denke es noch, daß die kleine Stadt fast ganz in Trümmern lag. Die Bürger trieben aus Armut die niedrigsten Hantierungen.« Und angesichts der Ruinen, die von einstiger Größe kündeten, und der ausweglosen politischen Verhältnisse, ruft er anklagend aus: »Aus welcher Höhe von Ruhm und Würde sind wir herabgestürzt.«

Als Exponent des katholischen Glaubens sah sich Wladislaw II. ständigen Verdächtigungen durch die utraquistische Bürgerschaft ausgesetzt. Als im Spätsommer 1483 eine Pestepidemie in der Stadt wütete, genügte das Gerücht einer geplanten Verhaftung von siebzig führenden Utraquisten, um am 24. September 1483 einen neuen Aufstand der Bürger zu entfesseln: wiederum wurden die Rathäuser gestürmt und Ratsherren erschlagen, katholische Kirchen geplündert und die Geistlichen aus der Stadt vertrieben. Auch gegen die Deutschen richtete sich die Wut der Aufrührer, »denn sie hielten die Deutschen für die größten Feinde ihrer Religion« (Hassenstein). Zum Schluß wurde die Judenstadt, wie schon so oft in der Vergangenheit, vom entfesselten Pöbel geplündert. Prag hatte dem König die Krallen gezeigt.

Die unhaltbaren Zustände veranlaßten Wladislaw, aus seiner bis dahin geübten Zurückhaltung herauszutreten. Durch energische Maßnahmen wußte er die Prager Bürgerschaft gefügig zu machen und zur Herausgabe der von den Aufständischen besetzten königlichen Burg auf dem Hradschin zu veranlassen. Dann ging Wladislaw daran, den Streit der Konfessionen zu schlichten; auf dem Landtag zu Kuttenberg gelang es ihm i.J. 1484, einen Religionsfrieden zwischen den gegnerischen Parteien zu vermitteln, der allen Landeseinwohnern Freiheit der Religionsausübung zusicherte. Als Folgerung für seine Person verlegte Wladislaw seine Residenz vom Königshof in der Altstadt auf den Hradschin; der Aufstand hatte ihn gelehrt, sich von der utraquistischen Bürgerschaft zu distanzieren.

Mit der Instandsetzung des seit den Hussitenkriegen verödeten Palas auf der Burg betraute König Wladislaw vermutlich den aus Frankfurt stammenden Meister Hans Spiess, der zunächst den östlichen Seitenflügel ausbaute. Für die Modernisierung der Burgbefestigung unter dem Gesichtspunkt des Artilleriekampfes, also einer völlig neuen Angriffs- und Verteidigungstechnik, berief Wladislaw jedoch den jungen Baumeister Benedikt Ried aus Landshut, der einschlägige Erfahrungen beim Bau der Festung Burghausen an der Salzach gesammelt haben dürfte. Eine Vielzahl formaler Einzelheiten weist darauf hin, daß Benedikt Ried der Bauhütte Herzog Georgs des Reichen entstammte, der seit der berühmten Landshuter Fürstenhochzeit Wladislaws Schwager war. Von Rieds Arbeiten als Befestigungsfachmann haben sich die mächtigen Batterietürme Daliborka, am unteren Ende des Hirschgrabens, und Mihulka, in Höhe des Domes, erhalten; beide wurden um 1495 vollendet.

Gleichzeitig mit diesen Bauvorhaben auf der Burg begann sich auch unten in der Stadt eine neue Bautätigkeit zu regen. Schon gegen Ende der siebziger Jahre hatte Wladislaw den Grundstein zum Pulverturm gelegt, dessen reiches Maßwerkornament, das wie Schlingpflanzengeranke den Baublock umkleidet, Meister Matthias Rejsek aus Prosnitz in Mähren ausführte. Ähnlich dekoratives Rankenwerk zeigen auch die Architekturteile der Astronomischen Uhr am Altstädter Rathaus, deren Mechanismus Meister Hanus um 1490 vervollkommnete. Hauptwerk der durch reiches naturalistisches Ornament gekennzeichneten »Wladislawschen Gotik« ist das Königliche Oratorium im südlichen Chorumgang des St.-Veits-Domes, bei dem alle Maßwerkformen zu Astwerk umgedeutet erscheinen. Die technische Kühnheit dieser Empore, die in der Verwendung von zwei hängenden Schlußsteinen zum Ausdruck kommt, spricht für die Autorschaft Benedikt Rieds, der hier möglicherweise mit Hans Spiess als dem das Rankenwerk ausführenden Steinmetzen zusammenarbeitete (1493).

42 Wladislawsaal zur Zeit Kaiser Rudolfs II., Kupferstich von Aegidius Sadeler, 1607 ▷

Im Jahre 1490 wurde Wladislaw zum Nachfolger Matthias Corvinus' als König von Ungarn gewählt. Erleichtert, den unerfreulichen politischen Verhältnissen in Böhmen entfliehen zu können, verlegte er seinen Herrschaftssitz nach Budapest. Die Pracht des Renaissance-Burgschlosses zu Buda weckte in Wladislaw den Ehrgeiz, es seinem Vorgänger gleichzutun und den Hradschin zu einer Fürstenresidenz im neuzeitlichen Sinne auszubauen; auch schien es zweckmäßig, dem Interesse des Königs an den böhmischen Belangen durch ein großzügiges Bauprogramm Ausdruck zu verleihen.

Benedikt Ried wußte die ihm gebotene Chance zu nützen. Im Wladislawsaal (1493 bis 1502) verwirklichte er die Entelechie spätgotischen deutschen Baustrebens, den stützenlosen Einheitsraum, auf wahrhaft grandiose Weise. Die in elastischen Schwüngen aufsteigenden Gewölberippen machen die Linie zum alleinigen Träger räumlichen Ausdrucks. Wie eine von den Kreisbahnen der Gestirne erfüllte Sphäre schwebt die Wölbung schwerelos über dem Betrachter. Niemals wurde mit dem Mit-

Ortographicam, et vel sciographicam, si aduertis Inspector, hypotyposin exhibeo. Ipsa substructio vel ut Plinius loquitur insana, ingens atrium, Salam vocant, ad basilicæ rationem, Augustæ domus splendori, sed et usui, magnificentiâ Wladislai Regis
circiter, annum Christianum, novæ Regiæ Pragensis, inter alia adjectum. Parietes cæmentitii exæquati lapidibus exteriorem partem longant, intus albario opere loricati, frontibus solidis, reticulatas utrimq testudines, quarum quinctus ordo fornicem ducentos
duodecim pedes longum absoluit: interstitia, alibi valuarum aliquot antas, quæ ad Senatum et Tabularia Regni, aliaue judiciji exercendi loca, etiam cœnacula cubiculaq Regia patent, admittuntur. alibi ferè amplissima fenestrarum hypethyra, sed vitro in aeris
munita, aperiunt, sustinent. Pauimentum intestinum ad alios sexaginta pedes coassationem, quam omnigenæ tabernæ seu pergulas mali, et his superimposita perpetua pegmata, undiquaq vallant, extendit. locus capacissimus, otio simul et negotijs accommodus.
ILLVSTRIS.mo ET GENEROSIS.mo DOMINO D. CHRISTOPHORO POPL BARONI DE LOBCOWICZ DOMINO IN PATEK ET DIWISS RVDOLPHI II. ROM IMP. AVGVSTI HVNG. BOH.
REGIS ETC: CONSILIARIO INTIMO SENIORI CVBICVLARIO SVPPEMO REGNI BOHEMIÆ CVRIÆ PRAFECTO ETC: ETC:
SAC. CAES. MAI. SCVLPTOR EGIDIVS SADELER DEDICAT

tel des behauenen Steines die Illusion solcher Raumweite hervorgerufen. Die Dynamik der spätgotischen Bogenrippengewölbe entfaltet sich innerhalb eines Mauergehäuses, das durch klare Renaissanceformen bestimmt wird; die Portale und Fenster am Wladislawsaal sind die ersten Zeugnisse monumentaler Renaissance-Architektur diesseits der Alpen. Mit einer Spannweite von 16 Metern und Länge von 62 Metern, bei einer Höhe von 13 Metern, blieb der Wladislawsaal bis zur Errichtung der Münchener Michaelskirche i.J. 1597 der größte damals bekannte Saalbau – ein Wunderwerk der Technik um so mehr, als er das gesamte dritte Obergeschoß des Palas über zwei darunterliegenden Saalräumen einnimmt.

Auf die Bestimmung des Wladislawsaales als Turniersaal weist die Reiterstiege hin, die den Palas mit dem Georgsplatz verbindet. Um 1500 entstanden, mutet ihre Wölbung aus einander überkreuzenden und unterschneidenden Rippensegmenten wie ein steinernes Feuerwerk an. Einen reinen Renaissancebau bildet der anschließend, bis 1509, entstandene Ludwigstrakt, der ursprünglich als moderner, lichtdurchfluteter Wohnflügel für den König bestimmt war und später Sitz der höchsten Regierungsämter wurde (Reichskriegsrat, Böhmische Kanzlei, Reichskanzlei). Der beabsichtigte Weiterbau des St.-Veits-Doms kam wegen Geldmangels nicht über die Fundierungsarbeiten einiger Langhauspfeiler hinaus. Unter Wladislaw wurde nur noch das Lustschloß im Tiergarten beendet, für das gleichfalls ungarische Renaissancebauten als Vorbild dienten. Ab 1511 löste sich Rieds Prager Burgbauhütte auf – ihre Angehörigen trugen Rieds künstlerische Errungenschaften in alle Himmelsrichtungen, zumal nach Nordböhmen (Aussig, Brüx) und Sachsen (Annaberg); damals entstand auch das Südportal an der St.-Georgs-Kirche sowie eine Reihe von Renaissanceportalen in der Altstadt, die, gleich dem Umbau des Neustädter Rathauses, auf Rieds Schule hinweisen. Ried selbst vollendete sein Lebenswerk mit dem Bau der großartigen St.-Barbara-Kirche zu Kuttenberg (Kutná Hora) und der Stadtkirche zu Laun (Louny).

Kurz vor 1509, dem Jahr der Krönung des jungen Thronfolgers Ludwig zum böhmischen König, wurde von den böhmischen Adligen ein Freskenzyklus in der Wenzelskapelle in Auftrag gegeben, als Huldigung für Wladislaw II. und seine Gemahlin Anna. Die Arbeit führte der Augsburger Maler Leonhard Beck bis etwa 1508 zu Ende. Eine der Hauptszenen dieses Freskenzyklus aus der Wenzelslegende schildert die Übergabe von Reliquien an den Böhmenherzog; an anderer Stelle findet sich das Portrait eines Baumeisters, in dem man mit größter Wahrscheinlichkeit Benedikt Ried erkennen darf.

Als Ried 1534 im Alter von achtzig Jahren starb, war bereits ein neues Zeitalter in Böhmen angebrochen. Die Habsburger hatten die Herrschaft angetreten. Gemäß der von Wladislaw und Kaiser Maximilian I. vereinbarten wechselseitigen Erbfolge kam nach dem Tode König Ludwigs in der Schlacht von Mohacz (1526) Erzherzog Ferdinand von Österreich, der mit Wladislaws Tochter Anna verheiratet war, auf den böhmischen Thron. Für Anna, die in der heiteren Atmosphäre Budapests herange-

43 Südwestlicher Teil des Hradschin, mit dem Ludwigstrakt des königlichen Palas, Zeichnung von Wenzel Hollar, 1615

wachsen war, ließ Ferdinand ab 1535 durch Giovanni Spatio das Lusthaus Belvedere errichten, den ersten reinen Renaissancebau nördlich der Alpen. Der schlichte Längsbau erhält durch einen Arkadenumgang den Eindruck beschwingter Leichtigkeit, nicht zuletzt auch durch den Doppelschwung des Daches, mit dem der kaiserliche Architekt Bonifaz Wolmut den Bau 1557/63 vollendete. Wolmut, der aus Konstanz stammte, bekrönte auch den unvollendet gebliebenen Südturm des St.-Veits-Domes mit einem Umgang und einer kupfernen Turmhaube 1563. In der Landrechtsstube nächst dem Wladislawsaal versuchte er, Rieds virtuose Gewölbe nachzuahmen, ohne freilich mehr als eine dekorative Wirkung zu erreichen. Sein reifstes Werk ist das Ballhaus im Belvedere-Garten, das er 1567 bis 1569 ausführte; durch die kraftvolle Halbsäulenordnung und die zarten Sgraffitos steht es dem Geiste der italienischen Renaissance besonders nahe, während sich bei der Prager Renaissance-Architektur ansonsten eine sehr spezifische Lokalnote herausbildete.

Zwei Ereignisse bestimmten seit der Mitte des 16. Jahrhunderts die Verwandlung Prags zur Renaissance-Stadt; der große Brand von 1541 und die Konzentration politischer Macht in der Hand des Landesherren seit Ende 1547. Der Stadtbrand hatte Kleinseite, Burg und Hradschin in einer Weise heimgesucht, daß die Mehrzahl der Gebäude neu errichtet oder gründlich renoviert werden mußte; die umfangreiche Bautätigkeit des Barock hat diese Tatsache nachträglich verunklärt, doch erkennt man auch heute noch an den für die Renaissance charakteristischen Doppelfenstern – d. h. an der Aneinanderkuppelung zweier Fenster –, wie viele der Bürgerhäuser und Adelspaläste einen Renaissance-Kern besitzen (z. B. das Kleinseitner Rathaus, das Smiřický- und das Sternberg-Palais am Kleinseitner Ring); am stärksten hat die Thungasse auf der Kleinseite den Renaissance-Charakter gewahrt.

1547 trat eine grundlegende Veränderung der politischen Verhältnisse in Böhmen ein. Im Jahr zuvor hatten die böhmischen Stände Ferdinand, der im Schmalkaldischen Krieg dem Kaiser gegen die protestantischen Fürsten Deutschlands beistehen sollte, die Heerfolge verweigert; vor allem die Prager widersetzten sich der Aufforderung, Truppen zu stellen. Nachdem Ferdinand nach dem Sieg bei Mühlberg nach Prag zurückgekehrt war, befahl er am 8. Juli 1547 die Vertreter der Bürgerschaft und 240 Angehörige des Patriziats zu sich auf die Burg; er eröffnete ihnen, daß sie durch ihren Ungehorsam alle städtischen Freiheiten verwirkt hätten. Die Städte mußten alle Waffen abliefern, die Zunftprivilegien herausgeben, ihr gesamtes Vermögen und ihre Einkünfte wurden eingezogen. Nach Einsetzung neuer Richter wurde die Selbstverwaltung der Städte der Aufsicht von Beamten des Königs unterstellt. Die Auflösung der Zünfte besiegelte die Entmachtung des bürgerlichen Elements. Nachdem die Adelspartei 1487 die Aufhebung der Besitzrechte der Bauern erwirkt und den Bauernstand damit vollends unterworfen hatte, waren nunmehr auch die Städte ihres politischen Einflusses beraubt; ihre Stimme zählte in den Landtagen nicht mehr.

So einschneidend diese Maßnahmen auch waren, so nachhaltig trugen sie doch zur Modernisierung der allgemeinen Lebensverhältnisse bei; vor allem die Beschränkung der Macht der Zünfte erwies sich als wichtige Voraussetzung wirtschaftlichen Aufschwungs – die spießbürgerliche Reglementierung von Handel und Gewerbe hatte, wie in den deutschen Städten, das gesamte kommunale Leben zu ersticken gedroht. Fortan konnten sich auch ausländische Handwerker in Prag niederlassen, konnten ungehindert fremde Waren eingeführt und verkauft werden.

Im gleichen Jahre setzte Ferdinand seinen Sohn, den Erzherzog Ferdinand von Tirol, zum Statthalter ein, der sich als Böhme fühlte und sichtlich bemüht war, die Atmosphäre zu entspannen. Als erstes ernannte er neue Konsuln, von denen viele schon früher Ratsherren gewesen waren. Indem fortan die Landtage nur mehr in Prag abgehalten wurden – daher auch der Neubau der Landrechtsstube durch Wolmut –, begannen sich viele Adlige in Prag anzukaufen. Damals entstanden das Rosenbergische Palais, jetzt das Adlige Damenstift, und das Schwarzenbergpalais, dessen weithin sichtbarer Baublock den Hradschinplatz beherrscht – neben einer Vielzahl anderer Paläste; ihr Kennzeichen sind die geschwungenen Ziergiebel, wie die am Schwarzenbergpalais, und die Schwarz-Weiß-Sgraffitos, wie man sie außerdem am Burggrafenhaus, am Rathaus der Hradschinstadt, am Teynhof oder am Haus Minuta am Altstädter Ring bewundern kann.

Einer Fürstenlaune entsprungen scheint Schloß Stern, das Erzherzog Ferdinand ab 1555 von italienischen Werkleuten erbauen ließ, wie es heißt für seine geliebte Frau, die schöne Philippine Welserin. Über dem Grundriß eines sechseckigen Sterns entfaltete der außen schlichte Bau um so größere Pracht im Innern; die subtilen Stuckarbeiten im Erdgeschoß geben hiervon eine ferne Ahnung. Ferdinand war es auch, der den niederländischen Bildhauer Alexander Collin mit der Anfertigung eines Modells für das Habsburgergrab im St.-Veits-Dom beauftragte, das dann 1564 bis 1589 ausgeführt wurde.

Der Ausbau Prags zur zweiten Habsburger-Residenz leitete eine neue Phase im zähen Ringen der beiden Konfessionen ein. Im Jahre 1556 berief Ferdinand die ersten Jesuiten nach Prag und wies ihnen das Clemenskloster in der Altstadt zu. Sie sollten versuchen, die Stellung der wenigen im Lande verbliebenen Katholiken zu stärken und so indirekt dazu beitragen, die Utraquisten in den Schoß der katholischen Kirche zurückzuführen. Mit Wiederbesetzung des seit 1421 verwaisten Prager Erzbistums i. J. 1561 wurde jedoch deutlich, daß die Förderung des Katholizismus durch das Herrscherhaus auch die Grundsätze absoluter Herrschaft, die Einheit von geistlicher und politischer Macht, untermauern half. Im Gegenzug schlossen sich die Utraquisten, Böhmischen Brüder und Lutheraner zur »Böhmischen Konfession« zusammen, um die geltende Anerkennung der utraquistischen Kirche auf alle Gruppierungen der Reformbewegung – Calvinisten, Picarden, Trinitarier u. a. – auszudehnen und durch ein neues Abkommen religiöser Toleranz der Gegenreformation einen Riegel vorzuschieben. Diese Bestrebungen wurden vom Adel, der auf seine Rechte zur Beteiligung an der Regierung pochte, als willkommene Gelegenheit genutzt, den Einfluß der Habsburger einzuschränken und ihrem Zentralismus entgegenzuwirken.

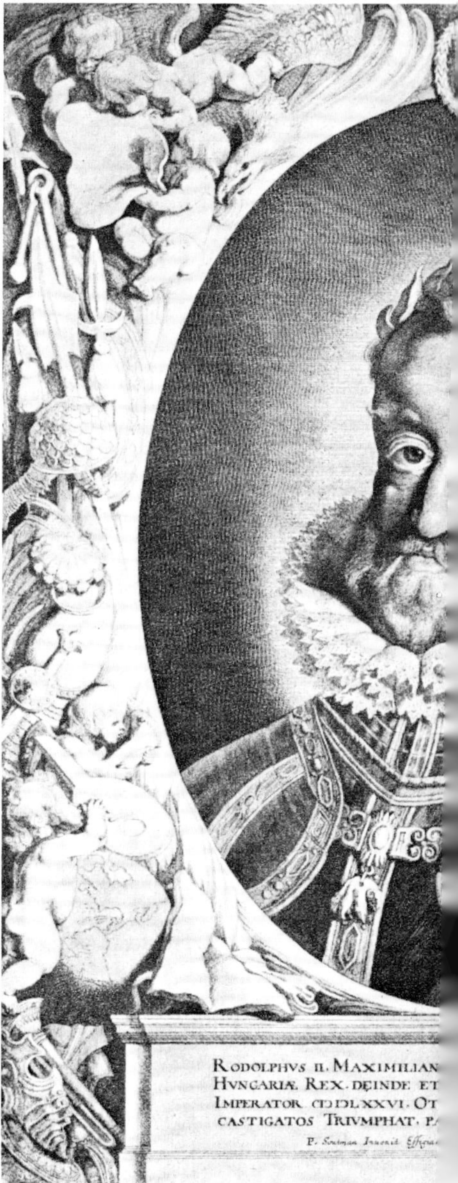

44 Kaiser Rudolf II., Kupferstich von 1612

Die Regierungszeit Rudolfs II., der 1575 zum böhmischen König gewählt wurde, stand von Anfang an im Zeichen solcher wachsender Spannungen. Hoffte Rudolf sie meistern zu können, indem er – nachdem sein Vater Maximilian II. 1576 gestorben und er in Regensburg zum Kaiser gekrönt worden war – Prag zur kaiserlichen Residenz machte? Die Entwicklung schien Überlegungen dieser Art zu bestätigen, denn tatsächlich gewann Prag mit der neuen Würde als Hauptstadt des Reiches bald eine Dimension der Großzügigkeit und der inneren Gelöstheit hinzu; Gesandte aller europäischen Staaten und vieler asiatischer Länder zogen in Prag ein, mit ihnen kamen Adelige und Geschäftsleute aus dem ganzen Reiche, es folgten Beamte, Militärs, Künstler, Gelehrte – der ganze vielgestaltige und bunte Troß einer Fürstenresidenz der Renaissance. Über Nacht sah sich Prag in den Strom europäischer Kultur und Politik einbezogen. Der Unabhängigkeitsfanatismus der böhmische Stände wurde in reichem Maße durch die Freiheit und Großzügigkeit einer Metropole von internationaler Bedeutung kompensiert. Die Einwohnerschaft der Stadt, vor allem der Kleinseite und der Hradschinstadt, stieg sprunghaft an; von den Neubürgern waren zwei Drittel Deutsche, wie überhaupt das Deutsche als Sprache des Hofes und Umgangssprache der Ausländer an Boden gewann, ohne daß es freilich zu einer Germanisierung der Einheimischen gekommen wäre. Die gesteigerten Bedürfnisse führten bald eine Wirtschaftskonjunktur herauf, die zahlreiche ausländische Handwerker anlockte, darunter besonders viele Italiener; unter den Kunsthandwerkern standen die Niederländer an erster Stelle. Auf dem Markte und in den Gewölben der Kaufleute wurden Waren aus aller Herren Länder angeboten. Prag war auf dem besten Wege, eine Weltstadt zu werden.

Von allen diesen Veränderungen in der Stadt schien der Kaiser auf dem Hradschin nur wenig wahrzunehmen. Am spanischen Königshofe aufgewachsen, war ihm Zurückhaltung zur Wesensart geworden – »Rodolfo di poche parole« nannte ihn der venezianische Gesandte; seine natürliche Menschenscheu wandelte sich mit fortschreitenden Jahren zu angstvoller Schwermut. Die prunkvollen Hoffeste der ersten Regierungsjahre ließen ihn enttäuscht Zuflucht suchen bei stillen Leidenschaften: er begann, sich die Welt durch erlesene und geliebte Dinge zuzuordnen, sammelte eine riesige Bibliothek, Werke der Kunst und Kuriosa jeglicher Art, legte einen botanischen Garten und einen Tiergarten an – der Hradschin wurde zu einer »Kunst- und Wunderkammer«, wie sie Europa noch niemals gesehen hatte. Seine Musikkapelle, in die er führende Musiker aus den Niederlanden und Deutschland berief, machten Prag zum Zentrum europäischer Musikkultur. Aus ganz Europa holte Rudolf Künstler an seinen Hof: die großen Plastiker Giovanni Bologna und Adriaen de Vries, die Maler Bartholomäus Spranger, Hans von Aachen, Roelandt Savery, Georg Huefnagel, Giuseppe Arcimboldo, dazu berühmte Stecher wie Aegidius Sadeler und Kunsthandwerker jeglicher Disziplin. Seine Agenten suchten in allen Städten Europas nach Kunstschätzen; für Werke Albrecht Dürers und Pieter Breughels d. Ä. zahlte er horrende

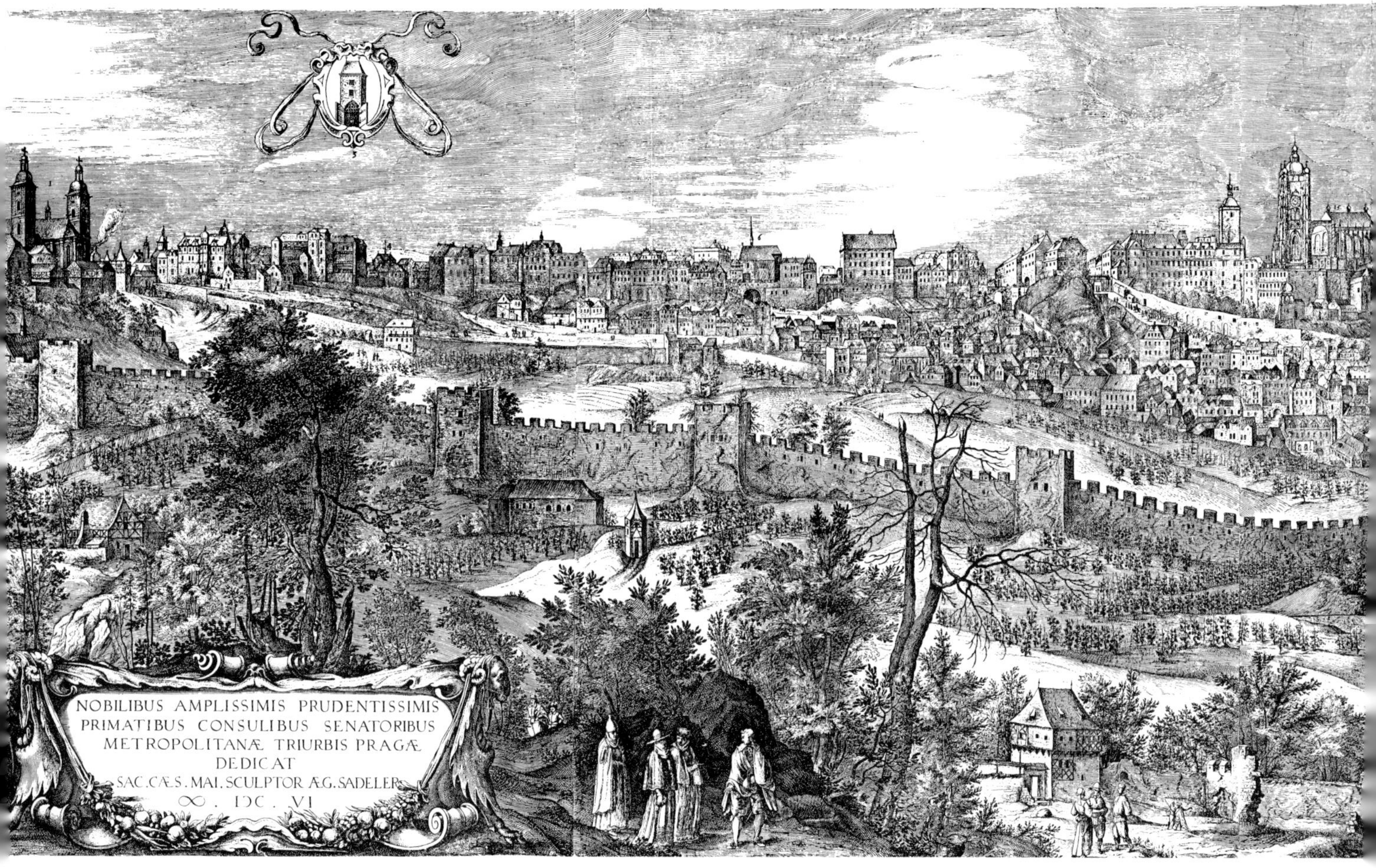

45 Stadtansicht Prags von Aegidius Sadeler, Kupferstich von 1606

Beträge. Sein unruhiger Geist ließ ihn Umgang suchen mit Gelehrten gleichermaßen wie mit Scharlatanen: neben führenden Wissenschaftlern wie dem Anatomen Jessenius aus Jena und Astronomen vom Rang eines Tycho de Brahe und Johannes Kepler umgab er sich mit Alchimisten, Wunderärzten und Abenteurern vom Schlage eines Dr. Dee und Kelley. An das Wirken der Alchimisten erinnert auf der Prager Burg das Goldmachergäßchen. Zeitweilig wurde der weise Rabbi Löw sein Vertrauter, der ihn in die Geheimnisse der Kabbala einführen sollte.

Rudolfs verzweifelte Flucht vor der Wirklichkeit verdankte Prag eine Kunstblüte besonderer Art; ihr artifizieller Charakter ließ die Stilmerkmale des Manierismus besonders deutlich hervortreten; die gewollte, die gewählte Form – eine Kunst intimer Kennerschaft, differenzierter und morbider Sinnlichkeit, die die Öffentlichkeit

scheut. Die Säle und Gewölbe des Hradschin füllten sich mit erlesenen und absonderlichen Schätzen, doch fehlte der rudolfinischen Hofkunst die Kraft der Ausstrahlung. So ist es bezeichnend, daß die Zeit keine große Architektur hervorbrachte. Die 1578 begonnene Salvatorkirche folgte in ihren konstruktiven Grundgedanken gotischen Formen – dreischiffiger Chor, spitzbogige Arkaden –, ebenso wie die 1585 ausgebaute Allerheiligenkapelle oder die Rochuskapelle beim Kloster Strahov, die Rudolf zur Erlösung von der Pestgefahr d.J. 1599 stiftete; der schlanke Bau über einem Kleeblatt-Grundriß macht reichlich von gotischen Einzelformen Gebrauch. Das gleiche gilt für die erste Kirche der Lutheraner, St. Salvator in der Altstadt, die Johann Christoph von Graubünden 1611–14 für die deutsche Protestantengemeinde erbaute. Eine neue Gesinnung setzte sich erst mit den Bauten der Italiener durch, die in den letzten Jahrzehn-

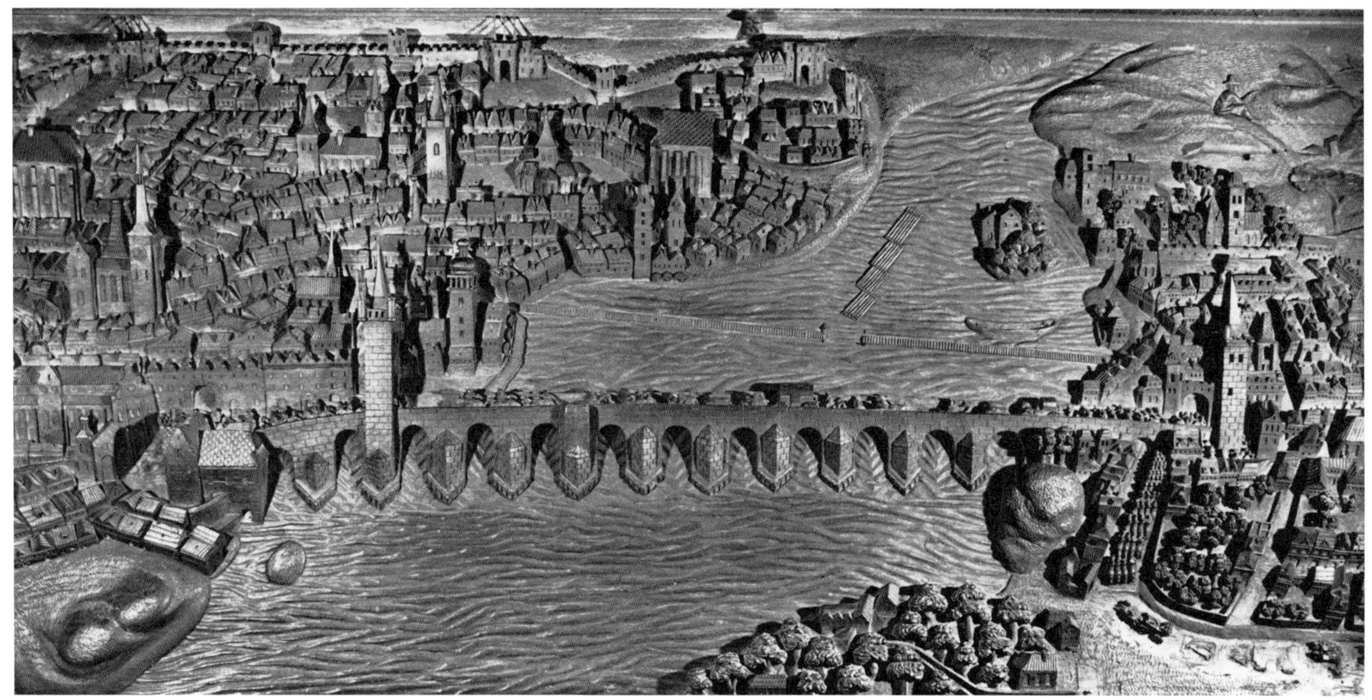

46 Holzrelief mit der Darstellung der Flucht des Winterkönigs Friedrich von der Pfalz über die Karlsbrücke nach der Schlacht auf dem Weißen Berg, Chorschranken des St.-Veits-Domes, von Georg Bendl, vor 1630

ten des 16. Jahrhunderts zu einer stattlichen Kolonie angewachsen waren, so im Spanischen Saal auf der Burg, in der Welschen Kapelle und im Welschen Spital (ab 1602). Die erste Kirche im Barockstil war die von den deutschen Protestanten auf der Kleinseite 1611–13 erbaute Dreifaltigkeitskirche, die später zur Kirche Maria de Victoria umgebaut wurde. In der Profanbaukunst hielt man sich an den Formenschatz der Frührenaissance, wie er am Belvedere vorgetragen worden war; davon zeugen u.a. die Arkaden des Teynhofs und des Hauses zum Goldenen Baum sowie zahlreiche Renaissanceportale (z.B. am Haus zu den zwei goldenen Bären).

Die Unruhe der Zeit gönnte der Kunst keine kontinuierliche Entfaltung. Im Südosten wurde das Reich von den Türken bedroht, im Inneren schwelte der Streit der Konfessionen weiter, und dynastisch sah sich der kinderlose Rudolf von seinem jüngeren Bruder Matthias immer mehr in die Defensive gedrängt. Obschon Rudolf die Aufgabe des Regierens verabscheute – die Teilnahme an den Land- und Reichstagen verursachte ihm physische Schmerzen –, klammerte er sich doch hartnäckig an seine Ämter und Würden. Nachdem er 1608 gezwungen worden war, Matthias die Herrschaft über Ungarn und Österreich abzutreten, und ihm die böhmischen Stände im Majestätsbrief von 1609 die Zusicherung der Religionsfreiheit abgerungen hatten, suchte er seiner politischen Schwäche dadurch abzuhelfen, daß er sich in einem Anflug von Größenwahn ein eigenes Heer zulegte. In seinem Auftrag warb Erzherzog Leopold, Bischof von Passau, Truppen an, die Rudolf jedoch nicht bezahlen konnte; als der versprochene Sold ausblieb, zog das zusammengewürfelte Kriegsvolk vor Prag. Rudolf konnte sich nicht entschließen, die Söldner zu entlassen – so fielen sie am 15. Februar in Prag ein, um sich durch Plünderung zu holen, was ihnen verwehrt wurde. Prag erhielt einen Vorgeschmack vom Wüten disziplinloser Soldateska.

Nach Abzug des Passauer Fußvolkes mußte sich Rudolf geschlagen geben: er selbst war es, der dem Landtag am 14. April 1611 vorschlug, Matthias zum böhmischen König zu wählen. Erbittert darüber, daß ihn auch die Vertreter der Bürgerschaft im Stiche ließen, soll er im Anblick der Stadt ausgerufen haben: »Praga, ingrata Praga – durch mich bist du erhöht worden, und nun stößt du deinen Wohltäter von dir!« Rudolf überlebte die Erniedrigung nur wenige Monate; einsam, in die hintersten Zimmer der Prager Burg verkrochen, starb er am 20. Januar 1612. Lediglich die Kaiserwürde war ihm bis zuletzt geblieben. Mit seinem Tode wurde sie auch der Stadt genommen. Wie ein unwirklicher Traum löste sich Rudolfs bunte Hofgesellschaft von Gelehrten, Künstlern und Abenteurern auf.

Matthias verlegte die Residenz nach Wien zurück, Prag war wiederum nur Landeshauptstadt. Und wie schon einmal zu Zeiten Wenzels IV. erwachte über die Enttäuschung gleichsam der alte Trotz der Hussiten: 1615 forderten die Stände, daß ausschließlich Inländer Ämter bekleiden dürften und daß Tschechisch als Amtssprache obligatorisch werden sollte. Die Wahl Ferdinands II. i.J. 1617 spaltete die Stände in eine protestantische und in eine katholische Partei. Die Protestanten verlangten nach Bestätigung des Majestätsbriefes, da sie sich in ihrer Freiheit der Religionsausübung bedroht fühlten; als die Statthalter des Kaisers hinhaltende Antworten gaben, stürmten erbitterte Vertreter der Stände zur Burg und warfen nach kurzer Auseinandersetzung drei kaiserliche Beamte aus den Fenstern der Böhmischen Kanzlei. Man schrieb den 23. Mai 1618.

Wäre es möglich gewesen, den Aufstand der protestantischen Standesherren gegen Habsburg auf Böhmen zu beschränken, den Ausbruch des großen Kriegsbrandes zu verhindern? Vielleicht wäre die Auseinandersetzung anders verlaufen, wenn sich die adligen Herren stärker gefühlt hätten; diesmal aber standen sie im Kampfe gegen die Obrigkeit alleine. Schließlich hatten sie selbst tatkräftig dazu beigetragen, ihre natürlichen Verbündeten, die Bauern und die Bürger Böhmens, politisch zu entmachten. So mußten sie nach Unterstützung außerhalb der böhmischen Grenzen suchen: mit der Wahl Friedrichs von der Pfalz, des Führers der protestantischen Union, zum König von Böhmen zogen sie Deutschlands Fürsten in den Konflikt mit hinein.

Der Sieg der kaiserlichen Truppen über die protestantische Unionsarmee auf dem Weißen Berg bei Prag am 8. November 1620 – in knapp einer Stunde erfochten – wurde daher nicht zur abschließenden Entscheidung, sondern zum Anfang einer Auseinandersetzung, die Deutschland und zugleich Böhmen an den Rand der Vernichtung führen sollte.

Gegenreformation und Barock

Wie keine andere Epoche hat das Zeitalter des Barock dem Stadtbilde Prags majestätische Würde und den Zauber weltstädtischer Eleganz verliehen. Was wäre der Kreuzherrenplatz am Altstädter Brückenturm ohne die festlichen Barockfassaden der Salvator- und der Kreuzherrenkirche, ohne den Hintergrund des Clementinums? Und hat die Karlsbrücke nicht erst durch den bewegten Statuenschmuck des 18. Jahrhunderts die Qualität der Einmaligkeit unter den Brücken der Welt erhalten? Die Kleinseite schließlich wurde durch den städtebaulichen Akzent der St.-Niklas-Kirche, durch die Adelspaläste und ihre verzauberten Gärten in einer Weise erhöht, daß sie heute zu den schönsten Barockstädten Europas zählt. Ohne den kostbaren Krönungsmantel des Barock besäße Prag kaum jenen Ruf legendärer Schönheit, der den Namen der Stadt seit Beginn des vorigen Jahrhunderts begleitet.

Und doch hat die tschechische Geschichtsschreibung – die des 19. Jahrhunderts ebenso wie die sozialistische der jüngsten Zeit – für die Barockepoche die Bezeichnung »doba temna«, Zeit des Dunkels, geprägt. »In Böhmen ist der Barock von Anfang an mehr als nur Ausdruck einer internationalen Stilbewegung, er ist das Symbol des Sieges des Katholizismus über die Reformation, der Feudalherren über die Bürger, der kaiserlichen Macht über die tschechische politische und nationale Selbständigkeit« (Emanuel Poche, 1963). Definitionen dieser Art machen deutlich, wie unmittelbar in Prag die Vergangenheit auf das Denken der Gegenwart einwirkt und umgekehrt: wie stark Wertungen aus aktueller politischer Sicht das Verhältnis zur Geschichte bestimmen. So sieht man in der Barockkultur immer noch primär ein Instrument habsburgischer Herrschaft, von der sich das Tschechentum erst 1918 lossagte, und zum anderen den künstlerischen Ausdruck einer durch Katholizismus und Aristokratie geprägten Lebensform, die sich bis 1948 behauptete. Vor allem der junge Nationalismus des tschechischen Risorgimento glaubte im Aufstand der böhmischen Herren gegen Habsburg einen Vorläufer der eigenen Unabhängigkeitsbestrebungen zu erkennen; rückblickend wurde die Unterwerfung des Protestantismus in Böhmen mit der politischen Entmachtung und Selbstentfremdung des tschechischen Volkes gleichgesetzt. So malten die tschechischen Geschichtsschreiber das Bild der Barockzeit zwangsläufig in düstereren Farben als deutsche Historiker.

Man wird diesen tschechischen Standpunkt nur bedingt teilen können. Schließlich ist der Barock in Böhmen ein weit über die Grenzen des Landes hinauswirkendes Phänomen – auf dem Gebiete der bildenden Kunst ein Ereignis von europäischem Rang. Im politischen Bereich hatte der Aufstand der Prager Standesherren Folgen, die in leidvoller und umstürzender Weise nicht nur Böhmen, sondern das ganze Reich betrafen. Es scheint daher gerechtfertigt, die Entwicklung unter einem größeren Blickwinkel als dem der nationalen tschechischen Belange zu betrachten.

Auch die tschechische Geschichtsschreibung ist der Ansicht, daß der böhmische Adel – also seine tschechischen wie seine deutschen Angehörigen – in jener Zeit andrängender religiöser und politischer Probleme eine höchst fragwürde Rolle spielte, indem er meist den eigenen Vorteil zur Richtschnur größerer Entscheidungen machte. Hatte er bereits im 15. Jahrhundert den Bauernstand rücksichtslos unterjocht und in der Folge jede Gelegenheit genützt, die Position des Bürgertums zu schwächen, fühlte er sich nunmehr stark genug, auch die Autorität des Monarchen in Frage zu stellen. Man mag einwenden, daß der Adel mit seiner Revolte vor allem dem Wachstum absolutistischer Fürstenmacht einen Riegel vorschieben wollte – sicher ist, daß er von sich aus eine nicht weniger uneingeschränkte Oligarchie zu errichten bemüht war. So gesehen war es primär nicht ein Kampf um die Freiheit als vielmehr ein Kampf um die Macht.

Was immer der Anlaß für den Prager Fenstersturz gewesen sein mochte – Verletzung der Religionsfreiheit durch die Katholiken, Furcht vor dem wachsenden Einfluß der Jesuiten, Enttäuschung über die Verlegung der Kaiserresidenz nach Wien, Protest gegen den gesteigerten Machtanspruch des Monarchen – in jedem Falle forderten die böhmischen Stände mit ihrem Anspruch, den König nicht nur wählen, sondern auch absetzen und an seiner Stelle einen anderen Herrscher bestimmen zu können, die Habsburger zu einem kompromißlosen Entscheidungskampf heraus und dies um so mehr, als sie sich zum Anführer ähnlicher Tendenzen auch in anderen Reichslanden machten. So verbanden sich die aufrührerischen böhmischen Stände am 31. Juli 1619 mit den Ständen Schlesiens und der beiden Lausitzen sowie kurz danach auch mit denen Oberösterreichs und den evangelischen Ständen von Niederösterreich zu einer Konföderation, um Ferdinand als König von Böhmen abzusetzen und eine möglichst weitgehende Anwendung des Majestätsbriefes über die Religionsfreiheit zu erwirken. Die konfessionelle Spaltung im Reiche und die politischen Schwierigkeiten des Kaisers schienen solchen Emanzipationsbestrebungen günstig. Bereits vier Wochen danach wählte man anstelle Ferdinands den calvinistischen Kurfürsten Friedrich V. von der Pfalz zum böhmischen König.

Der neue König Friedrich sollte jedoch als erster erfahren, welche Motive die Stände bei ihrem Vorgehen bewegten: sie wollten frei von Lasten sein und waren im Grunde genommen nicht bereit, ihm mehr zuzubilligen als die Königswürde. Als es um die Bewilligung von Geldmitteln für die Regierungsgeschäfte und die Hofhaltung ging, zeigten sich die adeligen Herren zugeknöpft und versuchten, die Verpflichtungen auf die Bürgerschaft abzuwälzen. Dieser krasse Egoismus war es letzten Endes dann auch, der die Aufstellung eines schlagkräftigen protestantischen Heeres in Böhmen vereitelte; weder der Adel noch die ohnehin wenig revolutionär gesonnene Bürgerschaft machten Anstalten, für die Sicherung der neugewonnenen Freiheit wirkliche finanzielle Opfer zu bringen. So wurde das unzulänglich ausgerüstete, durch rückständige Soldzahlungen demoralisierte Heer der böhmisch-pfälzischen Union eine leichte Beute der Kaiserlichen; es gab fürwahr kein Beispiel eines von Patriotismus und religiöser Inbrunst erfüllten Freiheitskampfes.

Wie wenig der Konflikt eine ausschließlich böhmische Angelegenheit war, erhellt der Umstand, daß König Philipp III. von Spanien von sich aus mehrere kriegserfahrene Regimenter unter Graf Karl von Buquoy aus den Niederlanden nach Böhmen entsandte; er unterstützte Ferdinand II., weil er nur zu gut wußte, welche Folgen für Osteuropa eine Erhebung nach Art des niederländischen Aufstandes haben könnte. Auf der anderen Seite brach Bethlen Gabor 1619 vom calvinistischen Siebenbürgen aus auf, um den böhmischen Aufständischen zu Hilfe zu kommen. Von Anfang an spielte das böhmische Drama in gesamteuropäischen Bezügen. Das erklärt letzten Endes auch die Härte und den makabren Pomp, mit dem der siegreiche Ferdinand II. die Bestrafung der Aufrührer in Szene setzte: die Hinrichtung der fünf deutschen und zweiundzwanzig tschechischen Führer der Revolte am 21. Juni 1621 auf dem Altstädter Ring zu Prag sollte allen Zweiflern an der Legitimität monarchischer Herrschermacht zur Warnung dienen. Tatsächlich setzte das Prager Blutgericht einen endgültigen Schlußstrich unter den Ständepartikularismus des ausgehenden Mittelalters; die weitere Entwicklung gehört absolutistisch regierten Großstaaten, die sich in der Folge zu den Nationalstaaten Europas entwickeln sollten.

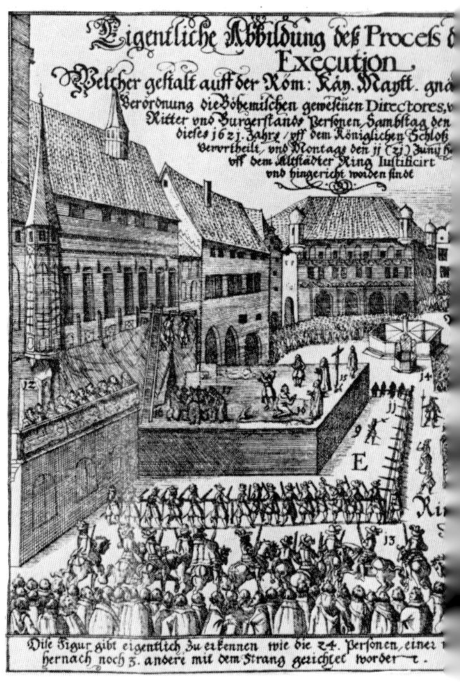

47 *Blutgericht auf dem Altstädter Ring am 21. Juni 1621, zeitgenössisches Flugblatt*

Die Hauptbürde der Niederlage hatte vorerst Prag zu tragen; nach dem Siege der Kaiserlichen auf dem Weißen Berg mußte die Stadt eine ebenso rücksichtslose wie gründliche Plünderung über sich ergehen lassen. Es heißt, daß der Beutezug des Befehlshabers der kaiserlichen Armee, Maximilians von Bayern, an die fünfhundert Wagen umfaßte; manche Schätze aus der Rudolfinischen Kunstkammer nahmen damals ihren Weg nach München. Obschon sich die Bürger der Altstadt ursprünglich nur unter dem Druck der Adelsherren der Revolte angeschlossen hatten, gehörten von den zum Tode Verurteilten lediglich zehn dem Adel, aber siebzehn der Bürgerschaft an.

Besonders einschneidend wirkten sich in den nachfolgenden Monaten die Konfiskationen aus. Die geflohenen oder verurteilten Teilnehmer des Aufstandes verloren ihren gesamten Besitz, den der Kaiser seinen Getreuen schenkte oder veräußern ließ. Riesige Vermögen wechselten damals ihre Besitzer. Hauptsächliche Nutznießer waren die Führer der böhmischen katholischen Adelspartei, an erster Stelle der kaiserliche Kommissarius und Statthalter Graf Liechtenstein, der Söldnerführer Albrecht von Waldstein und sein Sekretär Michna. Als der Kaiser für die Fortführung des Krieges weitere Geldmittel benötigte, verpachtete er die Prager Münze an ein Konsortium, dem außer Waldstein und Michna der Amsterdamer Bankier Hans de Witte und der Hofjude Jakob Bassewi angehörten; indem dieses Konsortium alles Silber im Lande aufkaufte und zu schlechteren Münzen umprägte, kam es zu einer Inflation bis dahin unbekannten Ausmaßes – zum alleinigen Vorteil der Konsortiumsmitglieder.

Architektonisches Symbol dieser gewaltsamen wirtschaftlichen und politischen Strukturverschiebungen ist das Waldsteinpalais, das der Herzog von Friedland Albrecht von Wallenstein, ab 1623 auf der Kleinseite unterhalb des Hradschin errichten ließ. Sechsundzwanzig Bürgerhäuser und drei Gärten mußten dem ehrgeizigen Palastprojekt Platz machen, für dessen Ausführung der italienische Baumeister Andrea Spezza aus Oldenburg berufen wurde. Der Bau mutet wie ein Gleichnis des zwiespältig-undurchsichtigen Wesens seines Auftraggebers an: während der Palast nach außen

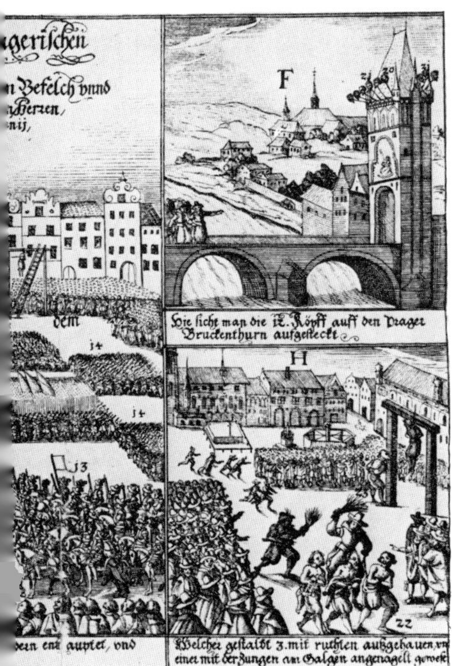

hin eine strenge und zurückhaltend dekorierte Fassade zeigt, an der Reminiszenzen der norddeutschen Renaissance – wie etwa die hohen Dachlukarnen – auffallen, entfaltet das Innere üppigen, oft maßlosen Prunk. So zeigt das Deckengemälde des Festsaales, der zwei Stockwerke einnimmt, Wallenstein als Kriegsgott Mars, wie er im Streitwagen auf den Wolken einherfährt. Besondere Aufmerksamkeit wurde der Ausgestaltung des von hohen Mauern umfriedeten Parkes zugewandt, den Wasserkünste, Laubengänge, Volièren, künstliche Teiche und Tiergehege, dazu eine Vielzahl von Statuen – die meisten von Adriaen de Vries – in ein kleines Paradies verwandelten. Beherrscht wird die gesamte Parkanlage von der Monumentalität der frühbarocken Loggia, die mit ihrer reichen Stuckdekoration die Verbindung zwischen dem Palastinneren und der äußeren Gartenlandschaft herstellt.

Im Jahre 1623 erwarb Wenzel Michna, der inzwischen in den Grafenstand erhoben worden war, das Lustschloß der Kinsky auf der Kleinseite; vom Umbau in Formen der italienischen Spätrenaissance – man kann auch von Frühbarock sprechen – zeugt heute noch die schöne Gartenfront des Palastes. Bassewi verwendete einen Teil seines Vermögens, um durch Kauf von Grundstücken und Häusern das Ghetto zu erweitern.

Nachdem bereits unmittelbar nach der Besetzung Prags durch die Kaiserlichen alle Calvinisten die Stadt verlassen mußten – die Anhänger Calvins waren nicht in die Bestimmungen des Augsburger Religionsfriedens einbezogen – wurden Ende 1622 auch alle lutherischen Geistlichen aus der Stadt verwiesen. Die gesamte Seelsorge ging damit auf den katholischen Klerus über; durch festliche Kirchenveranstaltungen und Prozessionen, Predigten und karitatives Wirken wurde versucht, den »ketzerischen« Teil der Bevölkerung in den Schoß der katholischen Kirche zurückzuführen. Doch waren die Erfolge dieser Bemühungen offenbar beschränkt, denn 1627 wurde eine Kommission der Gegenreformation eingesetzt, die alle protestantisch gebliebenen Bürger aufforderte, zum Katholizismus überzutreten; wer seinem Glauben die Treue bewahrte, mußte sein Vermögen veräußern und bis Mai 1628 das Land verlassen. Man schätzt, daß damals etwa 620 Familien, davon ein Drittel deutsche, aus Prag fortzogen (etwa 5% der Stadtbevölkerung). Insgesamt wechselten zwischen 1618 und 1650, 575 Häuser im Zuge dieser Rekatholisierungsmaßnahmen oder der vorhergegangenen Konfiskationen den Besitzer – bei einem Bestand von 3395 Häusern also etwa ein Sechstel des städtischen Grundbesitzes. Aus Böhmen wanderten damals rund 150000, aus Nieder- und Oberösterreich etwa 40000 Protestanten nach Franken und Kursachsen aus.

Daß es sich vorerst nur um einen äußerlichen Sieg der Gegenreformation handelte, sollte der Einfall der Sachsen im Jahre 1631 erweisen: der überstürzten Räumung Prags durch die Kaiserlichen folgte ein Aufstand des Pöbels, bei dem vor allem Kirchen, Klöster und die Häuser wohlhabender Katholiken, besonders die des Adels, geplündert wurden. Für wenige Monate kehrten protestantische Geistliche in fünf der Prager Kirchen zurück. Doch blieb es ein kurzes Zwischenspiel. Vor Wallensteins

Armee zog sich der sächsische Kurfürst im Mai 1632 kampflos aus Prag zurück, allerdings nicht ohne zuvor die rudolfinische Kunstkammer um weitere wertvolle Stücke erleichtert zu haben.

Der Sachseneinfall hatte die militärische und politische Bedeutung Prags für die Sache der kaiserlichen Partei vor Augen geführt; die Stadt wurde zur Festung ausgebaut, die Mauern erneuert, eine Bürgerwehr aufgestellt. Gleichzeitig hatte sich erwiesen, daß gewaltsame Rekatholisierungsmethoden keinen Erfolg versprachen; die Gegenreformation ging daher fortan behutsamer vor, wählte den Weg der systematischen Durchdringung des gesamten Lebensbereiches. Die wichtigste Aufgabe fiel hierbei den Orden zu, die in großer Zahl in Prag einzogen. War die ehemalige Dreifaltigkeitskirche der deutschen Lutheraner bereits 1624 an die unbeschuhten Karmeliter übergeben und von 1636 bis 1644 als Kirche Maria de Victoria zur ersten Barockkirche Prags umgebaut worden, so folgte nunmehr eine Internationalisierung des gesamten kirchlichen Lebens: schottische Franziskaner erhielten das Ambrosiuskloster gegenüber dem Pulverturm, spanische Benediktiner das Emauskloster, aus Lüttich kamen Ursulinerinnen, aus Italien Cajetaner. Im Agneskloster zogen Clarissinen, im St.-Aegidien-Kloster Dominikaner, in der ehemaligen protestantischen Salvatorkirche der Altstadt bairische Paulaner ein. Die entscheidene Rolle aber sollte den Jesuiten zukommen, die, nachdem sie bereits im Clementinum Fuß gefaßt hatten, St. Niklas auf der Kleinseite erwarben und sich auch in der Neustadt niederließen. Ab 1638 bauten sie die Salvatorkirche am Clementinum nach dem Vorbilde von Il Gesù aus, indem sie über den Seitenschiffen Emporen einzogen und über die Vierung eine Kuppel errichteten; die bemerkenswerte Stuckierung verlieh dem Innenraum ein spezifisch frühbarockes Gepräge.

Im Kampf um die Seelen erwiesen sich auf die Dauer Krieg, Pest und allgemeine Not als die stärksten Verbündeten der Gegenreformation – die Notwendigkeit nackten Überlebens ließ den Streit der Konfessionen in den Hintergrund treten. So war die Verteidigung der Altstadt gegen die Schweden, die sich im Sommer 1648 im Handstreich der Kleinseite und der Burg bemächtigt hatten, ein Akt verzweifelter Selbsterhaltung; neben der kaiserlichen Besatzung kämpften die Bürgerwehren ebenso entschlossen wie die Regimenter der Prager Studenten. Prag erwehrte sich der Angreifer, die bis zum Tag des Friedensschlusses zu Münster die Mauern berannten. Die Stadt, in der einst der große Glaubenskrieg seinen Ausgang genommen hatte, mußte solchermaßen auch die letzten Prüfungen des Kriegsbrandes bestehen. Noch zwei Wochen nach Verkündigung des allgemeinen Friedens beluden die Schweden Wagen und Schiffe, auf denen sie ihre ungeheure Beute fortschafften – Schätze aus der rudolfinischen Kunstkammer, die Bände der herrlichen Rosenbergischen Bibliothek, von Klöstern und Bürgern erpreßte Wertgegenstände, die Einrichtungen ganzer Adelspaläste, den Statuenschmuck des Waldsteingartens. Besonders an diesem Aderlaß wurde deutlich, welcher Reichtum im Laufe der Jahrhunderte in Prag angehäuft worden war.

Der Frieden kam über ein entvölkertes und verwüstetes Land gleich einem Schlaf der Erschöpfung. Das geistige und kulturelle Leben stagnierte, nur langsam erholten sich Handel und Gewerbe von den Rückschlägen und Entbehrungen der Kriegszeit. Prag hatte in den Jahren des Krieges nahezu die Hälfte seiner Bevölkerung eingebüßt, es zählte 1649 nur noch 26400 Einwohner. Die Stadt brauchte Hilfe – und Habsburg zeigte sich gnädig. Ein Majestätsbrief des Kaisers erneuerte alle Privilegien der Alt- und der Neustadt, als Anerkennung und Dank für die Standhaftigkeit der Bürgerschaft; die Stände hätten, so hieß es ausdrücklich, ihre Ehre mit Blut reingewaschen. Alle Mitglieder des Magistrats wurden in den Wladykenstand erhoben, die Stadt erhielt wieder Sitz und Stimme auf dem Landtag. Zur Behebung der Kriegsschäden sicherte Kaiser Ferdinand eine jährliche Zuwendung von 5000 Gulden auf die Dauer von dreißig Jahren zu. Auch die Judenstadt erhielt neue Privilegien, die vor allem eine Ausweitung des Handels ermöglichten. Die Habsburger erwiesen sich als großzügige Sieger. Mit der Krönung Ferdinands III. im Jahre 1652 kehrte für wenige Wochen der Glanz der alten Zeiten nach Prag zurück; auf die Sitzungen des Ständetages folgte eine festliche Versammlung der Kurfürsten, und am 13. Juni wurde auf dem Altstädter Ring als Zeichen des Sieges und der Rekatholisierung der Stadt eine Mariensäule eingeweiht (1918 zerstört).

Prag war fester Bestandteil des habsburgischen Imperiums geworden. Ein neuer Stil der Herrschaft begann sich durchzusetzen. Selbstsicher und des kleinlichen Gezänkes mit den Ständen ledig, konnte das Herrscherhaus darangehen, Böhmen durch Großzügigkeit und Optimismus für seine Sache zu gewinnen. Im Kampf der Konfessionen verstand es eine im Geiste verjüngte römische Kirche, die Künste in den Dienst der Bekehrung zu stellen, durch Phantasie und schöpferischen Elan ein neues Weltgefühl zu verkünden.

Der böhmischen Barockkunst blieb solchermaßen auf deutliche Weise ein apologetischer Zug verhaftet; gleichzeitig war sie, zumindest in ihrer ersten Phase, bewußt international und überspielte den böhmischen Hang zur Abkapselung und rechthaberischen Selbstbehauptung durch Weltoffenheit und eine Vielfalt künstlerischer Beziehungen. Wie immer man die Barockzeit in Böhmen werten und deuten will – in jedem Falle schenkte Habsburg dem Lande ein Jahrhundert des Friedens, zugleich ein Jahrhundert glanzvoller künstlerischer Entfaltung.

Die Erholung des künstlerischen Lebens begann bescheiden genug: vorerst waren es profane Ordensbauten, Klöster, Kollegien und Profeßhäuser, mit denen die Bautätigkeit erneuert wurde. Erst in einer zweiten Phase ging man an die Errichtung von Gotteshäusern, gab auch der Adel erste größere Bauvorhaben in Auftrag. Architekten und Bauleute waren meist Oberitaliener; in straff geführten Genossenschaften organisiert, übernahmen sie von der Planung bis zur Stuckierung alle Bauarbeiten.

Ab 1653 errichteten die Jesuiten am Altstädter Ende der Karlsbrücke ihre mächtige Glaubensfestung, das Clementinum – nach der Burg der größte Architekturkomplex Prags. Über dreißig Häuser und sieben Höfe mußten dem weitläufigen Projekt weichen, zu dem vermutlich Francesco Caratti die Pläne lieferte; die Ausführung lag bei der Baugenossenschaft Anselmo Luragos. Zumal die eindrucksvolle Front des Kolleggebäudes nach der Kreuzherrengasse weist durch die lotrechte Reihung der bossierten Pilaster auf Vorbilder des lombardischen Barock. Fünf Jahre danach, 1658, begann Carlo Lurago mit dem Bau des zweiten großen Jesuitenkollegs zu Prag, mit St. Ignatius, dessen Front die Hälfte der Längsseite des Karlsplatzes einnimmt. Ab 1665 folgte dann der Bau der Kirche nach dem Vorbild römischer Jesuitenkirchen. Carlo Lurago führte seit 1661 auch das Klostergebäude der Kreuzherren und von 1673 den Jesuitenkonvent bei St. Niklas auf der Kleinseite aus. Gleichzeitig war Lurago für den zu erweiterter Macht und neuem Reichtum gekommenen Hochadel tätig, so für die Lobkowitz, deren Palast auf der Burg er ab 1651 errichtete, und für die Slawata.

Krieg und Gegenreformation hatten zu einer Umschichtung innerhalb des böhmischen Landesadels geführt. Der Besitz des niederen und mittleren Adels, der das Element der politischen Opposition gegen Habsburg gebildet hatte, war durch Zwangsverkäufe oder Konfiskation in die Hände weniger Geschlechter des alten böhmischen Adels übergegangen oder vom Kaiser bewährten Heerführern geschenkt worden. Zum alteingesessenen Adel zählten die Geschlechter der Liechtenstein, Schwarzenberg, Czernin, Kinsky, Lobkowitz, Martinitz, Sternberg, Slawata, Waldstein, Nostitz, Wrtba und Hrzan, also in der Mehrzahl tschechische Familien, während der neue Schwertadel – die Buquoy, Piccolomini, Trauttmansdorff, Sporck, Colloredo, Gallas, Thun, Clary u. a. – sich aus Angehörigen aller Teile des Habsburgerreiches zusammensetzte. Neben den Erträgen aus den teilweise riesigen Landgütern gaben Einnahmen aus Handel und Gewerbe der Aristokratie die Voraussetzungen für eine großzügige Bautätigkeit, man errichtete nicht nur weitläufige Landschlösser, sondern auch große Stadtpaläste; abgesehen davon, daß man sich hinter Stadtmauern sicherer fühlte, lockte das gesellschaftliche Leben und die Abwechslung der großen Städte.

Selbstbewußtsein und herrschaftlichen Anspruch dieser neuen Adelsklasse versinnbildlicht auf geradezu provokante Weise der Palast des Grafen Humprecht Czernin in der Hradschinstadt (1669–1677). Gleichzeitig kündet der Bau von einer Größe der Gesinnung, einem Elan des Schöpferischen, wie sie nur Zeiten der Hoffnung oder der Erfüllung vermitteln; es war nicht der Geist der Niederlage und der Unterdrükkung, der Böhmen damals durchwehte – der titanische Zug dieses Palastes spricht von Kräften ursprünglicher Vitalität, die allenthalben im Volke aufbrachen und zu deren Sprecher sich der einheimische Adel machte. Das Wesen des böhmischen Barock ist nur zu verstehen, wenn man in ihm die Komponente tschechischen Volkstums – Lebensnähe, Sinnenfreude, Plastizität, Musikalität – erkennt, und böhmisch war in diesem Falle, daß ein fremder Baugedanke in monumentale Formen umgesetzt wurde, ohne daß er an innerer Substanz verlor. Auch wenn die Riesensäulen der Front des Czerninpalais pathetisch wirken, erfüllt doch ein brausender Orgelton die gesamte Architektur.

Hatte bereits beim Clementinum die Reihung vertikaler Bauglieder die Dominante eines langgestreckten Bauwerks abgegeben, so ist hier der Gedanke der gereihten Ordnung ganz ins Plastische umgesetzt. Francesco Caratti, der zuvor in Raudnitz für die Lobkowitz gebaut hatte, steigerte einen Gedanken Andrea Palladios, der in der Cà Diavolo zu Vicenza am Beispiel einer zweiachsigen Front vorgetragen worden war, ins Monumentale, indem er eine Front von 29 Achsen errichtete. Es war ein nicht nur in der Konzeption gewaltiges Projekt – auch finanziell überforderte es seinen Bauherrn; so wurde der Palast erst im 18. Jahrhundert fertiggestellt. Einen glanzvolleren Auftakt der Palastbaukunst hätte man sich kaum denken können.

Beim Nostitz-Palais auf der Kleinseite, das Caratti zwischen 1660 und 1670 ausführte, wird gleichfalls ein geschlossener Baublock durch vertikale Reihung – in diesem Falle Kolossalpilaster – gegliedert. Die gekuppelten Fenster folgen der einheimischen Renaissance-Tradition, wie überhaupt beim gesamten Bau das italienische Schema erheblich reduziert erscheint.

Es konnte nicht ausbleiben, daß diese beginnende Bautätigkeit auch andere Stimmen als die des norditalienischen Barock aufrief. Als nächste trat die Komponente des römischen und gleichzeitig mit ihr die des französischen Barock hinzu – beide auf glückliche Weise in der Person des französischen Maler-Architekten Jean Baptiste Mathey vereint. Der Prager Erzbischof Reichsgraf Johann Friedrich von Waldstein, der lange in Rom gelebt hatte, berief Mathey nach Prag, damit er für ihn das erzbischöfliche Palais umbaue (1674–1689); da Mathey kein gelernter Baumeister war, wurden die Arbeiten von der Baugesellschaft Luragos ausgeführt.

Unverkennbar trat Matheys französische Herkunft bei Schloß Troja in Erscheinung, das er ab 1679 für Wenzel Adalbert Graf von Sternberg als barocke Landvilla vor den Toren Prags errichtete. Nach französischem Vorbild ist die Anlage in locker gruppierte Baublöcke aufgelöst; trotz der bewegten Silhouette zeigt der Bau im Innern eine klare Raumstruktur. Den Mittelpunkt bildet der große Festsaal, den die Gebrüder Abraham und Isaak Godin aus Antwerpen mit einem Riesenfresko der Apotheose des Hauses Habsburg, das alle Architekturteile wie Decke, Pfeiler und Wände einbezieht, ausmalten. Auf der Gartenseite verleiht eine doppelläufige bewegte Treppe dem Bau die hochbarocke Note: vor der zurückhaltenden Architektur entfaltet sich das Schauspiel eines turbulenten Kampfes der Götter mit den Giganten, für das der Dresdner Bildhauer Johann Georg Heermann die Statuen lieferte. Zum ersten Male finden sich bei Schloß Troja Architektur, Malerei und Plastik zu jenem vollen Akkord zusammen, wie er später noch so oft in der böhmischen Baukunst aufklingen sollte.

Einen Bau mit eindeutig römischen Reminiszenzen schuf Mathey in der Kreuzherrenkirche (1680–1688/9), der ersten Kuppelkirche Prags, die gleichzeitig die böhmische Zentralbautradition erneuerte. Mit seiner einheitlichen Quaderfugung, der eine strenge Pilasterordnung vorgeblendet ist, wirkt der Bau zurückhaltend kühl, zeigt aber in den konkav eingeschwungenen Ecken und der ovalen Kuppel Leitmotive des römischen Hochbarock. Bei der Ausstattung arbeitete Mathey mit deutschen Künstlern wie dem Plastiker M. W. Jäckel, der die Attikafiguren und den Altaraufsatz schuf, mit Jeremias und Konrad Max Süssner, von denen die herrlichen Plastiken des Innenraums stammen (1690), und Wenzel Lorenz Reiner zusammen, dem Schöpfer des Kuppelfreskos (1722/3). Die St.-Josefs-Kirche auf der Kleinseite zeigt starke Verwandtschaft mit Matheys Kreuzherrenkirche, obschon ihrem zentralen Kuppelraum dann 1691 eine Fassade in den Formen des flandrischen Barock vorgelagert wurde. Das Palais Toskana an der westlichen Seite des Hradschinplatzes, von Mathey zwischen 1689 und 1691 ausgeführt, besitzt in der Strenge der Gliederung durch lotrechte und waagrechte Linien eine stark französische Note. Matheys letzter Bau war die 1694 begonnene Hofreitschule.

Nichts spricht deutlicher für die neue Vitalität der Stadt, als daß sie zwei Katastrophen, die sie kurz hintereinander trafen, überwand: die Pestepidemie von 1680, die über 26000 Opfer forderte, und den großen Stadtbrand des Jahres 1689, der, von französischen Brandstiftern als Terrorakt gegen die Habsburger im Pfälzischen Erbfolgekrieg entfacht, über 800 Häuser der Altstadt einäscherte. Obschon die Bürgerschaft durch den Bau neuer Befestigungsanlagen über die Maßen finanziell belastet war – damals entstand nach Plänen des Grafen di Conti ein Ring von 40 neuen Bastionen –, ging der Wiederaufbau der Bürgerhäuser zügig vonstatten. Gleichzeitig erhielt die Karlsbrücke nach dem Vorbild der Engelsbrücke zu Rom ihren hochbarocken Statuenschmuck, nachdem 1683 als erstes das Standbild des hl. Johannes von Nepomuk, das Johannes Brokoff nach einem Modell Matthias Rauchmillers geschaffen hatte, aufgestellt worden war; Stifter der Statuen waren meist Orden oder Adelige – 1714 wurden die letzten Brückenpfeiler mit Bildwerken besetzt.

Hatten bis dahin italienische und französische Vorbilder die Prager Architektur bestimmt, sollten sich in den folgenden Jahren und Jahrzehnten die Nachbarlandschaften Böhmens durchsetzen – die Barockkunst Österreichs, vertreten durch die geniale Künstlerpersönlichkeit Fischers von Erlach, und die kraftvolle bairische Kunst, die mit Vater und Sohn Dientzenhofer in Böhmen rasch Wurzel schlug.

Ein Schüler Fischers von Erlach, Giovanni B. Alliprandi, trug im Palais Sternberg (1698–1707) erstmals in Prag das Leitmotiv Fischerschen Palastbaues, den ovalen Mitteltrakt, vor. Das gleiche Motiv kehrte in festlicher Variation im Palais Lobkowitz wieder, das Alliprandi von 1703 bis 1707 ausführt. Nach der Straße hin streng und kühl gegliedert, entfaltet der Palast auf der Gartenseite den ganzen Reichtum hochbarocken Bauens. »Der Baukomplex klappt gewissermaßen von selber auf und legt den zylindrischen konvexen Kern im Ehrenhof frei« (Erich Bachmann). Gesteigert wurde der barocke Gesamteindruck durch den vielgestaltigen Terrassenpark, der hinter dem Palast den Hang des Laurenziberges hinanstieg und nach dem Vorbild der Villa Aldobrandini zu Tivoli angelegt war. Alliprandi gestaltete u. a. auch das besonders edle Palais Kaiserstein auf dem Kleinseitner Ring (1699) und schuf die Dreifaltigkeitssäule am Kleinseitner Ring (1715).

Fischer von Erlach selbst kam erst verhältnismäßig spät, nämlich ab 1714, in Prag

48 Palais Clam-Gallas von J. B. Fischer v. Erlach, Kupferstich von 1721 aus »Entwurf einer historischen Architektur«

zu Wort. Wenzel Graf von Gallas hatte 1713 den berühmten Wiener Architekten aufgefordert, Pläne für den Neubau des Palais zu liefern; trotz ungünstiger Raumverhältnisse verstand es Fischer von Erlach, ein reiches Bauprogramm zu entwickeln. Die enge Gasse legte eine zurückhaltende architektonische Gliederung nahe, so daß der Bau klassizistisch wirkt; die bewegte Komposition der Tore, für die Matthias Braun die kraftvollen Plastiken schuf, die reichen Fensterumrahmungen und ganz besonders die bewegte obere Silhouette weisen das Palais als Werk des Hochbarock aus. Vor allem aber schuf Fischer im Innern eines der schönsten Prager Treppenhäuser, zu dem Matthias Braun den Statuenschmuck, der bedeutende Freskant Carlo Carlone das Deckengemälde beisteuerte. Im übrigen gehen auf Fischer von Erlach das Schlickgrab im Veitsdom (1723) und das Grabmonument des Kanzlers Wratislaw v. Mitrowitz in der St.-Jakobs-Kirche (1714) zurück.

Inzwischen waren auch die Dientzenhofer mit einem Werk in Erscheinung getreten, das wie kein anderer Sakralbau den Geist des Hochbarock verkörpert: die St.-Niklas-Kirche auf der Kleinseite. Vater Christoph Dientzenhofer (1655–1722), der bereits an verschiedenen Orten Böhmens als Kirchenarchitekt tätig gewesen war, begann 1704 mit dem Schiff, dessen Raumform sich aus der Durchdringung mehrerer zylindrischer und elliptoidischer Zentralräume ergibt. Getreu der Tradition bairischer Wandpfeilerkirchen, aber auch verpflichtet dem Schema römischer Jesuitenbauten, wurden in die Seitenschiffe Emporen eingezogen, die dem Aufriß des Baues zusätzliche Bewegtheit verleihen. Die 1711 vollendete Fassade spiegelt mit ihren konkaven und konvexen Schwüngen den unmittelbaren Einfluß Borrominis. Der Bau sollte dann allerdings 25 Jahre lang unvollendet bleiben, bis er erst 1736–1755 mit der Ausführung von Turm und Kuppel sowie der Ausstattung des Inneren seine Vollendung fand. Kein Zweifel, daß die St.-Niklas-Kirche zu den Meisterleistungen der europäischen Barockarchitektur zählt.

Christoph Dientzenhofers Stil kam in reiner Weise in der St.-Margarethen-Kirche des Klosters Břevnov zum Ausdruck, die er gleichzeitig mit St. Niklas ausführte (1708–1715): der längliche Saalbau wird durch quer gelagerte, ineinandergeschobene Ellipsen gebildet, denen schräg in den Raum vorspringende Pilaster mit konkav geschwungenen Gebälken entsprechen. Wie bei der St.-Niklas-Kirche wird der Außenbau vom Leben des in konkaven und konvexen Mauerschwüngen atmenden Baukörpers beherrscht. Die großen Lukarnengiebel nehmen den Schwung der Mauerflächen auf und sublimieren ihn zu einem ungemein bewegten Abschluß in der Höhe. Nicht zuletzt auch mit der Plastizität der Bauglieder wie der Säulen und Pilaster schuf Christoph Dientzenhofer hier Leitformen des spezifisch böhmischen Hochbarock.

49 Grundriß der Kirche St. Johann auf dem Felsen, Neustadt

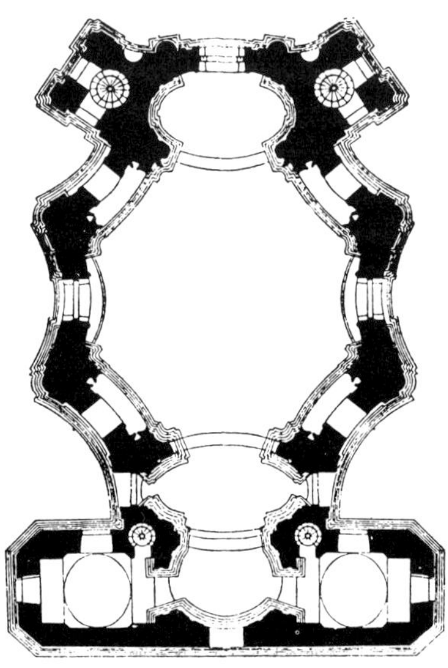

Das Bild des Prager Hochbarock wäre unvollständig, wenn man die Rolle der Plastik nicht hervorhöbe. Mehr als in der Kunst anderer Landschaften ist sie autonome Ausdrucksform und nicht nur begleitendes Instrument der Architektur. Das beweist auf einmalige Weise – vergleichbar ist lediglich der Statuenschmuck Berninis für die Engelsbrücke zu Rom – die Freiraumgalerie von Plastiken und Statuengruppen auf der Karlsbrücke. Es kommen Bauten hinzu, bei denen die bildhauerische Ausstattung der Innenräume das dominierende Element ist, wie etwa die Clemenskirche, für die Matthias Braun die Figuren der Kirchenväter und die herrlichen Plastiken auf den Beichtstühlen schuf.

Wenn man von den oberitalienischen Stukkateuren und Steinmetzen des 17. Jahrhunderts absieht, arbeiteten fast nur deutsche Bildhauer in Prag. Man muß allerdings berücksichtigen, daß die Bildnisfeindlichkeit des Utraquismus die schöpferischen Kräfte im tschechischen Volke, vor allem das Fortführen einer handwerklichen Tradition, stark beeinträchtigt hatte; so kamen zunächst außerböhmische Künstler zum Zuge. Johann Georg Bendl (1620–1680), der die Statuen am Portikus der Salvatorkirche um 1659, ferner eine Wenzelsstatue auf dem Roßmarkt und den Herkulesbrunnen

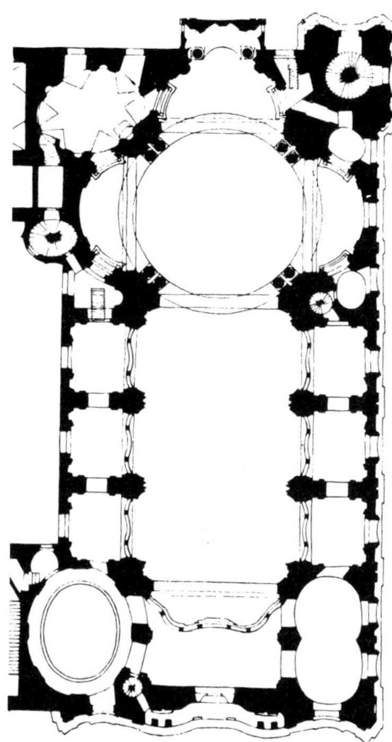

50 Grundriß der St.-Niklas-Kirche auf der Kleinseite

51 Grundriß der St.-Nikolaus-Kirche in der Altstadt

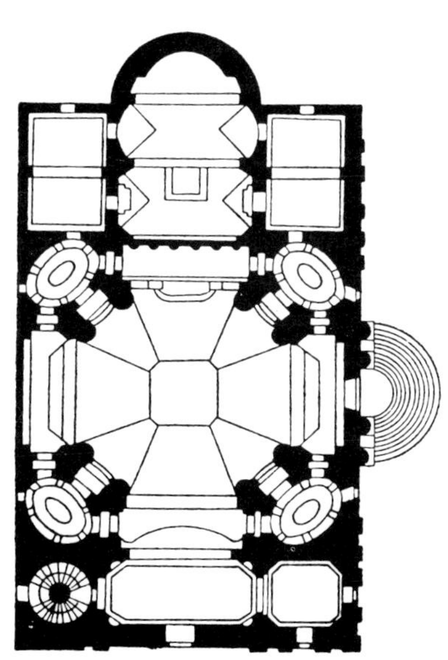

im Hofgarten schuf, war bairischer Herkunft. Der bereits erwähnte Johann Brokoff, Vater des bedeutenderen Ferdinand Maximilian (1688–1731), kam aus der Zips; Hauptwerke des jüngeren Brokoff sind die Brückenstatuen des hl. Franz Xaver von 1711, des hl. Ignatius und der Heiligen Johannes von Matha, Felix und Ivan (1714) sowie die Neger-Atlanten am Palais Czernin-Morzin (1714). Der Geist Berninis erfüllte das Schaffen des größten der Prager Barockbildhauer, Matthias Braun aus Oetz in Tirol (1684–1738), der mit der Gruppe der hl. Luitgard die schönste der Brückenstatuen schuf (1710); seine Werke im einzelnen aufzuzählen ist hier nicht der Raum. Matthias Wenzel Jäckel (1655–1738), dessen wichtigstes Werk die Statuengruppe der Anna Selbdritt und der Madonna mit St. Dominikus und St. Thomas auf der Karlsbrücke ist (1708), stammte aus Lausitz, Andreas Philipp Quittainer (1679–1729) aus Friedland und Ignaz Franz Platzer (1717–1787), als dessen Hauptwerk der plastische Schmuck der St.-Niklas-Kirche gilt, aus Pilsen. Die Kirchen- und Palastbauten des beginnenden 18. Jahrhunderts verschafften diesen Meistern eine Fülle von Aufträgen; blieb die Malerei auf die Ausgestaltung von Innenräumen beschränkt, so waren den Ausdrucksmöglichkeiten der Bildhauer kaum Grenzen gesetzt: davon zeugen Denkmäler wie das für Johannes den Täufer auf dem Malteserplatz (1715) oder die Mariensäule auf dem Hradschinplatz (1726), Brunnen – z. B. von Jeremias Kohl im zweiten Burghof (1686) –, Portalplastiken, Attikafiguren oder Gartenstatuen, etwa jene Matthias Brauns im Vrtba-Garten (um 1720).

Neben dem Klerus und Adel traten nach 1700 in steigendem Maße auch Bürger als Auftraggeber in Erscheinung. Das erweisen nahezu rein barocke Straßenzüge wie die Spornergasse auf der Kleinseite, deren meiste Häuser in den ersten zwei Jahren des 18. Jahrhunderts umgebaut wurden oder neu erstanden, oder das bewegte Bild der Bürgerhäuser an der Südseite des Altstädter Rings mit der Vielfalt ihrer Barockgiebel. Die zahlreichen Hauszeichen, die früher den einzelnen Häusern ihren Namen gaben, stellen einen liebenswürdigen Nebenzweig der Bildhauerkunst dar. Diese sich allenthalben regende Baufreude sowie die Lust an dekorativer Verschönerung des Stadtbildes wurden auch nicht durch die Katastrophe der zweiten großen Pestepidemie beeinträchtigt, die 1713 über 13 500 Menschenleben in Prag dahinraffte; in der Judenstadt starb damals ein Drittel der Einwohner. Das barocke Lebensgefühl überwand den Tod, indem es ihn als Daseinsmacht bejahte; Grabdenkmäler wie die des Kanzlers Wratislaw (1716), dessen edle Statuen Ferd. M. Brokoff schuf, sind gleichzeitig Apotheosen der Unbezwingbarkeit des Lebens.

In jenen Jahren wurde ein Architekt in Prag tätig, dessen Werke, vorwiegend Klosterbauten, sich sonst fast ausschließlich auf die böhmische und mährische Provinz verteilen: Johann Santin Aichel (1667–1723), eingedeutschter Enkel eines im 17. Jahrhundert eingewanderten welschen Steinmetzen. 1713 begann er mit dem Palais Czernin-Morzin in der Spornergasse, hervorgehoben durch die herrlichen Neger-Karyathiden Brokoffs, und ab 1721 errichtete er schräg gegenüber das Palais Thun (ursprünglich Kolowrat), dessen Portal Matthias Braun mit riesigen Adlerstatuen versah. Beide Bauten zeichnen sich durch vornehme Gliederung und eine Ausgewogenheit der Proportionen aus, die das Signum großer Meisterschaft sind. Beim Thunschen Palais fällt die Schärfe und gleichzeitige Zartheit der Profile auf, die den Bau sicher artikulieren; im Verein mit den wie Schmuckstücke aufgesetzten Fensterverdachungen entsteht der Eindruck weltmännischer Eleganz.

Während Santin Aichel, wie übrigens auch Christoph Dientzenhofer, bei seinen Bauten nur zurückhaltend Gebrauch von plastischem Schmuck machte, stellte der jüngere Kilian Ignaz Dientzenhofer (1689–1751) die Statuenbildhauerei als integrierenden Bestandteil in den Dienst der barocken Gesamtkonzeption. Überhaupt wurzelte seine Künstlerschaft in einem weitaus größeren Erfahrungsschatz als dem seines Vaters – er war nicht nur mit den Werken des bedeutenden oberitalienischen Architekten Guarini – der übrigens 1679 einen Plan für die Theatinerkirche in der Spornergasse geliefert hatte –, sondern vor allem mit der Barockarchitektur Wiens und und da zumal Lucas von Hildebrands vertraut. Der künstlerische Werdegang des jüngeren Dientzenhofer läßt sich in Prag von Werk zu Werk verfolgen, und gleichzeitig vermag man der Entfaltung der künstlerischen Freiheit im gesteigerten Wagnis der Bauformen nachzuspüren. So ist sein erster Prager Auftrag für einen Sakralbau, die St.-Nepomuks-Kirche in der Hradschinstadt, 1720 begonnen, eine noch verhältnismäßig einfache Anlage, bei der geschwungene Bauteile nur in untergeordneter Rolle auftreten. Sein profanes Jugendwerk, die reizvolle Villa Amerika in der Neustadt (1712 bis 1720), die sichtlich unter dem Einfluß Fischers von Erlach entstand, beweist eine Leichtigkeit der Formen, die dann auch der Gestaltung der Fassade des Loretokloster (1720–1722) zugute kam. Der Innenraum der Loreto-Klosterkirche erinnert in seiner Farbigkeit und ausgewogenen Breite an bayrisch-österreichische Barockkirchen. Kilian Ignaz Dientzenhofers nächstes Werk, der Umbau der Fassade der St.-Thomas-Kirche auf der Kleinseite (1723–1730), verleitete ihn zum Experimentieren mit hochbewegten und übertrieben plastischen Bauelementen der römischen Illusionsbaukunst, wie man sie vor allem aus der Theaterdekoration her kennt.

Es ist nicht ausgeschlossen, daß die barocken Bühnenbilder und Schauarchitekturen, die Galli Bibiena für die Krönungsoper Karls V. i.J. 1723 im Burggarten errichtete, hierbei Dientzenhofer beeinflußten. Vor 4000 Zuschauern rollte die großartige Inszenierung, an der hundert Sänger und zweihundert Instrumentalisten aus ganz Europa mitwirkten, von acht Uhr abends bis ein Uhr nachts ab – das spektakulärste Ereignis der damaligen Welt. Der Komponist der Krönungsoper, der Wiener Joh. Josef Fux, war übrigens Lehrer des bedeutenden tschechischen Barockmusikers Jan Dismas Zelenka, wie umgekehrt der tschechische Meister der Fuge, Bohuslaw Černohorský, den jungen Gluck unterrichtete. Reiches Musikleben blühte damals in Prag auf, vor allem nach Gründung der »Musikalischen Akademie« i.J. 1713, deren Initiatoren Bürger waren.

Als Hinweis auf die Vielfalt der geistigen Interessen sei vermerkt, daß 1718 Christian Josef Willenberg die erste Ingenieurschule in Prag einrichtete.

52 Votivblatt für den hl. Johannes von Nepomuk, aus der Bildserie von Pfeffer, 1728

Man kann die Entwicklung der Prager Kunst nicht aufzeigen, ohne immer wieder auf die Ereignisse des allgemeinen Lebens zurückzugreifen. Hierbei spielten kirchliche Feste, wie die Heiligsprechung Johannes' von Nepomuk, eine wichtige Rolle. Das Bemühen der Jesuiten, dem tschechischen Volk einen Nationalheiligen zu geben und so das Andenken an Johannes Hus in den Hintergrund treten zu lassen, hatte bereits 1675 zur Einsetzung einer Kommission für die Heiligsprechung geführt. Das Fest der Heiligsprechung i.J. 1729 dauerte eine ganze Woche. Man versteht den Sinn des Statuenschmuckes der Karlsbrücke erst, wenn man sie als Stätte seines Märtyrertodes und gleichzeitig als Teil des Prozessionsweges hinauf zur Burg erkennt, dessen Ziel das silberne Prunkgrab im Seitenschiff des Domes ist; es wurde 1733 bis 1736 nach einem Entwurf Fischers v. Erlach von Josef Würth, unter Mitarbeit der Plastiker Ignaz Platzer und J. Seitz, ausgeführt.

Dem Nepomuk-Kult ist auch eine der genialsten Kirchenanlagen Ignaz Dientzenhofers zu verdanken, die Kirche St. Johann auf dem Felsen in der Neustadt, mit deren Bau der Meister im gleichen Jahre 1730 wie mit dem der unweit gelegenen St.-Karl-Borromäus-Kirche begann. Einem ovalen Kuppelraum, der aus konvex einschwingenden Mauerteilen gebildet wird, ordnen sich mehrere ovale Raumkompartimente zu; im Außenbau verleihen zwei über Eck gestellte Frontürme im Verein mit der bewegten doppelläufigen Treppe dem Bau größte Leichtigkeit und Heiterkeit. Man spürt hier eine Künstlerschaft am Werk, die ihre Möglichkeiten sicher beherrscht. Gleichzeitig begann Kilian Ignaz Dientzenhofer mit dem weitläufigen Bau der Invalidenanstalt in Karolinenthal, der freilich unvollendet blieb.

Den Höhepunkt seines Schaffens erreichte der Meister mit den beiden dem hl. Nikolaus geweihten Kirchen Prags, der Nikolauskirche in der Altstadt und der Niklaskirche auf der Kleinseite. Im Anschluß an die Erweiterung ihres Konvents am Rande des Gettos beauftragten die Břevnover Benediktiner Dientzenhofer 1732 mit dem Neubau der ursprünglich gotischen St.-Nikolaus-Kirche. Hatten beim ersten Entwurf offenbar Gedanken J. H. Mansarts für den Pariser Invalidendom mitgespielt, so zwang in der Ausführung der beengte Raum zu einer plastischen Durchgliederung des Baukörpers in der Höhe. Das künstlerische Problem war hier ähnlich gelagert wie bei Fischers Clam-Gallas-Palais (der Kirchenbau wurde erst im 19. Jahrhundert bzw. 1945 aus der engen Umbauung herausgelöst). Trotz eines in die Formen des Rechtecks gebannten Grundrisses – möglicherweise auf Grundlage des gotischen Mauerwerks – gelang Dientzenhofer ein Höchstmaß barocker Auflockerung; man gewahrt dies erst eigentlich, wenn man – wie dies der schmale Platz vor dem Hauptportal ursprünglich erforderte – nahe an die Fassade herantritt und nach oben blickt. Auch der Innenraum zeigt eine Zergliederung und Differenzierung der Formen, wie sie ohne Zerstörung der künstlerischen Einheit nur eine große Künstlerpersönlichkeit zu leisten vermochte.

Einen städtebaulichen Akzent erster Ordnung setzte der jüngere Dientzenhofer dann mit dem Bau von Turm und Kuppel der St.-Niklas-Kirche auf dem Kleinseitner

Ring (1736–1755), die er dem von seinem Vater erbauten Kirchenschiff anfügte. Über drei Konchen aus halben Ellipsen führte er die mächtige Kuppel auf, die den Raum nach oben hin öffnet. Architekturteile, Stuckdekoration, Plastiken und Malereien treten zu bruchloser Einheit zusammen – der Raum wird von einer großen wogenden Bewegung erfüllt, die wie ein Gleichnis des unendlichen Lebensstromes selbst erscheint. Die virtuose Innenausstattung ist vor allem dem Bildhauer Platzer und den Freskanten Kracker und Palko zu verdanken.

Eine wahrhaft geniale Lösung fand Dientzenhofer beim Außenbau, indem er auf das ursprünglich vorgesehene Turmpaar verzichtete und der Kuppel lediglich einen schlanken, dafür in der Höhe gleichwertigen Turm zuordnete. Dieser Bruch mit dem Grundsatz der Symmetrie schafft zusätzliche Bewegung, indem Turm und Kuppel ständig veränderte Aspekte der Überschneidung und Zuordnung eingehen. Es fällt auf, daß der Turm in der optischen Achse der Brückengasse, auch in derjenigen der Karmelitergasse steht, also immer primärer Blickpunkt der Betrachtung ist – er gehört dem Stadtbild ebenso an wie dem Kirchengebäude. Eine streng symmetrische Anlage mit zwei Türmen hätte dem Stadtorganismus eine eindeutige Richtungsbezogenheit auferlegt, während so eine bewegte Mitte geschaffen wurde, bei der – je nach Standpunkt – die Kuppel um den Turm oder der Turm um die Kuppel zu kreisen scheint. Turm und Kuppel von St. Niklas erweisen sich damit als das lebendige Herz der zwischen Strom und Berghängen eingebetteten Stadt.

53 Kleinseitner Ring, Kupferstich nach Philipp und Franz Heger, Prag 1792

Prag war in jenen Jahren von einem wahren Baufieber ergriffen. Auch das Universitätsgebäude des Clementinums wurde erweitert: 1721 errichtete der tschechische Baumeister František Maximilian Kaňka (1674–1766) den Turm der Sternwarte und 1724 fügte er die reizvolle Spiegelkapelle hinzu, die Wenzel Lorenz Reiner ausmalte. Besonders bemerkenswert in seiner künstlerischen Geschlossenheit ist der ab 1727 errichtete Bibliothekssaal, dessen Fresken der aus Ottobeuren stammende Johann Hiebl ausführte. Bereits 1718 hatte Kaňka, dessen ausgedehnte Bautätigkeit auf dem Lande ihm den Titel eines kaiserlichen Architekten eintrug, den Umbau des Carolinums begonnen. Unweit davon gab der aus Iglau stammende Paul Ignaz Bayer (1650–1733) der St.-Gallus-Kirche eine neue Fassade (1722-1727). Von den zahlreichen italienischen Bauleuten und Architekten sei Marcantonio Canevale erwähnt, der die Ursulinerinnenkirche ausführte (1701/4).

Entsprechend dem hochbarocken Raum- und Architekturempfinden wurden zur Ausschmückung dieser Bauten in wachsendem Umfange Maler, vor allem Freskanten, hinzugezogen. Obschon die Vielfalt der Aufträge zahlreiche außerböhmische Künstler nach Prag lockte, blieb die Barockmalerei in Böhmen – anders als die Architektur und die Plastik – eine Domäne heimischer Künstler, vor allem solcher, die aus Prag selbst stammten: Karel Škréta, Johann Peter Brandl, Wenzel Lorenz Reiner und Norbert Grund.

Eine der Ursachen hierfür ist sicherlich in dem Umstande zu suchen, daß seit der

54 Hradschinplatz, Kupferstich nach Philipp und Franz Heger, 1792 ▽

Erneuerung der Prager Malerzeche durch Kaiser Rudolf II. die Tradtion der Malerei in Prag niemals ganz abriß.

Zum anderem aber bot Prag der Malerei, wie schon zu Zeiten Karls IV. und Rudolfs II., ein ihrer Entfaltung besonders günstiges Klima. Prag war und ist nicht nur äußerlich eine ungemein »malerische« Stadt, Prag zeigte sich auch aus innerer Disposition stets malereifreundlich; dazu mag die Zweisprachigkeit nicht unwesentlich beigetragen haben. Bildniswerke hatten hier immer auch die Funktion einer allgemein verständlichen Aussage, einer beide Volksteile verbindenden Sprache. Die großen erzählenden Freskenzyklen der Gotik, etwa in St. Emaus, in der Wenzelskapelle oder auf Burg Karlstein, machen dies ebenso deutlich wie die apologetischen Wand- und Deckengemälde des Barock; immer wieder sollte überzeugt, bekehrt, sollte belehrt und bekannt werden. Die Prager Wandmalerei des Barock setzt bezeichnenderweise bei der großen Apotheose des Hauses Habsburg in Schloß Troja ein und erreichte ihre Höhepunkte mit Themenzyklen der Gegenreformation. Hatte in der Gotik die böhmische Malerei mit den Gnadenbildern eine bis dahin kaum gekannte Verfeinerung des Formalen und gemüthafte Vertiefung erfahren, so stieg im Barock die sublime böhmische Porträtkunst – getragen von Karel Škréta (1610–1674), Jan Kupecký (1667–1740) und Johann Peter Brandl (1668–1735) – in den Bereich gesamteuropäischer Meisterleistungen auf. Der heitere Ausklang dieser Maltradition in der Miniaturistenschule Wenzels IV. fand seine Entsprechung bei Norbert Grund (1717–1767), der eine spezifische Form der Rokokomalerei verwirklichte und die Brücke schlug zur Kunst des Biedermeier. Seine kleinformatigen Genreszenen, in duftigen Farben hingeworfen, erreichen vielfach die malerischen Qualitäten eines Canaletto.

Karel Škréta, Begründer der böhmischen Barockmalerei, hatte die Verbindungen zur Kunst Italiens hergestellt. Die Brücke zu Holland schlug Michael Lukas Willmann (1630–1706), ein gebürtiger Ostpreuße, der vorwiegend im Kloster Leubus tätig war und gleich seinem schlesischen Stiefsohn J. Christoph Lischka (1640–1712) in Böhmen und Prag Altarblätter und religiöse Freskenzyklen schuf. Leider gingen zwei Frühwerke barocker Wandmalerei in Prag, die auf die weitere Entwicklung maßgeblichen Einfluß ausübten, verloren: die um 1700 ausgeführten Fresken des Schweizers Rudolf Byss im Strakapalais und jene Johann Michael Rottmayers, des führenden österreichischen Freskanten, im Thunpalais (1696). Auch die weitere Entwicklung der Wandmalerei stand vorerst unter dem Einfluß österreichisch-bajuwarischer Künstler: so war Johann Hiebl (1681–1755), nach 1730 Vorsteher der Altstädter Malerzunft, vorwiegend für den Jesuitenorden tätig; Cosmas Damian Asam (1686–1739) malte 1735 den Festsaal des Klosters Břevnov aus, und Johann Adam Schöpf (1701–1772) arbeitete im Loretokloster und in der Marienkapelle auf dem Weißen Berg. Franz Xaver Palko (1724–1767) und Johann Lukas Kracker (1717 bis 1719), die ihre Hauptwerke in der St.-Niklas-Kirche ausführten, vertraten die Tradition der österreichischen Malschule.

Den Höhepunkt erreichte die böhmische Barockmalerei mit dem genialen Sohn eines Prager Schankwirten, mit Peter Brandl, und mit dem gleichfalls aus Prag stammenden Wenzel Lorenz Reiner (1689–1743), dessen Prager Hauptwerke das Deckengemälde im Treppenhaus des Czerninpalais (1718) und in der Kuppel der Kreuzherrenkirche (1722) sowie die Gemälde in der Ägidienkirche (1733/4) und in der Thomaskirche (1731) sind. Auch Norbert Grund, dessen Vater aus dem Egerland zugewandert war, ist gebürtiger Prager. Brandls Prager Hauptwerke finden sich in der Klosterkirche von Břevnov und in der Jakobskirche.

Die vielseitige künstlerische Aktivität war nicht zuletzt auch Ausdruck einer wirtschaftlichen Prosperität, die nach Abwendung der Türkengefahr allenthalben in den österreichischen Ländern Platz griff. In Prag kündet hiervon die Entstehung verschiedener Manufakturen, deren Gründung durch kaiserliches Patent vom 30. Mai 1724 gefördert wurde; Unternehmern wurde Glaubensfreiheit, Fremden besonderer Schutz gewährt, später wurden Besitzer und Arbeiter vom Kriegsdienst befreit, es durfte jede Zahl von Gesellen, auch von ungelernten Arbeitern beschäftigt werden. Diese Maßnahmen waren ein schwerer Schlag für die Zünfte, eröffneten aber gerade der ärmeren Bevölkerung neue Verdienstmöglichkeiten. 1706 gründete K. W. Heiser die erste Manufaktur für die Herstellung von Gold- und Silbergeweben in Prag, 1725 errichtete W. M. v. Glauch eine Seidenmanufaktur, deren Aktienkapital mehrere Adelige aufbrachten. Diesen Manufakturen für den Luxusbedarf folgten bald Tuch- und Kattunmanufakturen, aus denen sich dann in der 2. Jahrhunderthälfte die ersten Prager Fabriken entwickelten.

Der Ausbruch des österreichischen Erbfolgekrieges, heraufbeschworen durch den Regierungsantritt Maria Theresias im Jahre 1740, sollte die verheißungsvolle Entwicklung jedoch jäh unterbrechen. Kurfürst Karl Albrecht von Bayern machte Maria Theresia die böhmische Krone streitig; im Herbst 1741 rückten der mit ihm verbündete Preußenkönig Friedrich II. von Norden, die Bayern und Franzosen über Taus und Pilsen her in Böhmen ein. Dem konzentrierten Angriff mußte sich Prag am 26. November ergeben; ein hohes Lösegeld bewahrte die Stadt vor der Plünderung. Am 7. Dezember 1741 ließ sich Karl Albrecht durch Herold als König von Böhmen ausrufen, zwei Wochen danach empfing er im Wladislawsaal die Huldigung der böhmischen Stände. In der Stadt blieb vorerst eine französische Besatzung zurück. Als die Österreicher im darauffolgenden Frühjahr Prag einschlossen, wurde die Lage kritisch; zuletzt aßen Soldaten und Bevölkerung sogar Hunde und Katzen. Am 16. Dezember 1742 zogen die französischen Truppen nach geglücktem Ausfall in Richtung auf Eger ab.

Das Land atmete vorübergehend auf. Mit großem Prunk wurde am 12. Mai 1744 die in Böhmen und Bayern siegreiche Maria Theresia zur Königin gekrönt. Sie zeigte sich als milde Siegerin, indem sie den Anhängern Karl Albrechts, der 1742 als Karl VII. zum Kaiser gewählt worden war, Pardon gewährte.

Um so härter traf Prag der neuerliche Einfall Friedrichs II. in Böhmen im Zweiten Schlesischen Krieg. Ab 1. September 1744 belagerten 80000 Preußen Prag. Nach ei-

55 Huldigungsblatt von Schwarz und Schmeißer für Kaiserin Maria Theresia, mit Stadtansicht Prags, um 1744

nem zwei Wochen dauernden Bombardement mußte sich die Stadt ergeben. Plünderungen und rigorose Eintreibungsmaßnahmen erregten bei der Bevölkerung Erbitterung gegen die preußische Besatzung; als sie die Stadt im November vor den vorrükkenden österreichischen Truppen räumte, fielen aufgebrachte Bürger über die Nachhut her, und da man die Juden geheimer Abmachungen mit den Preußen verdächtigte, wurde das Getto anschließend vom Pöbel unbarmherzig geplündert. Eine Welle von Verleumdungen führte dazu, daß am 18. Dezember die Ausweisung aller Juden – ihre Zahl betrug über 14000 – verfügt wurde. Erst als sich die wirtschaftlichen Folgen dieses Dekrets unheilvoll auszuwirken begannen, vor allem durch den Zusammenbruch des gesamten Kreditsystems, wurden seine Bestimmungen zurückgenommen.

Trotz der Kriegsereignisse ging die Bautätigkeit weiter: 1743/4 wurde das bei der Belagerung beschädigte Strahov-Kloster gründlich erneuert, auf dem Karlsplatz entstand das Faust-Haus genannte Palais Mladota und am Fuße des Hradschin das Fürstenberg-Palais mit seinem herrlichen Terrassengarten (1743–1747), möglicherweise unter Einfluß Kilian Ignaz Dientzenhofers, der in jenen Jahren für den Fürsten Piccolomini am Graben das heutige Palais Sylva-Tarouca erbaute (1747–1751). Der weitläufige, aus drei Höfen bestehende Palast besitzt, bei aller klassizistischen Zurückhaltung, eine reich gegliederte Fassade. Als letzter großer Barockpalast Prags entstand ab 1755 auf dem Altstädter Ring das Palais Goltz-Kinsky, zu dem Dientzenhofer die Pläne lieferte. Es erscheint als Zusammenfassung wesentlicher Elemente des Prager Palastbaues: die Zweiachsigkeit des Clam-Gallas-Palais, die Verwendung von Lukarnenfenstern und der durchbrochenen Zierbrüstung sind Leitformen pragerischer Architektur, doch kündigt sich in der Homogenität des Baublocks und der Gleichwertigkeit der Geschosse bereits eine neue Baugesinnung an; im Gegensatz zur wert- und rangmäßigen Gliederung der früheren Adelspaläste macht sich hier ein egalitärer Zug bemerkbar.

Der Beginn des Siebenjährigen Krieges i.J. 1756 brachte Prag noch einmal in ernste Bedrängnis. Anfang Mai schlossen die Preußen Prag erneut mit hunderttausend Mann ein. Ein unbarmherziges Bombardement sollte die Stadt zur Übergabe zwingen; durch 25000 Bomben und 80000 glühende Kanonenkugeln wurden 880 Häuser zerstört oder schwer beschädigt. Besonders hart wurde der St.-Veits-Dom in Mitleidenschaft gezogen; allein im Spanischen Saal zählte man Einschläge von über 300 Kanonenkugeln. Trotz großer Entbehrungen wehrte die Stadt jedoch alle Angriffe ab, bis die Preußen die Belagerung schließlich Ende Juni, nach dem Sieg der Österreicher in der Schlacht bei Kolin, aufgeben mußten.

Maria Theresia, deren Gemahl Franz von Lothringen im Jahre 1745 zum Kaiser gewählt worden war, wußte der Stadt ihre Standhaftigkeit zu danken. 1756 wurde die Hradschinstadt zur vierten Prager Stadt erhoben, nach Beendigung des Krieges unverzüglich mit einer großzügigen Modernisierung begonnen. Der Verlust Schlesiens hatte Böhmen neue gesteigerte Bedeutung verliehen. Die Absicht, Prag zu einer europäischen Residenz zu machen, fand Ausdruck im Umbau der Burg von 1762 bis

1786: Maria Theresias Hofarchitekt Nicolò Pacassi faßte die westlichen Gebäude der Burg in einem einheitlichen Trakt zusammen und errichtete an der Stelle des ehemaligen Burggrabens einen großen Ehrenhof. Indem Pacassi auch die Front des Adeligen Damenstiftes einflachte, setzte er anstelle der reichen Bewegung der in Jahrhunderten gewachsenen Burgfront die nüchternen Horizontalen des Klassizismus, die bis heute das Bild des Hradschin beherrschen. Der egalitäre Stil dieser Bauten bringt sie auch für das Empfinden des heutigen Betrachters in Gegensatz zum übrigen, sonst hochbarocken Stadtbild.

Als letzter Sakralbau des Barock wurde damals auf der Höhe des Laurenziberges durch Ignazio Palliardi das Laurentiuskirchlein errichtet (um 1770).

56 Krönungszug Maria Theresias am Neustädter Rathaus, Stich von Johann Josef Dietzler, 1744

Die imperiale Überfremdung im Architektonischen hatte ihre Entsprechung in den von Wien aus dekretierten Reformen, die das allgemeine Leben umzugestalten begannen. Eine einheitliche Marktordnung, der Ausbau des Straßennetzes, die Organisierung des Postwesens, die Förderung des Handels und der Manufakturen kündigte die Herkunft eines neuen Zeitalters ebenso an wie Wandlungen im geistigen Bereich. 1763 begann Carl Friedrich Seibt als erster Nichtjesuit an der Prager Universität zu lesen, ein vielseitiger Freigeist aus Deutschland, der Gellert und Wieland nach Prag zog und mit der Zeitschrift »Neue Literatur« alle österreichischen Konservativen herausforderte. Während sich die österreichischen Patrioten um die »Prager gelehrten Nachrichten« sammelten, gewann als Gegenbewegung zum wachsenden reichsdeutschen Liberalismus und seiner »Kulturexpansion« ein böhmischer Landespatriotismus an Boden, der im Volkstum Bestätigung ursprünglicher Werte suchte und in der Folgezeit dazu führte, daß viele Gelehrte zum Tschechentum übertraten, wie Dobner, Voigt, Ritter v. Neuberg, Pelzl u. a. In der geistigen Auseinandersetzung zwischen Preußen und Österreich, die das folgende Jahrhundert deutscher Geschichte bestimmen sollte, wurde Prag solchermaßen zu einer der ersten Arenen der Begegnung – und über dem hitzigen Disput erwachte der tschechische Nationalismus zu bewußtem Eigenleben.

1774 wurde durch Hofdekret die allgemeine Schulpflicht eingeführt, nachdem mit Aufhebung des Jesuitenordens i. J. 1773 eine Reform im Schulwesen möglich geworden war. Im Jahre 1781 beendete dann Josefs II. Toleranzpatent die Gegenreformation; als Folge wurden alle Klöster aufgehoben, die nicht der Seelsorge, dem Unterricht oder sozialen Aufgaben dienten. Von 1782 bis 1787 wurden in Prag mehr als 60 Kirchen profaniert, darunter auch die Bethlehemskapelle und die Allerheiligenkapelle, und 23 Klöster aufgelöst; man kann nur ahnen, welche Kunstschätze durch die Maßnahmen der Säkularisation verlorengingen. Doch lebte die von der Gegenreformation in den böhmischen Ländern geweckte Volksfrömmigkeit ungebrochen weiter; sie sollte sich in der Folge als große bewahrende Kraft bäuerlichen und nationalen Brauchtums erweisen. Ihre barocke Grundhaltung, immer wieder erneuert in den Festen des kirchlichen Jahres, bei Kirchweihfeiern und Wallfahrten, vor allem zu den vielen Gnadenstätten und den heiligen Bergen im Lande, wirkte im Grunde genommen bis in unsere Tage fort.

Die Aufhebung der Leibeigenschaft i. J. 1781 und die mit ihr verbundene Freizügigkeit und Freiheit der Berufswahl beschleunigte nicht nur den Prozeß der Industrialisierung, sondern verlieh auch – durch gesteigerten Zuzug vom Lande – im Laufe der nachfolgenden Jahrzehnte dem tschechischen Bevölkerungsteil Prags das Übergewicht.

57 Pastorale aus Stift Tepl a. d. Eger, von Joseph Aycher, 1750 Prag, Nationalmuseum ▽

Die künstlerische Entwicklung in jenen Jahren eines allgemeinen Umbruchs kennzeichnet zunehmender Eklektizismus. Neben einigen wenigen Zeugnissen des Rokoko, vertreten durch J. J. Wirchs Umbau des erzbischöflichen Palais und durch das Palais Demartini (1775), ferner das Turba-Palais am Malteserplatz von J. Jäger (1767/8) und das reizvolle Palais Kaunitz in der Brückengasse (1773/5), kommt es zu Rückgriffen auf frühere Baugedanken, wie z. B. beim Palais Sweerts-Sporck in der Hybernergasse und beim Ständetheater, das Anton Hafenecker nach Plänen des Grafen von Künigl ausführte (1781/3). Das Ständetheater, mit kurzer Unterbrechung bis zum Jahre 1920 deutsche Bühne, wurde am 21. April 1783 mit einer Aufführung von Lessings Emilia Galotti eröffnet. Hier fand auch 1787 die Uraufführung von Mozarts Oper Don Giovanni statt. 1783 gingen im unweit gelegenen Kotzentheater – genannt nach den Verkaufsbuden beim Kohlmarkt – Schillers Räuber über die Bretter. Zur gleichen Zeit (1782/4) wurde im Kloster Strahov der Saalbau der Klosterbibliothek von Ignaz J. Palliardi in den Formen des barocken Klassizismus aufgeführt; Anton Maulpertsch entwarf dann 1794 für den Bibliothekssaal das letzte große Deckengemälde des Barock – Thema: Die Geschichte der Menschheit; es gemahnt an einen triumphierenden, alle Höhen und Tiefen der vorausgegangenen Entwicklung überstrahlenden Schlußakkord, der sich nicht als Ende, sondern als Übergang zu Neuem versteht.

Beendet war in Prag tatsächlich nichts, was sich nicht selber aufgab! Zur gleichen Stunde, da durch kaiserliches Edikt die vier Prager Städte 1784 unter einem Magistrat vereinigt wurden, begann die Stadt über ihre alten Grenzen hinauszuwachsen. Villen und Lusthäuser wie die Bertramka, in der Mozart glückliche Wochen verbrachte, die Villa Portheim oder die Hanspaulka wurden zu Vorläufern von Wohnhäusern und Wohnsiedlungen vor den Toren der Stadt. Und kurz nachdem 1784 die lateinische Unterrichtssprache durch die deutsche ersetzt wurde, entstand 1786 auf dem Roßmarkt das tschechische Vaterländische Theater, wurde 1793 ein Lehrstuhl für die tschechische Sprache an der Universität eingeführt. Die spätbarocke Architektur lebte auch forthin im Palastbau weiter: 1785 entstand der entzückende Kolowrat-Garten am südlichen Hradschinhang, 1787 baute Ignazio Palliardi das Palais Ledebur um, 1791 errichtete Matthias Hummel das Palais Liechtenstein und 1797 folgte der Umbau des Palais Příchovský (später Deutsches Haus) durch Ph. Heger, der 1798 auch das Palais Kinsky in der Hybernergasse neue adaptierte.

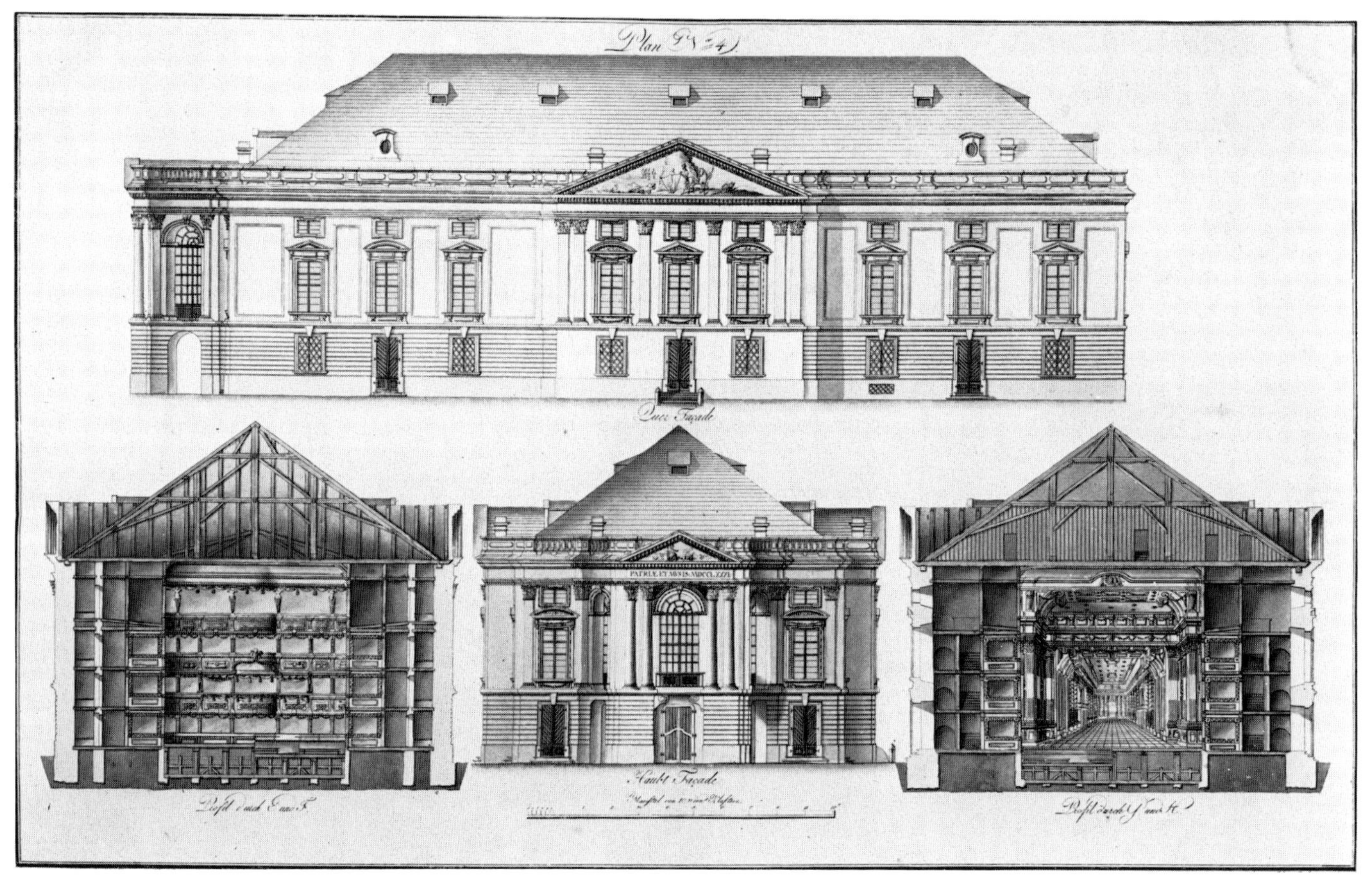

58 Seitenansicht, Fassade und Profilschnitt des Ständetheaters, Blatt 4 aus Serie der Baumeister Philipp und Franz Heger, Prag 1793

Einen letzten Abglanz barocker Freude an großen Inszenierungen bot die Krönung Leopolds II. im Jahre 1791, für die Triumphpforten, Tribünen und Schauarchitekturen errichtet wurden, ein Ereignis, dem Friedrich Schiller als Gast des Grafen Lažanský beiwohnte. Wolfgang Amadeus Mozart hatte die Krönungsoper »La Clemenza di Tito« komponiert – ihre Aufführung erwies sich jedoch als Mißerfolg. Enttäuscht kehrte Mozart aus seinem geliebten Prag, das ihm so viele Triumphe geschenkt hatte, nach Wien zurück – es sollte sein letztes großes Auftreten bleiben, denn er starb noch im Dezember 1791.

Die Totenmesse, das festliche Requiem, das ihm die Prager Freunde am 14. Dezember 1791 in der St.-Niklas-Kirche auf der Kleinseite lesen ließen, wurde zu einer ergreifenden Abschiedsfeier – nicht nur für ihn: religiöser Ritus, erhöht durch Musik, die Bewegung der Architektur, der Plastiken und das Fluten der Farben klangen in einem sakralen Ereignis zusammen, das wie kein anderes das Ende des Barockzeitalters kennzeichnete.

Das Zeitalter des Nationalismus

Prag war die einzige unter den Hauptstädten Mitteleuropas, die Napoleon I. niemals eroberte. So wurde Prag, zumal nach 1805, zur Begegnungsstätte österreichischer und preußischer Patrioten und damit zum Zentrum des deutschen Widerstandes gegen Napoleon. Von Prag aus richtete Friedrich Gentz seine Angriffe gegen den großen Korsen und dessen deutsche Bewunderer, und Gneisenau wollte hier eine »Preußische Legion« aufstellen. In Prag fanden Zuflucht Heinrich von Kleist, Varnhagen von Ense und 1810 Karl Freiherr vom Stein, der zwei Jahre blieb – die Sommer verlebte er auf Schloß Troja. Am Vorabend der Völkerschlacht von Leipzig wurde Prag dann zum Heerlager der Freiheitskämpfer: Scharnhorst, der den Generalissimus Fürst Schwarzenberg zum Losschlagen gegen Napoleon beschwor, starb hier an seinen Verletzungen aus der Schlacht von Großgöschen; es kamen Eichendorff, Brentano, Tieck, Schenkendorff, Zacharias Werner – und auch Karl Maria von Weber, der als Dirigent am Ständetheater zu wirken begann. Architektonisches Gleichnis dieser vielfältigen Beziehungen zu Preußen ist das 1808–1811 von Georg Fischer in klassizistischen Formen erbaute Zollhaus; es ist eindeutig dem Vorbild der Berliner Münze von Gentz verpflichtet. Fischer hatte zuvor auch das Lustschloß im Baumgarten umgestaltet, und 1816/24 führte er den einzigen klassizistischen Kirchenbau Prags, die Hl.-Kreuz-Kirche auf dem Graben, aus.

Die Hoffnungen der Patrioten, die mit den Siegen über Napoleon erkämpfte Freiheit auch staatlich verwirklichen zu können,sollte jedoch nur zu bald am Polizeistaat Metternichs scheitern. Der wachsende Druck der Reaktion trieb einen Keil zwischen die deutschen und tschechischen Verfechter einer neuen Ordnung. Während für die Deutschen der Kampf gegen den Obrigkeitsstaat zur innerpolitischen Auseinandersetzung wurde, empfanden die Tschechen die allgemeine politische Knebelung als Unterdrückung ihres Volkstums; das Streben nach demokratischer Selbstbestimmung mündete daher bei ihnen schon sehr bald in dem Verlangen nach nationaler Unabhängigkeit und, in letzter Konsequenz, nach Eigenstaatlichkeit. Sie fanden hierbei die Unterstützung deutscher Romantiker: so schrieb Karl Egon Ebert 1825 ein Versepos »Wlasta«, und noch 1846 feierte Alfred Meißner im Versepos »Žižka« den hussitischen Heerführer als Freiheitskämpfer. Andererseits veröffentlichte der führende tschechische Lyriker der Romantik, Karel Hynek Mácha, seine ersten Verse in deutscher Sprache. Die Grenzen der Nationalitäten waren noch in Fluß. Hatten nicht auch Herder und Wilhelm von Humboldt maßgeblich zur Erweckung der tschechischen Sprache beigetragen? Der Philologe Josef Jungmann goß sie in die Form der Schriftsprache, und František Palacký schenkte mit seiner »Geschichte von Böhmen«, 1836 erst deutsch, seit 1848 tschechisch erschienen, den Tschechen die Grundlage nationalen Selbstbewußtseins.

Doch sollte das durch die gemeinsame Heimatlandschaft begründete Zusammengehörigkeitsgefühl der beiden Nationalitäten im Laufe der folgenden Jahre rasch dahinschwinden. Der von der tschechischen Romantik geweckte Panslawismus trug dazu nicht unwesentlich bei. Auch zog die zunehmende Industrialisierung immer mehr tschechische Arbeitskräfte nach Prag. Soziale Spannungen – 1844 kam es über die Einführung der ersten Druckmaschinen zu größeren Arbeiterunruhen – führten zu einer Ablehnung des deutsch geführten Staates auch in breiten Schichten des Volkes. Die Revolution von 1848 stand dann bereits eindeutig im Zeichen tschechischer nationaler Forderungen; die in revolutionärer Gemeinsamkeit errungene Anerkennung der beiden Nationen sollte auf die Dauer gesehen dem tschechischen Element den Weg zur Vorherrschaft eröffnen. Entscheidend war die Absage Palackýs von 1848 an das Frankfurter Parlament, das böhmische, darunter auch tschechische Delegierte zur Teilnahme eingeladen hatte. Erstmals wurde nun offen ausgesprochen, daß sich die Tschechen nicht mehr dem Verbande des alten Reiches zugehörig fühlten – formell war ja 1804 schon mit der Auflösung des Reiches die Kurwürde Böhmens erloschen –, daß die Tschechen vielmehr ihre nationale Zukunft in Österreich zu verwirklichen gedachten. Das Bekenntnis Palackýs – »Wahrlich, existierte der österreichische Kaiserstaat nicht schon längst, man müßte im Interesse Europas, im Interesse der Humanität selbst, sich beeilen, ihn zu schaffen« – ist im Sinne solcher nationaler Selbstverwirklichung im Rahmen eines föderativ gegliederten Österreichs zu verstehen.

Das Anwachsen des tschechischen Bevölkerungselementes in Prag ließ das nationale Selbstbewußtsein erstarken, vor allem, nachdem die Tschechen 1861 im Prager Gemeinderat die Mehrheit errungen hatten. Es begann der Exodus der Tschechen aus den gemeinsamen Einrichtungen. Als Beispiel für viele sei hier das Schicksal des vom tschechischen Archäologen Mikovec gegründeten Künstlervereins »Arkadia« genannt; nachdem die tschechischen Mitglieder eine eigene Gesellschaft, die »Umělecká beseda«, gebildet hatten, schlossen sich die verbliebenen deutschen Mitglieder zur »Schlaraffia« zusammen – zu jener fröhlichen Vereinigung von Kunstfreunden, die bis in unsere Tage in zahlreichen deutschen Städten, aber auch in ausländischen »Reychen«, den weltoffenen Geist der »Allmutter Praga« bewahrt. Ähnlich erging es vielen anderen Einrichtungen. In dem Maße, als sich die Deutschen isoliert und in die Defensive gedrängt fühlten, bildeten sie – oft im Gegenzug zu tschechischen Gründungen – eine Vielzahl von Schutzeinrichtungen, wie etwa den »Verein der Deutschen aus Böhmen, Mähren und Schlesien zum Schutze ihrer Nationalität«. Da von Wien wenig Unterstützung zu erwarten war, begannen sich die Hoffnungen der Deutschböhmen dem aufsteigenden Gestirn Preußens zuzuwenden – es setzte jene innere Absage der Deutschnationalen an den Habsburgerstaat ein, die zur Zerstörung Österreichs nicht weniger beitrug als der slawische Nationalismus.

Der Krieg von 1866 beschleunigte diesen Prozeß der Desintegration, zumal in Prag selbst, das von Juli bis September von preußischen Truppen besetzt war. Das korrekte Verhalten der Mannschaften und Offiziere trug den Preußen übrigens viel Sympathien ein. Mit der Unterzeichnung des Friedensvertrages am 23. August wurde in Prag abermals deutsches geschichtliches Schicksal entschieden. Nach Verselbständigung Ungarns und Errichtung der Doppelmonarchie i. J. 1867 verstärkten die Tschechen ihre Forderungen nach eigener Verfassung für die Länder der böhmischen Krone

59 Kleiner Ring in der Altstadt, Stich nach Philipp und Franz Heger, 1792

60 Kreuzherrenplatz zwischen Clementinum und Altstädter Brückenturm, Stich von 1792 ▽

und eigener gesetzgebender und vollziehender Gewalt mit Sitz in Prag. Die Deutschen, die eine Überfremdung fürchteten, forderten daraufhin Autonomie für die deutschen Siedlungsgebiete. Es kam zu erbitterten Auseinandersetzungen im Landtag, 1868 erstmals zu größeren antiösterreichischen Demonstrationen in Prag. Wie anders wäre wohl die Geschichte verlaufen, wenn den Bestrebungen der Tschechen, neben Deutschen und Ungarn zum dritten Staatsvolk der Habsburgermonarchie zu werden, stattgegeben worden wäre! Was 1867 versäumt worden war, hoffte Erzherzog Franz Ferdinand als Nachfolger des greisen Kaisers Franz Joseph durchsetzen zu können – zu spät; am 28. Juni 1914 starb in Sarajevo mit ihm endgültig der böhmische Landespatriotismus.

Auch äußerlich begann Prag im Vormärz sein Gesicht zu verändern. Bereits 1841/5 hatte der aus dem Schwäbischen zugewanderte Architekt Bernhard Grueber – er wurde zum Verfasser der ersten böhmischen Kunstgeschichte – auf dem Altstädter Ufer oberhalb der Karlsbrücke den Franzenskai – heute Smetana-Ufer – als Aussichtsterrasse errichtet; ein völlig neuer, viel bestaunter Anblick eröffnete sich so auf Hradschin und Kleinseite. Nur wenig stromaufwärts wurde dann 1868 der Grundstein für das tschechische Nationaltheater gelegt, für das Josef Zitek die Pläne lieferte; im gleichen »nationalen Repräsentationsstil« der Neurenaissance errichtete er 1876/83 auch das »Rudolfinum« genannte Künstlerhaus. Doch nicht alle Zeugnisse der damals einsetzenden Bauwelle fügten sich ähnlich günstig in das gewachsene Stadtbild ein. Mancher Straßenzug wurde durch schnell errichtete Mietskasernen verunstaltet. Seit den siebziger Jahren ging man auch daran, den Stadt und Burg seit Jahrhunderten beherrschenden Torso des St.-Veits-Domes auszubauen – ein im Endergebnis unbefriedigendes Unterfangen.

Seit Beginn der achtziger Jahre war das deutsche Element Prags auf Verteidigung eingestellt. Nach den Bürgerschaftswahlen von 1865 saß nur noch ein Deutscher in der Gemeindevertretung. Obwohl die Zahl der Deutschen mit etwa 30000 Bürgern seit dem 18. Jahrhundert nahezu konstant geblieben war, hatte die tschechische Zuwanderung den Anteil der Deutschen auf etwa ein Achtel der Gesamtbevölkerung reduziert. Dem Bau des »Neuen Deutschen Theaters« ab 1886 kam daher demonstrative Bedeutung zu: wenn schon nicht politisch, so wollte das Prager Deutschtum doch wenigstens kulturell seine Stellung bewahren. Ähnlich ließe sich auch die Errichtung des Tschechischen Nationalmuseums seit 1885 deuten: der große, das Bild des Wenzelplatzes beherrschende Bau symbolisiert gleichsam die Besitznahme der Stadt durch das Tschechentum; er bildet den Gegenpol zur verlassenen Kaiserburg auf dem Hradschin. Als nicht weniger pathetisches Zeugnis des jungen tschechischen Nationalismus erweist sich der »Slavin«, die Ruhmesstätte auf dem Wischehrader Friedhof, welche die Nation seit 1889 den Führern ihres Rinascimento errichtete. Welche Fülle an Begabungen hatte der nationale Aufbruch hervorgebracht! Smetana, Fibich, Dvořák und Janáček als Musiker, Mácha, Erben, Zeyer, Vrchlický, Havlíček, Němcová,

Neruda, als Dichter und Schriftsteller, die Maler Mánes, Navrátil, Aleš, Hynais, die Bildhauer Myslbek, Bílek, Šaloun und Štursa – um nur einige Namen zu nennen. Seit Ende des 19. Jahrhunderts hatten sich die Tschechen eindeutig als Kulturnation mit eigenem Profil etabliert.

Aber auch das Prager Deutschtum erfuhr eine kulturelle Blüte besonderer Art. Gleichsam im Zuge der Assanierung des Gettos – seit 1893 – war auch die Judenschaft aus ihrer Jahrhunderte währenden Isolierung herausgetreten. Hugo Salus, Franz Kafka, Franz Werfel, Max Brod schenkten der deutschen Dichtung eine Dimension des Empfindens, wie sie allein in Begegnung der lebendigen Vielfalt Prags mit der Geistigkeit des Judentums entstehen konnte.

Auch die Begabung Rainer Maria Rilkes, der 1875 in der Herrengasse zur Welt kam, ist nur aus der farbigen und bilderreichen Eigenart Prags, die aus mehreren Kulturen schöpfte, zu verstehen. Wie sich bei Kafka die düstere Vorahnung vom ausweglosen Schicksal der Prager Judenschaft zu beklemmender künstlerischer Wirklichkeit verdichtete, so spiegelt Rilkes übersensible Lyrik die Wehmut des Abschieds von einer versinkenden Welt der Bürger- und Adelskultur. Als Vermächtnis des böhmischen Landespatriotismus, dessen Humanitätsidee stets um Ausgleich nationaler Gegensätze bemüht war, übertrug Bertha von Suttner – 1843 als Gräfin Kinsky in Prag geboren – die Versöhnungsbotschaft des böhmischen Landesadels in weltweite Bezüge; ihr Eintreten für die Sache des Friedens fand Anerkennung durch Verleihung des Friedensnobelpreises i.J. 1905. Bertha von Suttners Leben erlosch 1914.

Das Ende des Ersten Weltkriegs brachte dem tschechischen Volke mit der Ausrufung der Tschechoslowakischen Republik am 28. Oktober 1918 die Erfüllung nationalen Strebens. Die hohe Gesinnung des ersten Staatspräsidenten, des Philosophen und Humanisten Thomas G. Masaryk, wurde bald durch ein enges Konzept nationaler Vorherrschaft verunklärt; Eduard Beneš, Masaryks Nachfolger, versäumte die Chance, die Republik mit ihren deutschen, slowakischen und ungarischen Minoritäten zu einer osteuropäischen Schweiz zu machen. So wurde das wirtschaftlich wohlausgewogene Staatswesen Opfer eines erneuten Nationalitätenstreites; die im Münchner Abkommen vom September 1938 zwischen Deutschland, Frankreich, Italien und Großbritannien vereinbarte Abtrennung des Sudetenlandes versetzte der einzigen parlamentarischen Demokratie westlicher Prägung in Ost-Mitteleuropa den Todesstoß. Der verbleibende Rumpfstaat geriet in hoffnungslose Abhängigkeit vom Reich. Hitlers völkerrechtswidriger Einmarsch in Prag am 15. März 1939 und die Errichtung des Protektorates Böhmen und Mähren gaben den Auftakt zum Zweiten Weltkrieg.

Die nachfolgenden Kriegsjahre sollten zum düstersten Akt im tausendjährigen Zusammenleben der beiden Völker werden. Nachdem bereits im August 1939 die deutsche Karlsuniversität unter Reichsverwaltung gestellt worden war, wurden im November 1939 die tschechischen Hochschulen geschlossen, viele Studenten und Profes-

61 Lokomotiven-Weihe im Prager Bahnhof, Lithographie von 1845

62 Rainer Maria Rilke, Zeichnung von Orlik, um 1900

63 *Eigenhändige Skizzen von Franz Kafka*

soren verhaftet. Die Tschechen lernten unter dem Begriff des Deutschen Reiches eine enthemmte Machtpolitik kennen, wie sie in keiner der vorhergegangenen Geschichtsepochen das deutsch-tschechische Verhältnis bestimmt hatte. Die Ermordung von Hitlers Statthalter Heydrich im Mai 1942 durch Attentäter der Londoner Exilregierung Benešs entfesselte härteste Terrormaßnahmen; mit der Ausrottung des Dorfes Lidice durch deutsche Polizeieinheiten waren alle Brücken der Verständigung abgebrochen.

Im Schatten dieser Ereignisse hatte inzwischen ein anderes Drama begonnen, das – da wohlorganisiert – sich der Aufmerksamkeit der Öffentlichkeit fast entzog: die Deportation der Prager Juden. Die Mehrzahl von ihnen sprach deutsch, viele waren Deutsche – sie mußten ihre Wohnungen verlassen, ihr Besitz wurde verschleudert, ihre Spuren verwischt. Für die meisten endete der Leidensweg in den Gaskammern von Auschwitz. In der Pinkas-Synagoge haben sie eine Gedenkstätte gefunden, die gerade durch ihre Verhaltenheit ergreift und zu Besinnung zwingt.

Im Grunde genommen begann mit der Deportation der Juden die Vertreibung des deutschen Elements aus Prag und den böhmischen Ländern. Nachdem Rassenwahn das Siegel Jahrhunderte hindurch bewährter Symbiose gebrochen hatte, war auch dem Deutschtum der Boden für weiteres Zusammenleben entzogen. So wie einst beim Abzug der Preußen i.J. 1744 eine verbitterte Bevölkerung über die Nachhut hergefallen war, kam es in Prag in den letzten Tagen des Krieges zu einem blutigen Totentanz; nicht militärische Notwendigkeit, sondern lang aufgestauter Haß forderte letzte sinnlose Opfer.

Am 9. Mai 1945 rückten Einheiten der Roten Armee in Prag ein. Ein neues Kapitel in der Geschichte der Stadt und im Schicksal des tschechischen Volkes wurde damit aufgeschlagen. Gleichzeitig endete die tausendjährige Existenz des Prager Deutschtums, das in so vielen Krisen der Vergangenheit sich als versöhnende Kraft bewiesen hatte.

Die Vertreibung der dreieinhalb Millionen Deutschen nach 1945 sollte Benešs bürgerlicher Regierung nicht zum Segen gereichen; durch Enteignung eines Viertels der Gesamtbevölkerung war eine Bresche im Sozialgefüge des Staates geschlagen, die eine allgemeine Sozialisierung und Expropriierung der tschechischen besitzenden Schichten unaufhaltsam nach sich zog. Der Rücktritt der bürgerlichen Minister aus der Regierung unter Präsident Beneš Ende Januar 1948 erhielt durch den Todessturz des Außenministers Jan Masaryk, dem Sohn des Begründers der Republik, aus einem der Fenster des Czerninpalais den Charakter schicksalhafter Verstrickung. Die nachfolgende Regierung unter Klement Gottwald ging unverzüglich daran, den Staat zur Volksdemokratie umzugestalten. Am 14. Juni 1948 wurde Klement Gottwald anstelle des inzwischen zurückgetretenen Dr. Eduard Beneš im Wladislawsaal auf der Prager Burg zum Staatspräsidenten gewählt.

Die ČSSR grenzt im Westen an die Bundesrepublik Deutschland, mit ihrer Ostgrenze an die Sowjetunion. Durch diese geopolitische Brückenlage zwischen West und Ost, zwischen den beiden beherrschenden ideologischen und wirtschaftlichen Machtsystemen in unserer Welt, wurden die Menschen des Landes zwangsläufig in alle Spannungen und Konflikte der weiteren politischen Entwicklung in Europa einbezogen. Nach einer frostigen Periode des Stalinismus zu Beginn der fünfziger Jahre, die auf Isolierung gegenüber dem Westen abzielte, kam es zu jenem ideologischen »Tauwetter«, das Künstlern und Intellektuellen im Zeichen des Sozialismus die Entfaltung lang aufgestauter Kreativität ermöglichte. Eine kulturelle Blüte ohne Beispiel war die Folge; das in politische Bedeutungslosigkeit abgedrängte Staatswesen wurde zur Großmacht im Reich der Künste. Der von den geistigen und kulturellen Führungsschichten entwickelte »Sozialismus mit menschlichem Gesicht« erzwang nicht nur vielfältige Kontakte nach dem Westen, er gewann auch Einfluß in den anderen sozialistischen Ländern und drängte schließlich im »Prager Frühling« nach entsprechender Verwirklichung im Politischen; im Herzen des Kontinents sollte an die Stelle der starren Konfrontation der Machtblöcke eine Zone ideologischer, wirtschaftlicher und politischer Übergänge treten. Es wird eine der großen tragischen Momente in der politischen Entwicklung Nachkriegseuropas bleiben, daß ungezügelter Enthusiasmus den in Jahrhunderten geübten Realimus russischer Politik unterschätzte. Der August 1968 beendete nicht zuletzt auch Prags Rolle als Zentrum politischen Selbstbehauptungswillens; im Schatten militärischen Machtpotentials verblaßte allmählich auch das Dekorum der Kulturnation von heute – aber um so deutlicher treten die bleibenden Werte hervor. Wieder einmal, wie schon so oft in der Geschichte, lebt Prag aus den Schatzhäusern seiner Vergangenheit.

Das sozialistische Prag der Gegenwart hat den Bestand historischer Schönheit vorbildlich bewahrt. Vieles ist zugänglich geworden, was früher als privater Besitz der Allgemeinheit entzogen war: Gärten, Klöster, Paläste, Galerien. Und doch ist es ein anderes Prag, da die Menschen anders geworden sind; die Vielfalt, der polyphone Klang ist entschwunden.

Der vorstehende Bericht versuchte, den Bezug zur deutschen Geschichte herzustellen. Eine Schilderung vom tschechischen Standpunkt aus ergibt zwangsläufig andere Aspekte. Auch könnte man eine Geschichte des jüdischen Prag schreiben. Jede dieser Schilderungen besitzt eine unterschiedliche Note, läßt eine andere geschichtliche Stimme ertönen. Doch erst im Zusammenklang aller drei Einzelstimmen wird die polyphone Grundmelodie, die vom wahren Wesen Prags kündet, vernehmbar. Denn Prag ist nicht nur eine europäische Hauptstadt; Prag ist vor allem eine Hauptstadt des Europäischen.

64 Blick vom Turm des St.-Veits-Domes über das St.-Georgs-Kloster zum Schwarzen Turm am östlichen Ende des Burgbergs ▷

65 St.-Georgs-Basilika gegen Osten. Gegr. 921, heutiger Zustand nach 1142, Emporen 1. Hälfte des 13. Jahrhunderts.

66 Romanisches Portaltympanon der Marienkapelle aus dem St.-Georgs-Kloster, nach 1212. Beiderseits der Madonna die Äbtissinnen Maria und Berta, auf Flügeln König Przemysl Ottokar I. und seine Tochter Agnes. Prag, Nationalgalerie

Zu Seite 116, 117:

67 Krypta der romanischen Klosterkirche Breunau (Břevnov), gegr. 993, Ostkrypta 1. Hälfte des 11. Jahrhunderts

68 Hl.-Kreuz-Rotunde in der Altstadt, nach 1100

67

68

◁ *69 Erdgeschoßsaal des romanischen Palas auf dem Hradschin, errichtet durch Herzog Soběslav II. um 1170/80, heute Kellergeschoß unter dem Wladislawsaal. Tonnengewölbe aus der Renaissancezeit.*

70 Romanisches Relief vom Kleinseitner Brückenturm der ehemaligen Judithbrücke um 1170, König Vladislav I. und Brückenbaumeister darstellend, nach früherer Deutung König Przemysl Ottokar II. mit Lokator, d. h. Gründer der Kleinseite, 1257 Prag, Museum der Hauptstadt

71 Romanische Einstützenhalle in Haus Nr. 6 der Altstadt, 2. Hälfte des 12. Jahrhunderts. Ursprünglich Erdgeschoßhalle eines Patrizierhauses, heute durch Aufschüttung des Bodenniveaus der Altstadt Kellergeschoß.

72 Inneres der Altneu-Synagoge, um 1270. Frühgotischer Hallenraum im 14. und 17. Jahrhundert durch Anbauten erweitert. Einrichtung vorwiegend aus dem frühen 19. Jahrhundert. ▷

73 Malteserkirche auf der Kleinseite »Maria unter der Kette«, frühgotische Westtürme Mitte des 14. Jahrhunderts. Basilika 1169 gegründet, ab 1250 umgebaut, unvollendet.

74 St.-Aegidius-Kirche in der Altstadt, frühgotische dreischiffige Halle 1339–1371 als Kollegiatskirche erbaut und nach Gegenreformation Dominikanerkloster. Inneres ab 1733 barockisiert. ▷

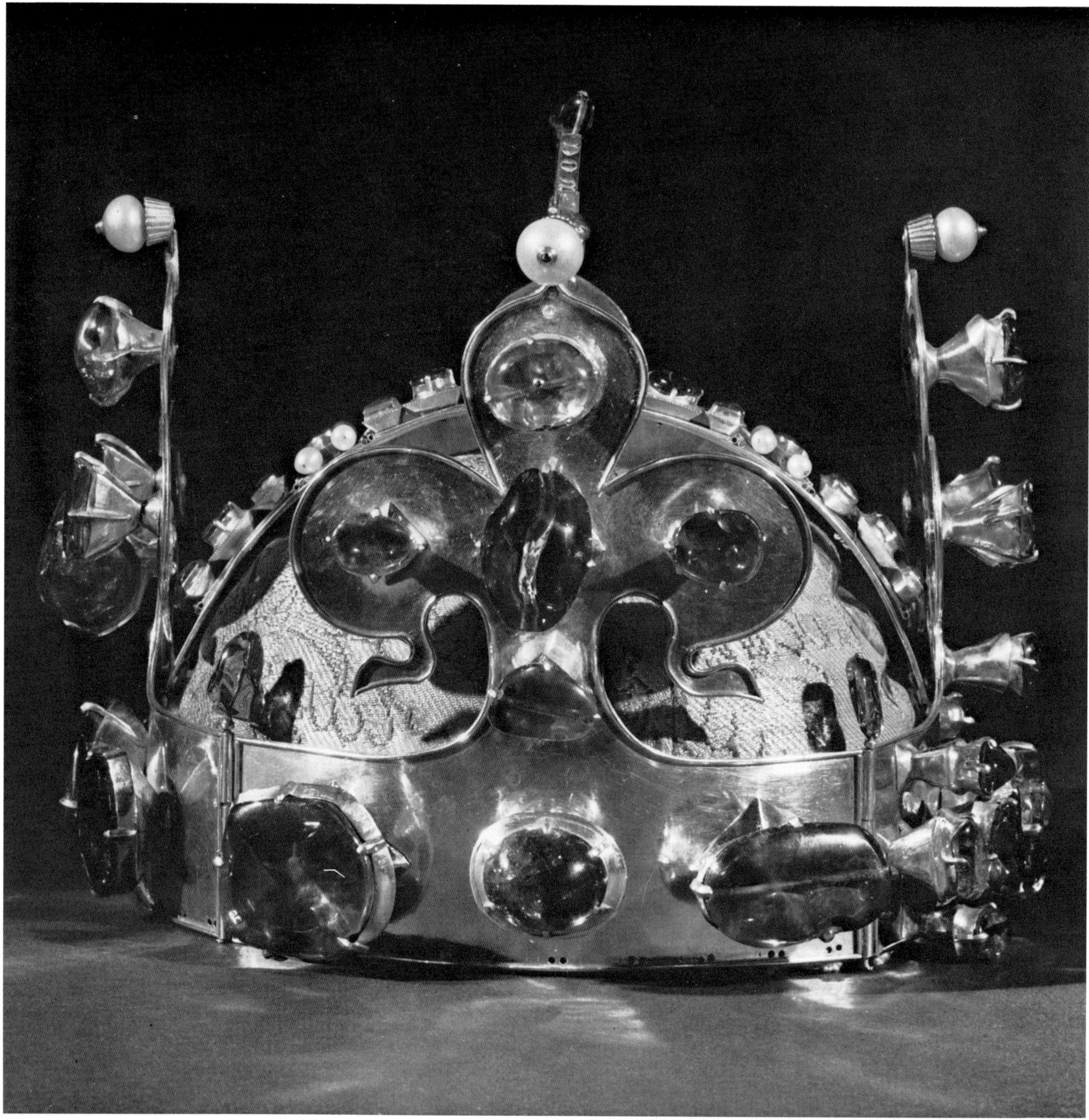

◁ 75 St.-Wenzelskrone, böhmische Königskrone, Domschatz von St. Veit. Um 1346, heutiger Zustand von 1368.

76 Der junge König, Wandmalerei um 1250 aus dem ehemaligen Haus Nr. 102 der Altstadt
Prag, Museum der Hauptstadt

◁ 77 *Südfront des St.-Veits-Domes mit der Goldenen Pforte (bis 1367), dem Querschiff-Fenster von Peter Parler und dem Glockenturm, erbaut von den Söhnen Peter Parlers Johann und Wenzel Ende des 14. Jahrhunderts. Abschlußgalerie des Turmes 1560/62 durch Bonifaz Wolmuet, Turmhelm von 1770. Westliche Bauteile 1873–1929.*

78 Domchor vom Osten, Kapellenkranz von Matthias von Arras 1344 bis 1352. Hochchor von Peter Parler aus Schwäbisch Gmünd 1356–1385.

Zu Seite 128, 129:
79 Bildnisbüste Peter Parlers im Triforium, 1378/79
St.-Veits-Dom

80 Strebebögen am Hochchor, vollendet 1385
St.-Veits-Dom

◁ 81 82

83 Mittelschiff des St.-Veits-Domes, Bauteile von Peter Parler jenseits des Querschiffs. In der Mitte des Chorraumes das Habsburgische Mausoleum, 1570–1589 von Alexander Collin ausgeführt. Liegefiguren Ferdinands I., Maximilians II. und der Königin Anna.

84 Bildnisbüste Kaiser Karls IV., Werkstatt Peter Parlers, um 1378 St.-Veits-Dom ▷

Zu Seite 130, 131:
81 Gewölbe des Hochchors im St.-Veits-Dom. Grundsteinlegung 1344, der Bau wurde 1356–1399 von Peter Parler vollendet.

82 Hängender Schlußstein in der Sakristei, um 1360 St.-Veits-Dom

85 Blick aus dem östlichen Teil des Chorumgangs in den Hochchor und die Triforiums-Galerie
St.-Veits-Dom

Zu Seite 135:
86 Bildnisbüste Anna von Schweidnitz (Kaiserin 1353–1362), der dritten Gemahlin von Karl IV., von Peter Parler, um 1375
St.-Veits-Dom

87 Bildnisbüste König Johanns von Luxemburg, des Vaters Karls IV., Werkstatt Peter Parlers, 1375/78
St.-Veits-Dom

88, 89 Heiligenbüsten vom äußeren Triforium, Werkstatt von Peter Parler, um 1380
St.-Veits-Dom

86 △

88 ▽

87 △

89 ▽

90 △

91 △

93 ▽

92 △

94 ▽

◁ *90–94 Kleinplastiken der Bauhütte Peter Parlers aus dem St.-Veits-Dom und vom Altstädter Brükkenturm, 2. Hälfte 14. Jahrhundert*

95 Tumba König Przemysl Ottokars I. in der Sächsischen Kapelle des St.-Veits-Domes. Werk Peter Parlers, 1377. Plänerkalkstein. Beschädigungen durch calvinistische Bilderstürmer während der Regierungszeit des Winterkönigs.

96 Madonna vom Altstädter Rathaus in Prag, Sandstein, 1381

97 Madonna aus dem Kloster Strahov, Tafelbild einer an italienischen Vorbildern orientierten Malerschule zu Prag, um 1350
Prag, Nationalgalerie ▷

98 Statue des hl. Wenzel, um 1373 von Heinrich Parler. Farbige Fassung von Meister Oswald. Fresken beiderseits der Statue 1484/85. St.-Wenzels-Kapelle in St. Veit

Zu Seite 141–144:
99–106 St.-Wenzels-Kapelle im St.-Veits-Dom, 1358 von Peter Parler begonnen, 1362/64 eingewölbt. Grabkapelle des böhmischen Landespatrons. Verkleidung der Sockelzone mit 1345 böhmischen Halbedelsteinen 1372/73. Fresken beiderseits der Wenzelsstatue 1484/85; Freskenzyklus mit Szenen aus der Wenzelslegende 1506–1509 von Leonhard Beck aus Augsburg.
Abb. 99: Nordöstliche Ecke der Wenzelskapelle mit Wenzelsleuchter von Peter Vischer, 1532, Votivgabe der Prager Mälzerzunft
Abb. 100: Ostwand, über Altarmensa Kreuzigungsfresko und mit Bildnissen Karls IV. und seiner vierten Gemahlin Elisabeth von Pommern. Beiderseits des Fensters König Wladislaw II. Jagiello und seine Gemahlin Anna von Foix-Candale, 1509.
Abb. 101: Oberstes Fresko in der südöstlichen Ecke: der hl. Wenzel bei der Weinkelter, unten in der Ecke geschmiedetes Pastophorium (Sakramentshäuschen) von 1375. Rechts: Tumba des hl. Wenzel, Nachbildung des verschollenen Originals.
Abb. 102: Im mittleren Freskenfeld links das Portrait des kgl. Baumeisters Benedikt Ried
Abb. 104: Freskenzyklus von L. Beck an der Westseite der Kapelle 1506/09; unten: hl. Wenzel auf dem Reichstag, darüber Empfang durch König Heinrich, darüber Kurfürsten-Kollegium. Die Gestalten weisen meist Portraitähnlichkeit mit Angehörigen der Hofgesellschaft Wladislaws II. auf.
Abb. 106 Eingangsseite der Kapelle: neben dem Portal Tafelbild mit Ermordung des hl. Wenzel, 1543

99 ▷

100 ▷▷

◁◁ 101

◁ 102

103 ▷

104 ▷▷

◁◁ 105

◁ 106

107 St.-Georgs-Statue im 3. Burghof, Bronzeguß der Gebrüder Georg und Martin von Klausenburg, 1373; von König Wladislaw II. der Burg im 16. Jahrhundert geschenkt. Kopf des Pferdes und Teil des Drachens 1562 ergänzt.

Zu Seite 146, 147:
108 Altstädter Brückenturm der Karlsbrücke, Bauhütte Peter Parlers, 1390–1395

109 Schauseite des Brückenturmes: der hl. Veit, auf Brückenmodell stehend, zwischen Karl IV. und Wenzel IV.

108

109

110, 111 Altstädter Rathaus, ab 1338 aus Umbau mehrerer Bürgerhäuser hervorgegangen. Turm 1364 vollendet, Marienkapelle mit Erker 1381 geweiht. Rechts anschließender neugotischer Trakt bei Kämpfen im Mai 1945 ausgebrannt.

112 Erker des Carolinums, des ältesten Teils der Universität, um 1370

▷▷

◁ *113 Burg Karlstein bei Prag, 1348–1365/70, Aufbewahrungsort der Reichsinsignien und des böhmischen Kronschatzes*

114 Hl. Katharina aus Burg Karlstein, Lindenholz, nach 1400

115 Katharinenkapelle auf Burg Karlstein, 1357 geweiht; privater Andachtsraum des Kaisers. Fresken der Kreuzigung und der Gottesmutter mit dem Kaiser und seiner dritten Gemahlin Anna von Schweidnitz vermutlich von Nikolaus Wurmser.

116 Hl.-Kreuz-Kapelle im Hauptturm von Burg Karlstein, innerstes Heiligtum, Aufbewahrungsort der Reichsinsignien, Reichskleinodien und der böhmischen Krönungsinsignien. Die 132 großflächigen Tafelbilder von Meister Theoderich, 1357–1365.

◁ *117 Chor der Kirche Maria im Schnee in der Neustadt, 1379–1397 erbaut. Die Kirche des 1347 gestifteten Karmeliterklosters war von Karl IV. als Krönungskathedrale konzipiert.*

118 Innenraum der Kirche von Maria im Schnee, Hauptaltar von 1641, größter Altar Prags

Zu Seite 156, 157:
119 Modell der 1348 von Karl IV. gegründeten Prager Neustadt. Links Altstadt, rechts Burg Wischehrad.

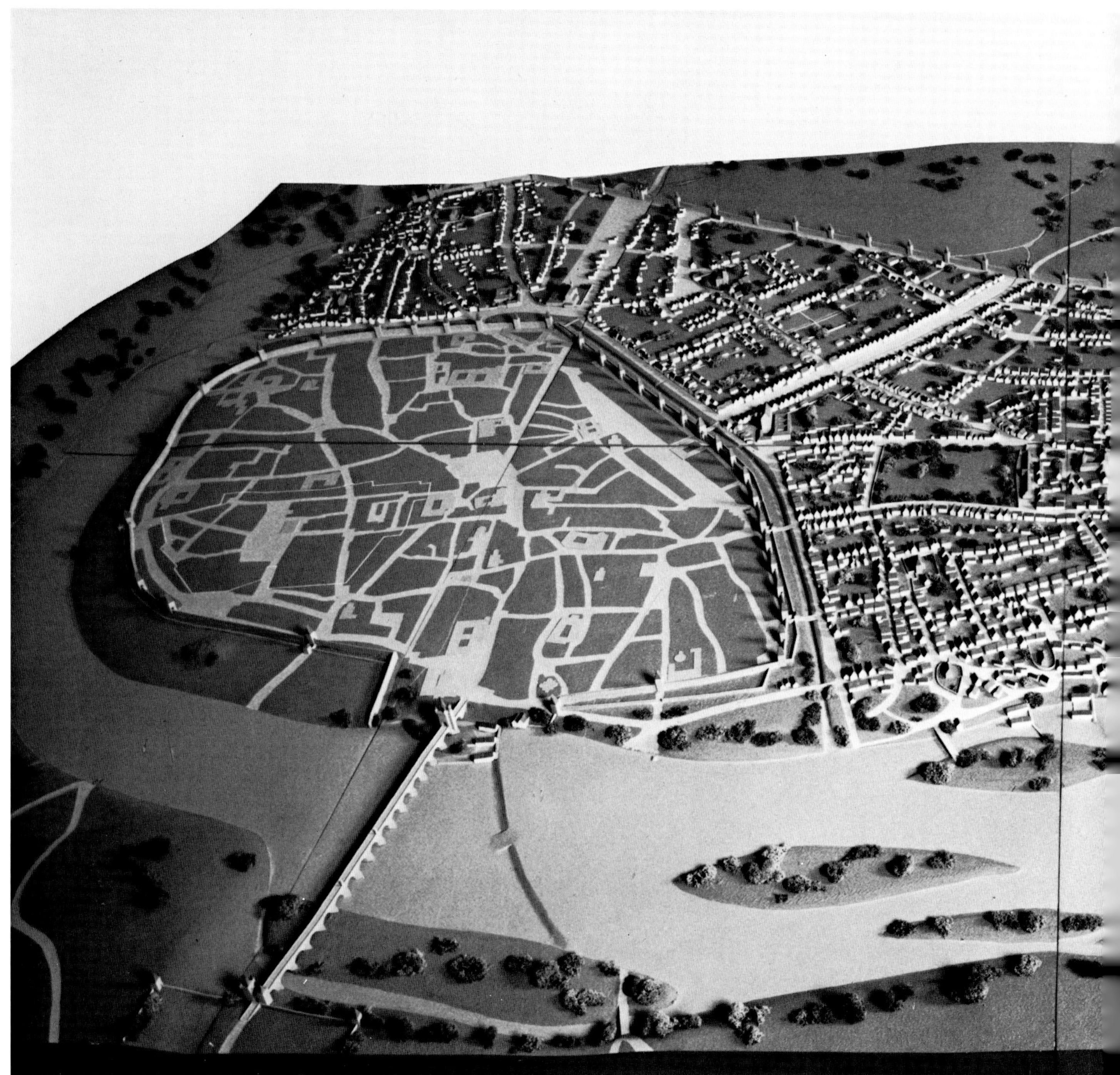

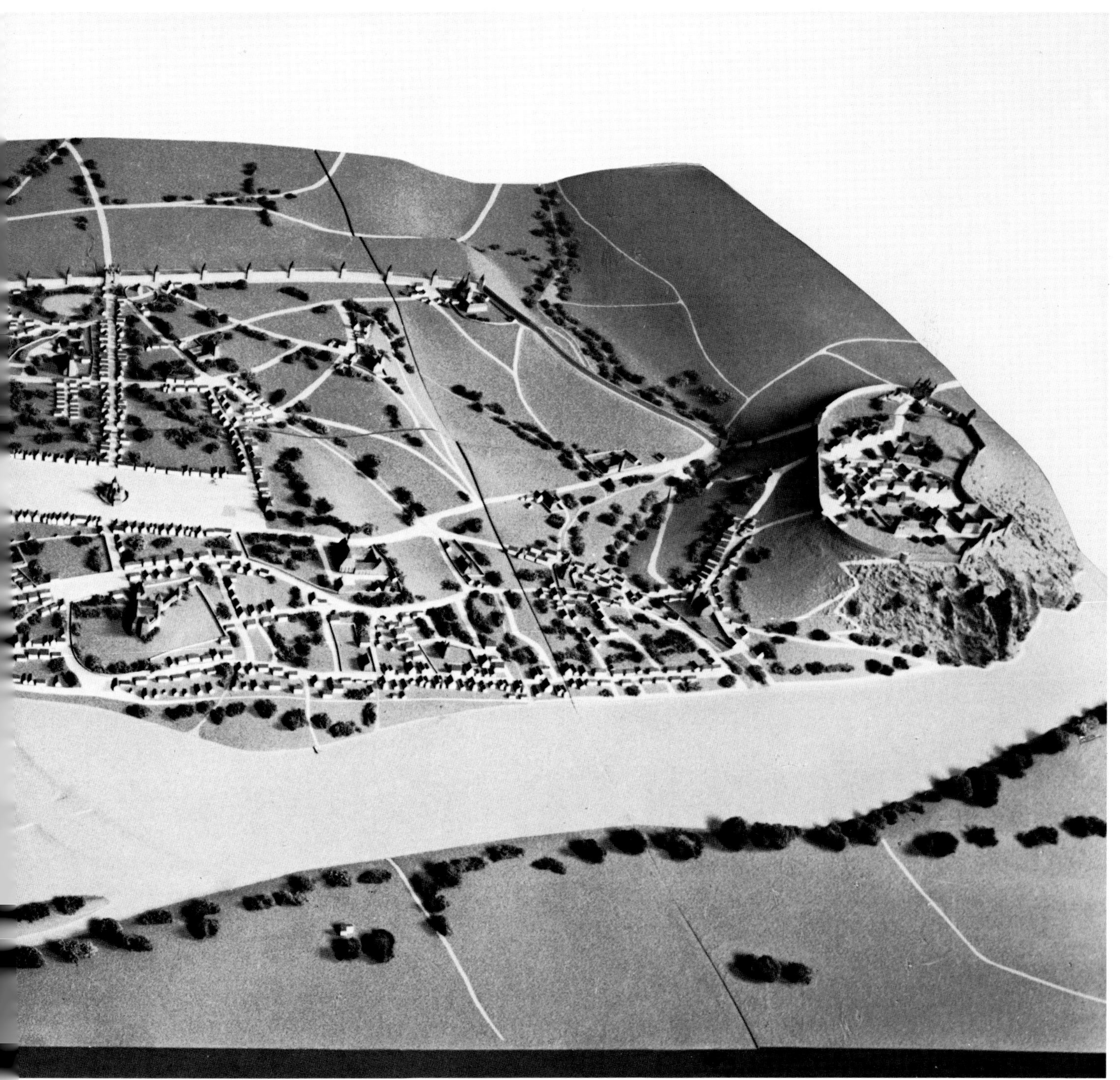

◁◁ *120 Madonna aus der Teynkirche, Fichtenholz, vor 1420*

◁ *121 Hl. Johannes von der Kreuzigungsgruppe aus der Teynkirche, Lindenholz, vor 1420*

122 Auferstehungsbild des Meisters von Wittingau, kurz vor 1380
Prag, Nationalmuseum

◁ *123 Ofenkachel aus hussitischer Zeit, Prag, um 1430*
Prag, Nationalmuseum

124 Bethlehemskapelle in der Altstadt, heutiger Zustand Rekonstruktion des spätgotischen Hallenbaus von 1391. Wirkungsstätte von Magister Jan Hus, Denkmal der hussitischen Bewegung.

125 Inneres der Kirche Maria vor dem Teyn, um 1370 als Pfarrkirche gegründet. Gewölbe nach Brand von 1679, frühbarocke Altäre u.a. mit Altarblättern von Karl Škréta.

126 Westfassade der Teynkirche, Giebel 1463, 1463/64 Nordturm, 1506/11 Südturm. Die vorgelagerte Teynschule im Kern frühgotisch, 2. Hälfte des 13. Jahrhunderts, Renaissance-Bogengiebel 2. Hälfte des 16. Jahrhunderts. ▷

127 Teynkirche, Steinbaldachin für das Grab des utraquistischen Bischofs Lucianus de Mirandola. 1493, von Matthias Rejsek. Altar neugotisch.

128 Astronomische Uhr am Altstädter Rathaus von Meister Hanuš, um 1490. Architekturteile von Matthias Rejsek. Untere Kalendariumsscheibe von J. Mánes, 1864. ▷

129 Königliches Oratorium im nördlichen Umgang des St.-Veits-Domes, erbaut von Benedikt Ried, 1490/93

▷

130 Fresko an der Westwand der Wenzelskapelle von Leonhard Beck, 1506–1509. Der hl. Wenzel trifft auf dem Reichstag ein (unten) und wird von König Heinrich begrüßt (oben).

◁ *131 Nördliche Schauseite des Wladislawsaales auf der Prager Burg, oberstes Geschoß des Palas. 1490 bis 1502 durch Benedikt Ried zum Thron- und Turniersaal ausgebaut. Fenster erstes Zeugnis von Renaissance-Architektur nördlich der Alpen.*

132 Reiterstiege, Zugang vom Georgsplatz zum Wladislawsaal, um 1500 von Benedikt Ried erbaut. Hinter dem Kielbogenportal ursprünglich offene Loggia, 1541 bei Burgbrand zerstört.

133 Wladislawsaal, oberstes Geschoß im Palas der Prager Burg, 1490–1502 durch Benedikt Ried von Piesting als Thron- und Turniersaal errichtet, 62m lang, 16m breit, 13m hoch, fünf Kuppeljoche mit dreidimensional schwingenden Bogenrippengewölben, größter Saalraum der deutschen Spätgotik. Östliches Prunkfenster um 1500, Portal von G. Gargiolli eingebaut. Rückwärts links Zugang zur Landrechtsstube.

Zu Seite 172, 173:
134 Gewölbe in der Böhmischen Kanzlei des Ludwigstraktes von Benedikt Ried, um 1505. Schauplatz des Prager Fenstersturzes.

135 Ludwigstrakt an der Südseite des königlichen Palas, 1502–1509

134

135

136 Renaissance-Portal an der Südseite der St.-Georgs-Kirche, Bauhütte Benedikt Rieds, um 1510. Spätgotisches Tympanon-Relief mit Darstellung des Kampfes des hl. Georg mit dem Drachen.

137 Gewölbe des Hallenschiffs der St.-Barbara-Kirche zu Kuttenberg (Kutná Hora), kirchliches Hauptwerk Benedikt Rieds, ab 1512 ▷

138 Teynkirche, Mittelstück des Johannes-Altars, Taufe Christi im Jordan, von Meister IP, nach 1520

139 Beweinung Christi aus Žebrák, um 1505. Hauptwerk der spätgotischen Skulptur in Böhmen.
Prag, Nationalgalerie ▷

Zu Seite 178, 179:
140 Belvedere, Lustschloß der Königin Anna, 1538 von Giovanni Spatio nach Plänen Paolo della Stellas begonnen

141 Singender Brunnen, 1564 von Tomáš Jaroš nach italienischen Entwürfen gegossen
Belvedere

140

141

142 Sitzungssaal der böhmischen Landstände auf der Prager Burg (Landrechtsstube), nach 1541 von Bonifaz Wolmuet eingewölbt. An der Stirnseite Thronsitz des Königs, links Tribüne des allerhöchsten Schreibers des Königreiches, nach Entwurf von B. Wolmuet 1563/64 ausgeführt.

143 Goldmachergäßchen auf dem Hradschin, ursprünglich Wohnhäuser der Burgbesatzung und der Goldschmiede Kaiser Rudolfs II., meist 16. Jahrhundert ▷

144 *Schloß Stern, Mittelsaal*

145 *Schloß Stern am Weißen Berg, erbaut 1555/56* ▷

146, 147 Hradschin, Königlicher Palas, Saal der Landtafeln (Grundbuchamt). An der Decke die Wappen des böhmischen Adels, 16. Jahrhundert, an den Wänden Wappen der Beamten der Landtafel beim obersten Landesgericht.

Zu Seite 186, 187:
148 Palais Schwarzenberg auf dem Hradschinplatz, 1545–1563

149 Portal des Palais Martinitz, Sgrafitti Ende des 16. Jahrhunderts

148

149

150 Haus Luna am Úvoz bei Kloster Strahov. Der Úvoz war, als Fortsetzung der Spornergasse, die ursprüngliche Zufahrtstraße zum Hradschin.

151 St.-Rochus-Kapelle im Kloster Strahov, 1603/12 ▷

152 Renaissance-Giebel am Fünfkirchenplatz (Pětikostelní nám.) auf der Kleinseite unterhalb des Goldenen Brünnels

153 Giebel des Renaissance-Palastes der Herren von Hradec an der Neuen Schloßstiege, erbaut 1586/89 von O. Aostalis ▷

Zu Seite 192, 193:
154 Waldstein-Palais auf der Kleinseite, 1624–1630 von Andrea Spezza erbaut

155 Sala terrena 1624/27 von Giov. Pieroni im Waldstein-Palais

154

155

156 Statuengruppe von Adrian de Vries im Garten des Waldstein-Palais. Originale 1648 von Schweden als Kriegsbeute entführt.

157 Garten des Waldstein-Palais mit Loggia und Bronzeplastiken Adrian de Vries', 1626/27 ▷

Zu Seite 196, 197:
158 Seitenfront des Clementinums in der Kreuzherrengasse, ab 1653 von Francesco Caratti erbaut

159 St. Ignatius am Karlsplatz, 1665–1678, Portikus 1697

158

159

160 Gartenfront des Czernin-Palais, 1669–1697. Sala terrena von Francesco Caratti, Statue des Herkules von Ignaz Platzer, 1747.

161 Czernin-Palais, nach Plänen Fr. Carattis von Giovanni de Capauli und Abraham Leuthner 1669–1697 erbaut. Die 150 m lange Front durch 29 Fensterachsen gegliedert.

Zu Seite 200, 201:
162 Kreuzherrenkirche an der Karlsbrücke, 1679–1689, von J. B. Mathey

163 Kuppel der Kreuzherrenkirche mit Fresken von W. L. Reiner, 1722/23

164 St.-Josefs-Kirche auf der Kleinseite, 1686/92

▷

165 Palais Toscana, Hradschinplatz, 1689/91 von J. B. Mathey für die Grafen Thun-Hohenstein erbaut

166, 167 Schloß Troja im Norden Prags, 1679/83 von Jean Baptist Mathey für Wenzel Adalbert Graf von Sternberg nach französischen Vorbildern erbaut. Freitreppe mit Darstellung des Gigantenkampfes von Johann Georg Heermann, 1685–1703.

Zu Seite 206, 207:
168, 169 Gartenhalle und Gartenseite des Lobkowitz-Palais, 1703/07 von Giovanni Alliprandi erbaut

168 169

170 St.-Nikolaus-Kirche am Altstädter Ring, 1723/25 nach Plänen Kilian Ignaz Dientzenhofers erbaut. Statuenschmuck von Anton Braun.

171 Bibliothekssaal des Clementinums von F. M. Kaňka, 1721/27. Fresken von Johann Hiebl, 1727. Ausstellung von Erd- und Himmelsgloben des 17.–19. Jahrhunderts. ▷

◁ *172 Fassade der St.-Niklas-Kirche, beherrschender Sakralbau der Kleinseite, von Christoph Dientzenhofer 1704–1711 erbaut. Statuenschmuck von Joh. Friedrich Kohl, 1710.*

173 Blick in die Kuppel der St.-Niklas-Kirche, 1737–1752 von Kilian Ignaz Dientzenhofer erbaut. Fresken von Fr. Xaver Karl Palko, 1752/53.

◁ 174 *Schiff der St.-Niklas-Kirche, 1704–1711, Statuen von Ignaz Platzer, 1769, Deckenfresko von Joh. Lukas Kracker, 1760*

175 *Silbernes Hochgrab des hl. Johannes von Nepomuk im Chorumgang des St.-Veits-Domes nach Entwurf Fischers von Erlach 1733/36 ausgeführt*

176 Karlsbrücke, Statuengruppe der hl. Luitgard, 1710 von Matthias Braun ausgeführt, künstlerisch wertvollste der Brückenplastiken

177 Madonna mit den hll. Dominikus und Thomas von Aquin, Kopien nach Originalen M. W. Jäckels, 1708 Karlsbrücke ▷

MEMOR
ESTO
CONGREGATIONIS
TVAE
QVAM
POSSEDISTI
AB INITIO

178 Lapidarium des Nationalmuseums: der hl. Franz Xaver, Statuengruppe von der Karlsbrücke von Ferdinand Maximilian Brokoff, 1711

179 Die hl. Anna mit der Jungfrau Maria und dem Christuskind, 1707 von M. W. Jäckel Karlsbrücke ▷

Zu Seite 218, 219:
180, 182 Konrad Max Süssner, Kreuzherrenkirche, St. Georg und St. Martin, 1690

181 Gitter im Hof des Klosters Strahov, 1627

Zu Seite 220, 221:
183 Ladenportal in der Spornergasse

184 Portal in der Thungasse

185 Portal von 1710 auf der Kleinseite

180

181

182

183 ▽

184 ▷

199

185

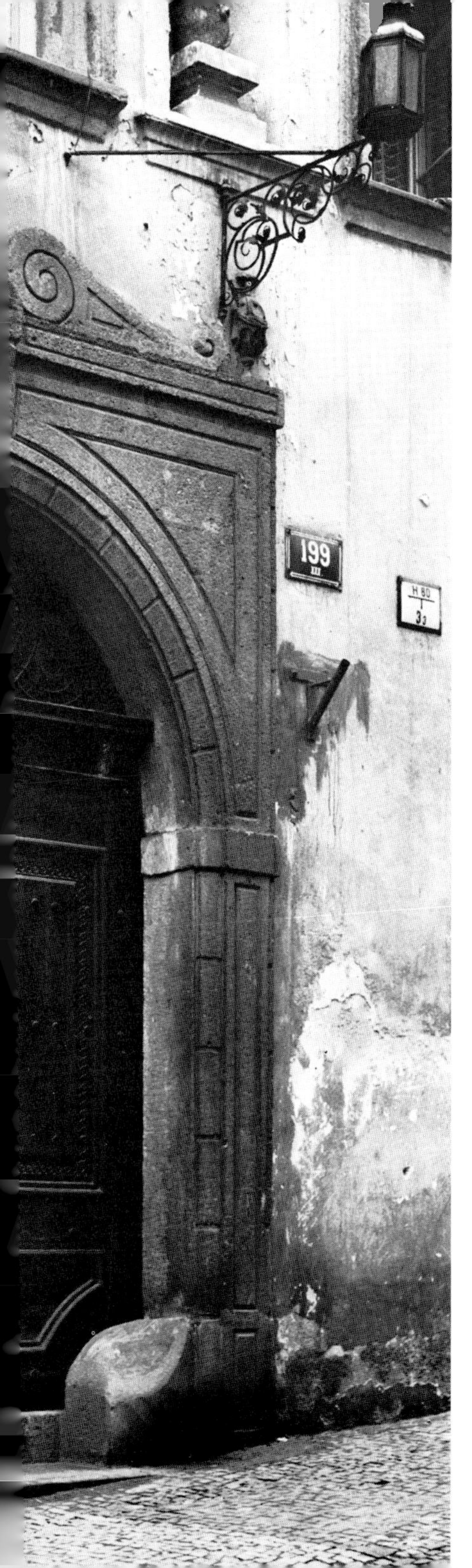

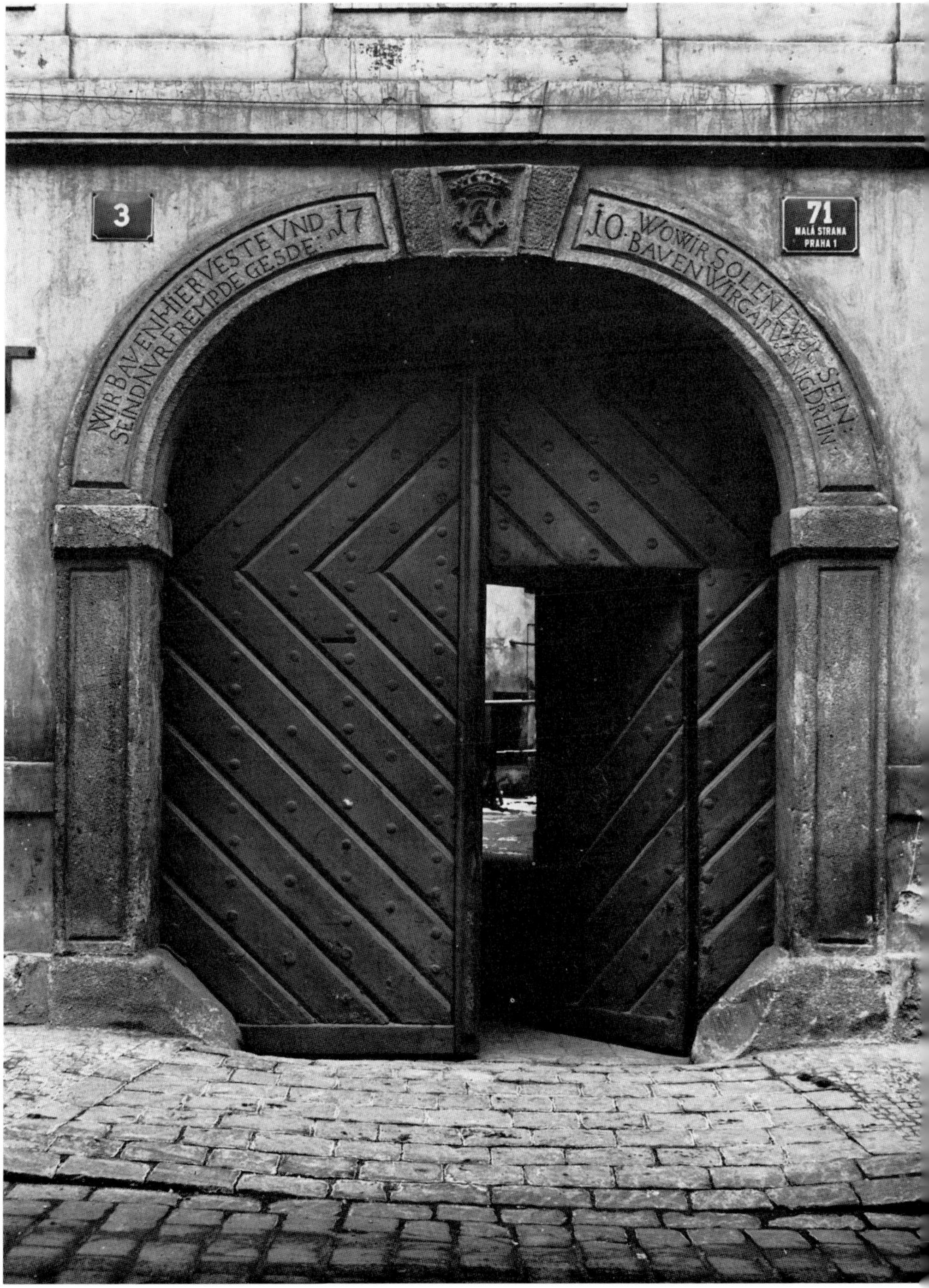
3
71
MALÁ STRANA
PRAHA 1
WIR BAVEN HIER VESTE VND 17
SEIND NVR FREMDE GESDE:
10 WO WIR SOLEN EWIG SEIN
BAVEN WIR GAR WENIG DREIN

186 Vierung des St.-Veits-Domes, barocke Monumentalstatue des hl. Veit, Franz Seitz zugeschrieben, 1696

187 Vrtba-Garten auf der Kleinseite, Architektur von F. M. Kaňka, Statuen von Matthias Braun 1720 ▷

Zu Seite 224, 225:
188–191 Plastiken von Matthias Braun, nach 1715: Johannes der Täufer, Johannes der Evangelist und die hll. Lukas und Markus St.-Clemens-Kirche

188

189

190

191

NÁSTAVCE
רימונים
RIMMONIM
TORAH HEADPIECES
НАСАДКИ
RALLONGES

◁ 192 Jüdische Kultgeräte im Staatlichen Jüdischen Museum

193 Altneu-Synagoge: Thoraschrein mit gemeißeltem frühgotischem Giebel und Renaissance-Säulen, teilweise durch Vorhang (Peroches) verdeckt

194, 195 Loreto-Kloster in der Hradschinstadt, 1626–1750 zur Wallfahrtsstätte ausgebaut. Inneres der Christi-Geburt-Kirche, 1734/35 von Johann Aichbauer, Deckengemälde von Wenzel Lorenz Reiner, 1735. Fassade von K. I. Dientzenhofer 1720/22. Skulpturen von J. F. Kohl. Im Turm Glockenspiel von Peter Neumann, 1694.

196 Loretoheiligtum, Schatzkammer, 1698: Diamanten-Monstranz von I. Stegner und J. Känischbauer aus Wien, nach Entwurf von Fischer von Erlach. Votivgabe der Gräfin Ludmilla Eva von Kolowrat, 6200 Diamanten auf vergoldetem Silber.

▷

197 Prager Jesulein in der Kirche Maria de Victoria auf der Kleinseite. Spanische Wachsfigur in reichem Ornat, 1628 durch Polyxena von Lobkowitz dem Karmeliterorden gestiftet, der es als Symbol der Gegenreformation zu einem weithin berühmten Gnaden- und Wallfahrtsbild werden ließ. Silbervitrine von 1741, Marmoraltar 1776.

◁ *198 Kirche der hll. Cyril und Metod, früher St.-Karl-Borromäus-Kirche in der Neustadt, 1730 von Joh. Christ. Spannbrucker und Paul Ignaz Bayer begonnen, 1740 von Kilian Ignaz Dientzenhofer vollendet*

199 St.-Johannes-von-Nepomuk-Kirche in der Hradschinstadt, 1720/29 von Kilian Ignaz Dientzenhofer als dessen erster Kirchenbau errichtet

Zu Seite 234, 235:
200 Villa Amerika in der Neustadt, 1712/20 von Kilian Ignaz Dientzenhofer als Lustschlößchen für Graf Michna erbaut

201 Orgel in der St.-Clemens-Kirche, erbaut 1711/15, mit Skulpturen aus der Werkstatt Matthias Brauns, 1715/21

Zu Seite 236, 237:
202, 203 Wallfahrtskirche auf dem Weißen Berg, 1704–1730. Kuppelfresko der Mittelkuppel von Cosmas Damian Asam, 1728.

200

201

202

203 ▷

204 St.-Jakobs-Kirche in der Altstadt, 1232 gegründet, barock umgebaut 1689–1702, Innenausstattung 1736–1749

▷

205 St.-Katharinen-Kirche in der Neustadt, Freskenzyklus von Wenzel Lorenz Reiner 1737–1741

ARCHIV
HLAVNIHO MESTA
PRAHY

◁ 206 *Palais Clam-Gallas in der Altstadt, ab 1719 Neubau nach Plänen Fischers von Erlach, Portalfiguren von Matthias Braun, 1727/30*

207 *Treppenhaus im Palais Clam-Gallas, erbaut 1727/29, mit Putten aus der Werkstatt Matthias Brauns und Deckenfresko von Carlo Carlone*

Zu Seite 242, 243:
208 *Palais Thun in der Spornergasse auf der Kleinseite, 1721/26 von Joh. Santin-Aichel erbaut, Portalplastiken von Matthias Braun*

209 *Terrassengarten zwischen den Palais Palffy und Kolowrat, um 1785 im Auftrag von Gräfin Czernin von J. Palliardi erbaut, in der Höhe abgeschlossen durch eine dreiteilige Sala terrena*

208

209

◁ 211 *Erzbischöfliches Palais auf dem Hradschinplatz, 1669–1694 von J. B. Mathey umgebaut, heutiger Zustand von Joh. Wirch 1763/64*

212 *Neuer Bibliothekssaal im Kloster Strahov, 1782/84 von Ign. Palliardi erbaut. Deckenfresko mit Darstellung der Geschichte der Menschheit, 1794 von Anton Maulpertsch.*

Zu Seite 244, 245:
210 *Maria-Theresia-Trakt und Ehrenhof der Prager Burg, heutiger Bauzustand von 1762; Matthiastor 1614*

213 Der hl. Hubertus, Statuengruppe von F. M. Brokoff am Haus zum Goldenen Hirschen in der Thomasgasse, erbaut 1725/26 von K. I. Dientzenhofer

214 Innenhof des Palais Sylva-Taroucca am Graben, 1747/50 von Kilian Ignaz Dientzenhofer erbaut ▷

PATRIAE ET MUSIS
TYLOVO DIVADLO

◁ *215 Ständetheater in der Altstadt, heute Tylovo Divadlo, 1781/83 durch Anton Haffenecken und Graf Künigl erbaut. 1787 wurde hier Mozarts Don Giovanni uraufgeführt.*

216 Musikzimmer in der Bertramka, Landhaus in Smichov, Gedächtnisstätte für W. A. Mozart, der hier 1786 die Oper Don Giovanni vollendete

217 Lustschloß im Baumgarten, Ende des 15. Jahrhunderts von Benedikt Ried als Renaissance-Schlößchen errichtet, 1855 neugotisch umgebaut

218 Ehemaliges Zollamtsgebäude gegenüber dem Pulverturm, aus Umbau des Hyberner-Klosters 1808/11 durch Georg Fischer hervorgegangen ▷

Zu Seite 254, 255:
219 Spanischer Saal auf der Burg, erbaut unter Kaiser Rudolf II., 1595; 1863/68 von F. Kirschner neu adaptiert

220 Ehemalige Gemäldegalerie im Spanischen Saal, Gemälde von J. M. Bretschneider, 1702 (Ausschnitt) Nürnberg, Germanisches Nationalmuseum

AH-06-61

220

221 St.-Wenzels-Denkmal von J. V. Myslbek, 1898 entstanden, 1912/13 aufgestellt. Dahinter Nationalmuseum an Stelle des ehem. Roß-Tores am oberen Ende des Wenzelsplatzes, 1885/90 nach Plänen von Josef Schulz erbaut.

222 Treppenhaus im Nationalmuseum, 1885/90. Im unteren Vestibül Statuen von Ludwig Schwanthaler, vor der Empore Büsten der Stifter von A. Popp und B. Schnirch. ▷

Zu Seite 258, 259:
223 Nationaltheater, von J. Zitek, 1848/91

224 Ehrenfriedhof auf dem Wischehrad, 1889/93

Zu Seite 260, 261:
225 Wenzelsplatz, Ecke Stephansgasse, ehem. Bankgebäude, heute Patentamt, erbaut nach Plänen Friedrich Ohmanns, Statuenschmuck von S. Sucharda, B. Schnirch, A. Procháska u.a.

226, 227 Jugendstilportale in der Altstadt

225

226 

227 ▷▷

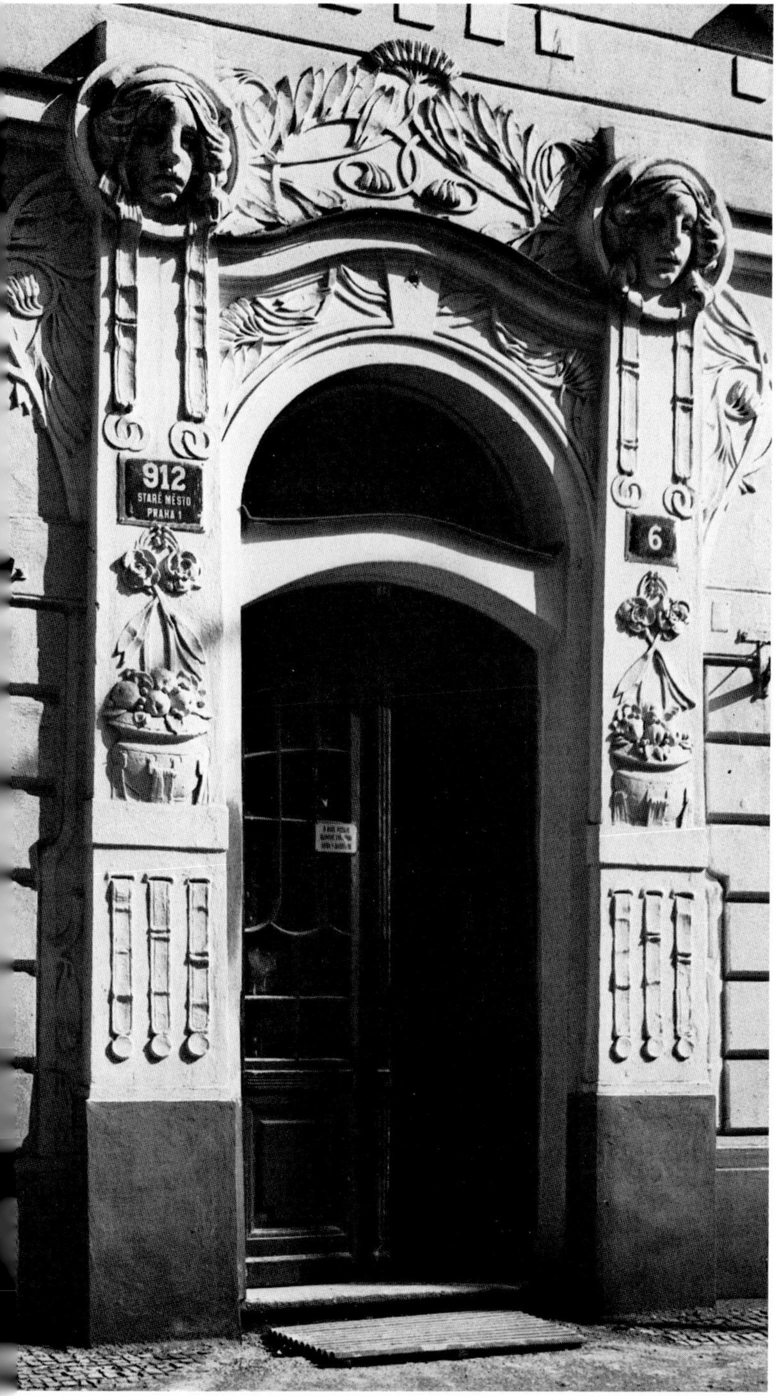
912
STARÉ MĚSTO
PRAHA 1
6
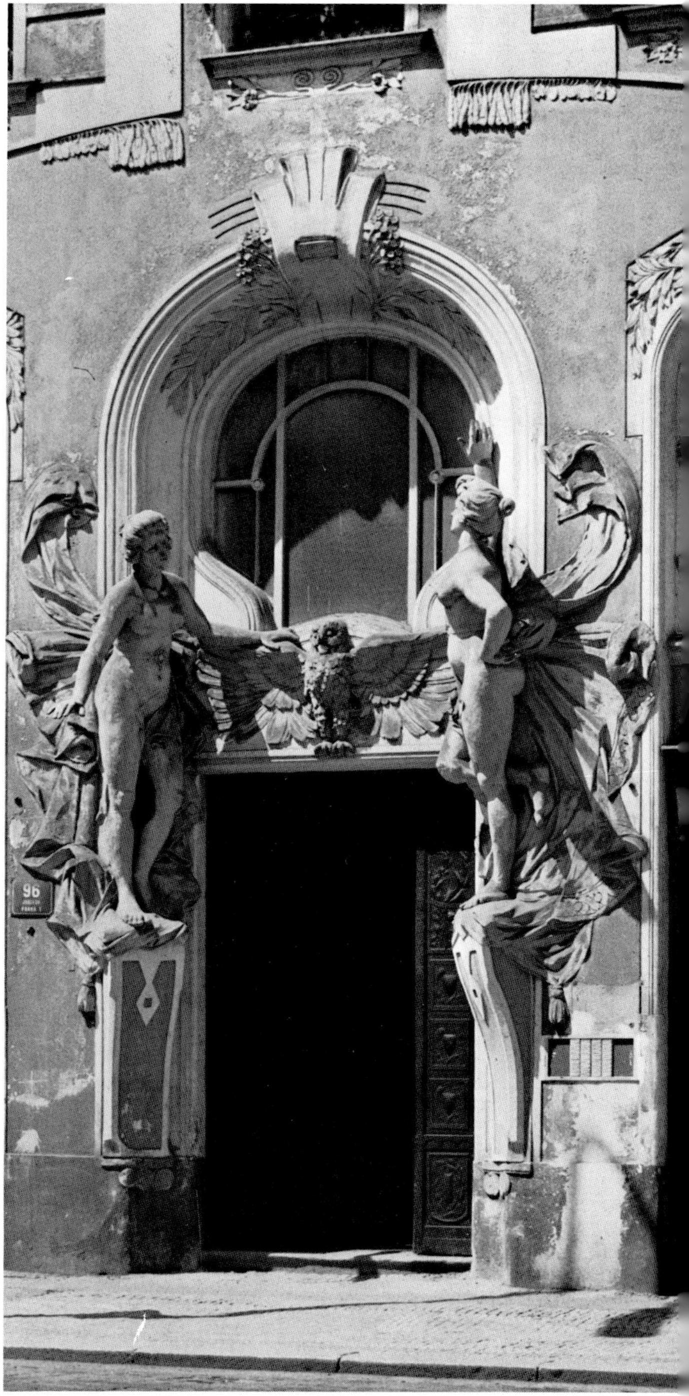
96

1
761

229 Adriatica-Haus am Jungmann-Platz, 1923/25 nach Plänen von Josef Zasche und Pavel Janák erbaut. Skulpturenschmuck 1924 von Jan Štursa, Otto Gutfreund, Bohumil Kafka und Karel Dvořák. Links: Denkmal Josef Jungmanns von L. Šimek, 1878.

◁ *228 Jugendstilportal am Jungmann-Platz in der Neustadt*

230 Großer Konzertsaal – Smetana-Saal – im Repräsentationshaus der Hauptstadt Prag, erbaut 1906–1911. Statuen von V. Novák, allegorische Gemälde von K. Špillar, 1910.

231 Primatoren-Saal mit Gemälden von Alfons Mucha, um 1910 Repräsentationshaus ▷

K SVOBODĚ
K VĚRNOSTI

233 Herz-Jesu-Kirche im Stadtteil Weinberge/Vinohrady von Iosip Plečnik, 1928/32

Zu Seite 266, 267:
232 Blick von der Burgrampe in südlicher Richtung, im Vordergrund Gloriette im Park des Schönborn-Palais, dahinter Kirche auf dem Wischehrad und neue Wohnviertel in den Vororten Nusle und Vršovice

Anhang

Kunstdenkmäler und Sehenswürdigkeiten Prags

Altneu-Synagoge, vgl. Synagogen.

Altstädter Brückenturm: erbaut zwischen 1357 u. Anfang des 15. Jhs. durch Peter Parler. Über Tordurchfahrt Wappen der Länder Kaiser Karls IV., darüber zwischen Sitzfiguren Karls IV. als Kaiser und König Wenzels IV. der hl. Veit auf dem Brückenmodell stehend, darüber Reichswappen. Oben Statuen der Landespatrone St. Adalbert und St. Sigismund. Zahlreiche hervorragende Zierplastiken der Parlerhütte, u. a. am Ende der Wendeltreppe. In Tordurchfahrt bemerkenswertes Netzgewölbe, Malereien des späten 19. Jhs. Der Statuenschmuck an der Brückenseite (Gottesmutter, Karl IV. und Kaiserin) bei Schwedenbelagerung 1648 durch Beschuß vernichtet.

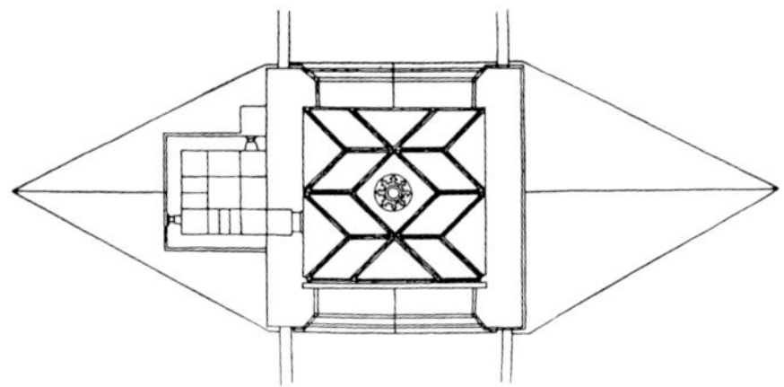

Altstädter Brückenturm, Grundriß, um 1380 (nach Mencl)

Altstädter Rathaus, vgl. Rathäuser

Astronomische Uhr am Altstädter Rathaus: erste Uhr 1410 von Nikolaus von Kaaden, 1490 Vervollständigung durch Meister Hanuš. Architekturteile vorwiegend vom Ende d. 15. J., Bauhütte des Matthias Rejsek. Kalendariumsscheibe von J. Mánes, 1864, nach 1945 erneuert.

Ballhaus im Belvederegarten: 1567/69 von B. Wolmuet erbaut, für tennisähnliches Ballspiel. Kraftvolle Säulenordnung im Stile der klassischen Renaissance. Zarte Sgraffiti der Wissenschaften, Tugenden und Laster. Nach 1945 renoviert. Davor: Statuengruppe von Matthias Braun, Allegorie der Nacht, 1734.

Barrandov, Restaurant und Ausflugsort oberhalb von Smichov, erbaut 1827 von Max Urban.

Belvedere, Lustschloß der Königin Anna, nach Plan von Paolo di Stella, der auch Reliefs ausführte, 1535 als erster reiner Renaissancebau Prags von Giovanni Spatio begonnen, 1557/63 durch Bonifaz Wolmuet vollendet, von dem Dachlösung stammt. Erdgeschoß ursprünglich Wohnräume, im Obergeschoß Tanzsaal. Gemäldezyklus von Kristian Ruben 1851/65. Restauriert 1953/55. Beim Eingang vier Statuen Matthias Brauns, um 1734. *Garten* 1534 von G. Spatio entworfen, als erster Renaissancegarten Böhmens vom Gärtner Francesco ausgeführt, 1563 von Vredemar de Vries im holländischen Stil umgestaltet. Botaniker Matthioli zog hier erste Tulpen Europas. Am Abhang Reste des ehemaligen Feigenhauses Rudolfs II., der in rückwärtigem Teil des Gartens Tierzwinger einrichtete (Ort von Schillers Ballade »Der Handschuh«). Giardinetto vor Belvedere 1955 erneuert; in seiner Mitte *Singender Brunnen,* dessen Wasserstrahl erzene Brunnenschale ertönen läßt. Nach Wachsmodell Francesco Terzios von Bergamo schuf Hermann Paisser Holzmodell, das Thomas Jaroš in Erz goß, aufgestellt und ziseliert von Antonio Brocca und Wolf Hofprukker.

Brücken (im Stadtgebiet, Reihenfolge stromabwärts):

PALACKÝ-BRÜCKE unterhalb Kloster Emaus, erbaut 1876, nach 1950 erweitert. JIRÁSEK-BR., erbaut 1933. BRÜCKE DES 1. MAI, erbaut 1898 anstelle der Franzensbrücke von 1833 (»Kettenbrücke«).

KARLSBRÜCKE, von 1357 bis Ende des 14. Jhs. durch Peter Parler erbaut, anstelle der steinernen Judithbrücke von 1172, die 1342 durch Hochwasser einstürzte (ein Bogen noch unterm Kreuzherrenkloster erhalten). 514 m lang, 10 m breit, 16 Bogen aus Sandsteinquadern. 1683–1714 mit barocken Statuen besetzt, von denen einige nach Hochwasserschäden und Beschädigung bei der Revolution 1848 erneuert wurden (meist durch Emanuel Max).

Altstädter Brückenturm, s. o.

Plastische Ausstattung (von Altstadtseite aus, ungerade Zahlen jeweils links):
1. *Hl. Ivo* von Matthias Braun, 1711 (Original im Lapidarium des Nationalmuseums). – 2. *Madonna und hl. Bernhard* von Matthias Wenzel Jäckel, 1709.
3. *Hll. Barbara, Margarete und Elisabeth* von Ferdinand Maximilian Brokoff, 1707. – 4. *Ma-*

donna mit den hll. Dominikus und Thomas von Aquin, Kopie nach Original M. W. Jäckels, 1708.
5. *Pieta* von Emanuel Max, 1859, anstelle einer Figur des Schmerzensmannes von 1496. – 6. *Kreuzigung,* erste größere Brückenplastik, vergoldeter Corpus ursprünglich nach Modell Hans Hillgers (1621) vom sächsischen Hofbildhauer Wolf Ernst Brohn für Dresdner Brücke gegossen, 1657 angekauft und auf Karlsbrücke aufgestellt; hebräische Inschrift von Juden, die Gekreuzigten geschmäht hatten, als Buße 1696 angebracht.
Nebenfiguren vom Em. Max, 1861.
7. *Hl. Josef* von Josef Max, 1854. – 8. *Hl. Anna* von M. W. Jäckel, 1707.
9. *Hl. Franz Xaver,* Kopie nach Original F. M. Brokoffs, 1711. – 10. Die *Slawenapostel Cyrill und Method* von Karel Dvořák, anstelle durch Hochwasser zerstörter Gruppe des hl. Ignatius von Loyola von F. M. Brokoff, 1711 (Reste im Lapidarium, Bozetto im Museum der Stadt Prag).
11. *Hl. Christophorus* von E. Max, 1857, anstelle eines Zollhäuschens. – 12. *Johannes der Täufer* von E. Max, 1857.
13. *Hl. Franz von Borgia,* 3. General des Jesuitenordens, von F. M. Brokoff, 1710. – 14. *Die hll. Norbert, Wenzel und Sigismund* von J. Max, 1853.
15. *Hl. Ludmila* mit dem kleinen hl. Wenzel, Werkstatt von M. Braun, 1730. – 16. *Hl. Johannes von Nepomuk,* älteste der Brückenfiguren von 1683, Tonmodell von Matthias Rauchmiller, Holzmodell von Joh. Brokoff 1682, von Hieronymus Herold in Nürnberg gegossen.
17. *Hl. Franz von Assisi* von E. Max, 1855, gestiftet von Graf Kolowrat anläßlich Errettung Kaiser Franz Josephs I. vor Attentat im Jahre 1854. – 18. *Hl. Antonius von Padua* von Joh. Ulrich Mayer, 1707.
19. Die *hll. Vinzenz Ferrer und Prokop* von F. M. Brokoff, 1712; auf Sockel des Brückenpfeilers *Rolandstatue* (»Bruncvik«) von Ludvík Šimek, 1864, anstelle älterer Rolandfigur, Anfang des 16. Jh., die Altstädter Bürger als Zeichen ihrer Brückenrechte und des Stapelrechtes errichteten, bezeichnet gleichzeitig Rechtsgrenze zwischen Altstadt und Kleinseite. – 20. *Hl. Judas Thaddäus* von J. U. Mayer, 1708.
21. *Hl. Nikolaus von Tolentino* von Friedrich Kohl, 1708. – 22. *Hl. Augustinus* von F. Kohl, 1708.
23. *Hl. Luitgard* von Matthias Braun, 1710, künstlerisch wertvollste Brückenplastik. – 24. *Hl. Kajetan* von F. M. Brokoff, 1709.
25. *Hl. Adalbert* von Mich. Joh. Josef Brokoff, 1709. – 26. *Hl. Philippus Benitius* von Michael Bernhard Mandl (aus Salzburg), 1714.
27. *Die hll. Johann von Matha, Felix von Valois und Iwan* von F. M. Brokoff, 1714; im Sockel Verlies mit Christen, durch Türken bewacht. – 28. *Hl. Veit* von F. M. Brokoff, 1714.
29. *Hl. Wenzel* von Josef Kamil Böhm, 1858. – 30. *Erlöser mit den hll. Cosmas und Damian,* J. U. Mayer 1709.

Schrägstellung der *Kleinseitner Brückentürme* entspricht Richtung der Judithbrücke, die senkrecht auf Türme zulief; kleinerer der Türme im Kern romanisch, der größere 1464 erbaut; davor links sogen. Zollhaus von 1591, in diesem romanisches Brückenrelief, um 1250 (»Locator«).

MÁNES-BRÜCKE, 1911/16; SVATOPLUK-ČECH-BRÜCKE, 1906/08; ŠVERMA-BRÜCKE ersetzte 1951 Kettenbrücke von 1865; HLÁVKA-BRÜCKE, 1912 (über die Hetzinsel).

Brunnen

RENAISSANCEBRUNNEN AM KLEINEN RING, 1560, mit ornamentalem schmiedeeisernem Gehäuse;

SINGENDER BRUNNEN, 1564/67, siehe Belvedere;

BRUNNEN IM 2. BURGHOF, 1686, von Hieronymus Kohl und Francesco de Torre;

MOLDAU-BRUNNEN, an Gartenmauer des Clam-Gallas-Palais, Platz des Primators Vacek; Figur der Moldau von Wenzel Prachner, 1812;

WIMMER-BRUNNEN am Kohlmarkt (Uhelní trh), Stiftung von J. Wimmer, 1797 von Bildhauer Fr. X. Lederer.

Burg, Hradschin (von West nach Ost)
Besiedlung schon vor Ende des 9. Jhs. nachgewiesen, als Hradschin zur wichtigsten Stammesburg der Tschechen wurde; Reste der Marienkirche aus der 2. Hälfte des 9. Jhs. unter dem Spanischen Saal im Jahre 1950 aufgefunden, 950 wurde alter Palisadenwall durch Mörtelmauer ersetzt, 1132 Quadermauer. Gesamtareal etwa 40 000 qm.

1. BURGHOF, Ehrenhof des Maria-Theresianischen Traktes, 1762/68 von Nicolo Pacassi erbaut; kämpfende Giganten auf äußeren Portalpfeilern von Ignaz Platzer, 1768. Das ursprünglich freistehende *Matthiastor* 1614 von Arch. V. Scamozzi. Hinter dem linken Seitenflügel Bastei-Garten von 1930 mit Vorhalle des *Spanischen Saales,* unter Kaiser Rudolf II. als Festsaal 1589/96 erbaut von Valenti und Gargiolli; 1865/68 für Krönung Franz Josephs I. pseudobarock umgebaut 48 x 24 x 12 m. Dahinter befand sich ursprünglich Galerie Rudolfs II. mit »Kunst und Wunderkammer«. Darunter seit

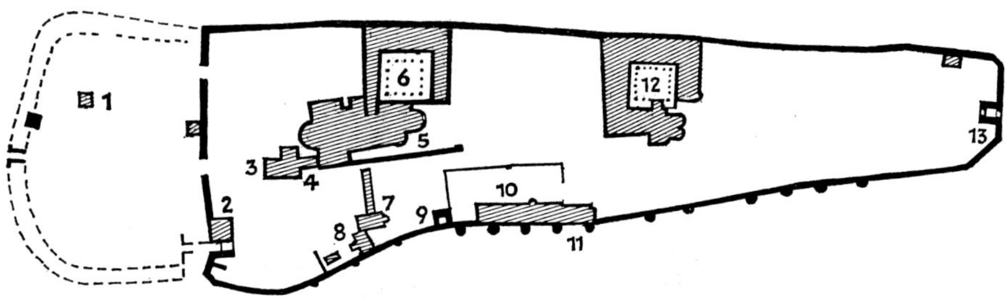

Der Hradschin zu Beginn des 14. Jahrhunderts:
1 *Kirchlein aus dem 9. Jh., vermutl. Marienkirchlein*
2 *Westtor der Burg mit Weißem Turm*
3 *Bischofspfalz*
4 *St.-Moritz-Kapelle*
5 *Romanische St.-Veits-Basilika*
6 *Kapitelhaus mit Kreuzgang (später abgerissen)*
7 *St.-Bartholomäus-Kirchlein*
8 *Romanische Häuser*
9 *Südlicher Torturm*
10 *Königlicher Palas*
11 *Allerheiligenkapelle*
12 *Kloster und Basilika St. Georg*
13 *Osttor – Schwarzer Turm*

1964 Burggalerie (Eingang beim Nordtor an der Staubbrücke).

2. BURGHOF: *Barockbrunnen* von Hieronymus Kohl, 1686. In der Ecke *Hl.-Kreuz-Kapelle,* erbaut 1753 durch A. Lurago, heutige Einrichtung meist von 1852/58; Hauptaltar: Plastiken von I. Platzer, Altarblatt von F. K. Palko, 1761. Ausstellungsraum des bemerkenswerten *Domschatzes.*

3. BURGHOF: unter Pflasterung von 1928 Ausgrabungen von Wällen und Bauten des 9.–12. Jhs. In der Alten Propstei neben Domeingang Reste der ehemaligen romanischen *Bischofspfalz,* Wenzels-Statue von Joh. Georg Bendl, 1662; an Südseite des Domes unter Überdachung Mauern der St.-Mauritius-Kapelle, 11. Jh. *Obelisk* aus slowakischem Granit von 1928. *Reiterstatue St. Georg* der Gebrüder Martin und Georg v. Klausenburg, Erzguß von 1373 in späterer Zeit teilweise überarbeitet, insbesondere Pferd; stand ursprünglich auf Georgsplatz.

ST.-VEITS-DOM, Innenraum vgl. Kirchen. Betonte Schauseite mit Hauptportal zum südlichen 3. Burghof hin. *Hauptturm* von 100 m Höhe 1396 von Peter Parler begonnen, nach 1419 Unterbrechung bis 1560/62, als Bonifaz Wolmuet ihm Kupferhaube aufsetzte (1770 von Pacassi renoviert); Vorbild für Wiener Stephansturm; Dreiteiliges *Südportal* (»Goldene Pforte«) von Peter Parler, 1366/67. Darüber großes Glasmosaik des Jüngsten Gerichts mit Gestalten der Landespatrone, Karls IV. und seiner Gemahlin Elisabeth v. Pommern, 1370/71 wohl von venezianischen Künstlern ausgeführt. Darüber Prunkfenster des südlichen Domquerhauses, Umrahmung und Treppentürmchen Ende des 14. Jhs., Fenstermaßwerk 19. Jh.

KÖNIGLICHER PALAS; früherer Holzbau am Abhang, 1142 durch steinernen Neubau ersetzt, von dem Erdgeschoßsaal mit Tonnengewölbe 48 x 10,5 m erhalten ist.
Links von Eingangsraum *Grüne Stube,* ursprünglich Gerichtsstube, daneben sogenanntes *Wladislawsches Schlafzimmer* (richtig: Audienzzimmer) mit reichem spätgotischem Netzgewölbe, vermutlich um 1485 von Hans Spiess (aus Frankfurt) erbaut; daneben Archiv der Landtafeln.
Wladislawsaal, erbaut von Benedikt Ried (vermutlich aus Landshut) 1493–1502 als Thron- und Turniersaal, der das gesamte 3. Obergeschoß des Palas einnimmt, 62 x 16 x 13 m,

Westliche Gewölbefelder des Wladislawsaales

Hauptwerk der deutschen Spätgotik; die kunstvollen dreidimensional gekrümmten Bogenrippengewölbe der 5 Kuppeljoche besitzen noch tragende Funktion. Fenster und Portale gleichzeitig erste Zeugnisse monumentaler Renaissance-Architektur nördlich der Alpen; das große dreiteilige Prunkfenster an östlicher Stirnseite mündete ursprünglich ins Freie, Portal von G. Gargiolli 1598 eingebrochen; über Fenster Wappen des Jagellonen Wladislaw II. mit Jahreszahl der Fertigstellung des Fensters, links ungarisches Wappen, rechts böhmisches (jeweils mit Angabe der Regierungszeit Wladislaws). Heute Festsaal und traditioneller Ort der Wahl des tschsl. Staatspräsidenten.
Ludwigstrakt an Südseite des Palas 1503/10 durch Benedikt Ried in reinen Renaissanceformen angebaut; auf Niveau d. Wl. Saales ehemalige Böhmische Kanzlei mit Portal von 1509, dahinter Zimmer des 2. Prager Fenstersturzes (1618); bemerkenswertes Rippengewölbe. Über Wendeltreppe von 1493/95 (größtenteils bei Burgbrand 1541 zerstört) in ehemaliger Reichskanzlei im 3. Obergeschoß mit Einrichtung aus 17. Jh.; herrlicher Ausblick. Im Untergeschoß Räume des ehemaligen Reichskriegsrates (unter Rudolf II.); auf Treppenpodest Kammer mit angeblichem Gefängnis des hl. Nepomuk.
Landrechtstube an Nordseite des Wl. Saales, nach Brand von 1541 durch Bonifaz Wolmuet eingewölbt. Tagungsort des obersten Landesgerichts und der Ständeversammlung (bis 1847); an Stirnseite Königsstuhl; links Tribüne des allerhöchsten Schreibers des Königsreiches, nach Entwurf von B. Wolmuet 1563/64 ausgeführt.
Reiterstiege, ursprünglich Zugang zum Wl. Saal vom Georgsplatz aus, kunstvolles spätgotisches Rippengewölbe von B. Ried um 1500; ehemalige offene Loggia zwischen Innenportal und Wl. Saal nach Burgbrand 1541 verbaut.
Untergeschoß: Erdgeschoßsaal des romanischen Palas Herzog Soběslavs I., 1142, dahinter romanische Allerheiligenkapelle, Ende 12. Jh. Darüber Räume im 2. Geschoß des Palas z. T. aus 14. Jh., heute Burgmuseum.

GEORGSPLATZ: An kgl. Palas anschließend *Allerheiligenkapelle,* Weihe von 1182 überliefert, jetziger Bau ursprünglich von Peter Parler nach Vorbild der Pariser Ste. Chapelle 1370/87, nach Burgbrand 1570/74 in Renaissanceformen umgebaut und nach Westen bis zum Wladislawsaal hin verlängert. Im Innern barocke Tumba mit Gebeinen des hl. Prokop, Altarblatt von W. L. Reiner.
Adeliges Damenstift, anstelle mehrerer Häuser und des Palais Rosenberg von A. Lurago 1754 erbaut.
St.-Georgs-Kirche und Kloster, siehe Kirchen.
Hinter St.-Georgs-Kirche links *Goldmachergäßchen,* an die Innenseite der Burgmauer im 16. Jh. angebaute Häuschen der Burgbesatzung und der Goldschmiede Rudolfs II., irrtümlich mit Alchimisten in Verbindung gebracht. 1917 wohnte im Haus Nr. 22 Franz Kafka. In der Georgsgasse rechts *Palais Lobkowitz* von 1680, umgebaut von Lurago 1767; am Ende *Schwarzer Turm,* Torturm der Befestigungen des 12. Jhs.

BURGGRAFENHAUS: ursprünglich romanischer Bau, 1555 von Giovanni Venturi umgebaut; jetzt Haus der tschsl. Kinder. Dahinter *Daliborka,* spätgotischer Batterieturm, der Hirschgraben und Ostzugang der Burg beherrschte, 1496 von Benedikt Ried erbaut, der auch Mauerzug über dem Hirschgraben mit dem weiteren Batterieturm *Mihulka* (auf Höhe des Domes) errichtete.

BURGREITSCHULE jenseits des Hirschgrabens, Ende 17. Jhs. von J. B. Mathey erbaut, heute Ausstellungsbau.

Carolinum, seit 1611 Zentralgebäude der Universität, hervorgegangen aus Haus des Patriziers Rothlöw, das 1383 von Wenzel IV. der Universität geschenkt wurde. 1718 durch Fr. Max Kaňka umgebaut; vor 1945 juristische Fakultät der deutschen Karlsuniversität; 1946/50 durch Jaroslav Fragner restauriert und teilweise umgebaut, u.a. neues Auditorium Maximum unter Einbeziehung des gotischen Kapellenerkers von 1370; im Hof Hus-Statue von Karel Lidický, 1959.

Clementinum, anstelle des ehemaligen Dominikanerklosters und von 32 Bürgerhäusern ab 1578 erbautes Kolleg der Jesuiten, die sich 1556 in Prag niederließen. Ausbau bis 1730. Hauptfront zur Kreuzherrengasse von F. Caratti, ab 1653, aus dieser Zeit auch reich stuckiertes Refektorium. Beim Hauptportal am Kreuzherrenplatz im 1. Innenhof Denkmal für Prager Studenten (von Emanuel Max, 1848), die Prag 1648 gegen Schweden verteidigten. Im 2. Hof neuer Lesesaal der Universität, Bibliothek von 1928/30; Eingang zur *Spiegelkapelle,* erbaut 1724 von Fr. M. Kaňka, Fresken von Joh. Hiebl. Dahinter im 1. Stock ehemalige *Bibliothek* des Jesuitenkollegs, erbaut von Kaňka, Fresken 1727 von Hiebl. Mozartsaal mit Rokoko-Malereien; im Mathematiksaal wertvolle Barockuhren. Im nächsten Hof Amorstatue von Ignaz Platzer, 1780; abschl. Trakt von Kaňka.

Denkmäler

DREIFALTIGKEITSSÄULE am Kleinseitner Ring, vor Portal St. Niklas, 1715 nach Entwurf von G. B. Alliprandi von J. U. Mayer, Ferd. Geiger und Fr. W. Herstorfer ausgeführt, zum Dank für Erlösung von Pestepidemie 1714; optische Überleitung zu Turm und Kuppel des St.-Veits-Domes.

KARLSDENKMAL auf Kreuzherrenplatz, neugotischer Eisenguß, 1848; Modell von Ernst Hähnel aus Dresden, gegossen von J. Burgschmidt in Nürnberg.

HUS-DENKMAL auf dem Altstädter Ring, 1915 von Ladislav Šaloun.

JOHANN-NEPOMUK-SÄULE auf der Brandstätte (Pohořelec), 1752 von Th. Hochhaus.

JOHANNES DER TAUFER, Säule auf dem Malteserplatz, 1715 von F. M. Brokoff.

MARIENSÄULE Hradschinplatz, 1726 von F. M. Brokoff.

WENZELSDENKMAL vor dem Nationalmuseum, 1912/14 von J. V. Myslbek.

ŽIZKABERG, Mausoleum für Klement Gottwald, ursprünglich 1929/32 als nationale Gedenkstätte für Sieg Žižkas über deutsches Ritterheer im Jahre 1420 errichtet; Architektur von Jan Zázvora, Žižkastandbild von Bohumil Kafka.

Gärten

CHOTEK-PARK unterhalb des Belvedere, 1833 vom obersten Burggrafen K. Chotek angelegt.

BELVEDERE bzw. BURGGARTEN, s.o.

FÜRSTENBERG: am südlichen Burgabhang, 1750 im englischen Stil angelegt.

KOLOWRAT: am südlichen Burgabhang um 1785 von Ignazio Palliardi angelegt, Terrassengarten mit Treppen und Loggia (an dieser Wappen des Grafen Hermann Czernin und seiner Gemahlin geb. Gräfin Schaffgotsch).

LEDEBOUR: hinter gleichnamigem Palais am Waldsteinplatz, Terrassengarten von Santin Aichel, 1720; Sala terrena mit Fresken aus der römischen Mythologie und italienischen Veduten; Fresko W. L. Reiners an Stirnwand zerstört.

LOBKOWITZ: Terrassengarten am Abhang des Laurenziberges; ursprünglich Barockanlage von 1703, Anfang des 19. Jhs. zum englischen Park umgewandelt; auf Pfeilern des Gartenportals Plastiken der Entführung Proserpinas durch Neptun und der Orechteia durch Boreas, von unbekanntem Wiener Meister.

SCHÖNBORN: anschließend; ältester Terrassengarten, ursprünglich 1643/56, 1715 durch Santin Aichel ausgebaut; als höchster Punkt Gloriette mit Aussichtsterrasse.

SEMINARGARTEN: Abhang des Laurenziberges, früher größtenteils Weinberg im Besitz des Karmeliterklosters, später des bischöflichen Seminars; zahlreiche Spazierwege, Gaststätte mit berühmter Aussicht »Na Nebozizku«. Hinter der Hungermauer Kinsky-Park.

VRTBA: Eingang Ecke Karmelitergasse/Eiermarkt: durch Hof des Vrtba-Palais, ursprünglicher Bau 1631, um 1730 von Fr. Max Kaňka erweitert; Tor mit Atlasfigur von Matthias Braun; mehrere Terrassen, kleine Sala terrena, Bassin, Treppen; oberste Terrassen mit Götterstatuen, Werkstatt des Matthias Braun, um 1730. Intimster der Prager Barock-Terrassengärten.

WALLGARTEN an Südseite des Hradschin; vorderer Teil als Paradiesgarten von Rudolf II. angelegt. Auf Terrasse über der Neuen Schloßstiege Gartenhaus Matthias II. von 1614. Moderne Gestaltung durch Architekt J. Plečnik, 1930.

Gemeindehaus (Obecní dum) beim Pulverturm, als repräsentatives Kulturzentrum 1906/11 v. Arch. A. Balšánek und O. Polívka erbaut, Hauptbeispiel des Jugendstiles (Sezession) in der Prager Architektur; zahlreiche Säle, u.a. Konzertsäle, mit teilweise bemerkenswerter Ausstattung (Plastiken L. Šalouns, Gemälde von Alfons Mucha, Max Švabinský, František Ženíšek und Mikoláš Aleš).

Goldenes Brünnl (Zlatá studnička), historisches Restaurant am Fünfkirchenplatz. Vorbei am Haus zum Weißen Schwan (rechts, 1589), einem der schönsten Renaissancehäuser der Kleinseite, zum Terrassengarten mit Wirtschaft; um 1820 angelegt.

Hauptbahnhof: erbaut 1901/09 von Vinzenz Gregor nach Plänen von Architekt Josef Fanta, eines der Hauptbeispiele des Jugendstiles: Plastiken F. Kraumann, J. Pikart, Šimanovský, St. Sucharda und H. Folkman (Tympanon); Malereien von Fröhlich.

Häuser

ADRIATICA-GEBÄUDE am Jungmannplatz, 1923/25, Architekt P. Janák und Josef Zasche; Plastiken von J. Štursa, Otto Gutfreund, G.

Kafka, K. Dvořák; typisches Beispiel für Stil der zwanziger Jahre. Theater »Laterna magica«.

FAUST-HAUS am Karlsplatz, 1740; ursprünglich Renaissancepalais um 1550; Wohnung des Hochstaplers und Alchimisten Ed. Kelley z. Z. Rudolfs II.; Umbau durch Ferd. Gf. Mladota, der hier als berühmter Chemiker zahlreiche Experimente durchführte, daher »Faust«-Haus.

HAUS MINUTA am Kleinen Ring, gotisches Haus, nach 1611 umgebaut, aus dieser Zeit Sgraffitos mit italienischen und deutschen Motiven; zeitweilig wohnte hier Familie von Franz Kafka.

PLATEIS (Platýz), Národní, 1817/25, von Heinr. Hausknecht als eines der ersten Mietshäuser erbaut, anstelle des Palais Plateis von Plattenstein.

TEYNSCHULE am Altst. Ring: frühgotisches Gebäude aus dem 13. Jh. mit Laubengang; Rundbogengiebel der Frührenaissance um 1550.

TRNKA-HAUS auf der Kampa bei der Brücke zum Großprioratsplatz, besonders liebenswürdiges Beispiel eines kleinen Palais; 1874 von Mat. Hummel.

U FLEKU, volkstümliches Gartenrestaurant mit historischer Note in der Ulice Křemencové (Nähe Karlsplatz).

U SCHNELLU, bekannter Bierausschank und Restaurant in der Thomasgasse unmittelbar am Kleinseitner Ring, 1787 umgebaut; nebenan Haus zum Goldenen Hirschen von K. I. Dientzenhofer, 1725/26, Statuengruppe des hl. Hubertus mit Hirsch von F. M. Brokoff von 1726.

U VEJVODU, besonders schönes Renaissance-Haus des 16. Jhs. nächst Bethlehemskapelle.

HAUS ZU DEN ZWEI GOLDENEN BÄREN, Melantrichgasse, besonders schönes Renaissanceportal Ende des 16. Jhs., Geburtshaus von Egon Erwin Kisch.

– ZUM GOLDENEN BAUM: Arkadenhof Ende des 16. Jhs., renoviert 1648.

– ZUM GOLDENEN BRUNNEN: beim Clementinum, Ecke Karlsgasse; 1701 Fassade von Ulrich Mayer reich stuckiert.

– ZUR GLOCKE, Eckhaus bei Teynschule, romanischer und gotischer Bau neuerdings freigelegt. Glocke aus dem 16. Jh. Hier hatte der Vater Franz Kafkas seinen Laden.

Hungermauer, Bau 1360/61 zur Behebung der Arbeitslosigkeit von Karl IV. veranlaßt, daher Name; Türme und Bastionen am Abhang des Laurenziberges vom Anfang des 17. Jhs.

Invalidenanstalt in Karolinental (Karlín), 1731/37 von K. I. Dientzenhofer erbaut, doch wurde lediglich etwa ein Zehntel des Gesamtprojektes ausgeführt.

Jüdischer Friedhof, vgl. Synagogen.

Kampa, der Kleinseite vorgelagerte Insel mit Eigencharakter, bekannt durch Töpfermarkt. Hauptzugang von Karlsbrücke und Großprioratsplatz; malerische Gartenhäuser und Mühlen.

Karlstein: 1348–1357, von Karl IV. als Aufbewahrungsort der Reichs- und böhmischen Kroninsignien in Nebental des Beraunflusses erbaut. Im Hauptturm Hl.-Kreuz-Kapelle mit Tafelgemälden Meister Theoderichs; hervorrag. Kunstwerke der Zeit Karls IV.

Kirchen und Klöster

ST.-AEGIDIUS-KIRCHE (Kostel sv. Liljí), K. des ehemaligen Dominikanerklosters, 1339–71 als Hallenk. an Stelle kleinerer romanischer Kollegiatskirche erbaut. Ab 1733 Barockisierung der Innenräume durch F. Špaček, Fresken von Wenzel Lorenz Reiner 1733/34. Altarplastik der schmerzhaften Gottesmutter von J. A. Quittaner. In Schlußkapelle des linken Schiffes Altarbild von W. L. Reiner, der hier vor Vinzenzaltar begraben. Sehr schöne Beichtstühle mit Ornament von Richard Prachner 1760/65.

AGNES-KLOSTER: frühgotische Anlage, um 1234 bis etwa 1280, erbaut von der Schwester König Wenzels I. Agnes für Klarissinnen und Franziskaner, nach 1420 verlassen. Zwei Kirchen, Hl. Franziskus und Salvatorkirche, ferner St.-Barbara- und St.-Magdalenen-Kapelle, zwei getrennte Klostergebäude; frühestes Beispiel gotischer Architektur in Böhmen; heute teilweise Ruine.

ALLERHEILIGENKAPELLE, vgl. Burg.

BETHLEHEMSKAPELLE, 1391 als Predigerkirche für die tschech. Sprache von Hans v. Mühlheim und dem Kaufmann Kříž gestiftet, 1536/39 umgebaut, 1786 säkularisiert und abgerissen. Heutiger Bau Rekonstruktion aus den Jahren 1950/52. Anordnung von drei Pfeilerreihen läßt auf Einwölbung mit zwei Reihen von Springrautengewölben schließen, wobei die äußeren Pfeilerreihen entlang den Wänden die Funktion eingezogener Strebepfeiler gehabt hätten. Seit 1402 Wirkungsstätte des Magisters Jan Hus, nach 1414 Jakobellos v. Mies; 1521 predigte hier Thomas Münzer. Heute Erinnerungsstätte für die hussitische Bewegung.

KLOSTER BŘEVNOV, erstes Benediktinerkloster Böhmens, gegr. 993 v. hl. Adalbert. Margarethenkirche von Christoph Dientzenhofer 1708–1715; Eingangstor 1740 v. Kil. Ign. Dientzenhofer. Fresken von J. J. Steinfels, bemerkenswerte Altarbilder von Peter Brandl; Plastiken von M. W. Jäckel und K. J. Hiernl. Beispiel barocker Saalkirche. Unter Altarraum Reste der roman. Anlage freigelegt.

ST.-CLEMENS-KIRCHE, 1711/15 von Fr. Max. Kaňka, schlichter Bau mit hervorragender Ausstattung, insbesondere Plastiken der Kirchenväter und Evangelisten von Matthias Braun; bemerkenswerte Seitenaltäre und Beichtstühle mit Plastiken aus der Werkstatt Brauns, 1715/21. Deckengemälde von Joh. Hiebl, Altarblatt des Hl. Linhart von P. Brandl.

EMAUS-KLOSTER, 1347 von Karl IV. als Benediktiner-Abtei mit slawischem Ritus gegr., Weihe Ostern 1372 (daher Name); nach 1434 utraquistisch, ab 1635 span. Benediktiner von Montserrat, nach 1880 mit Beuroner Benediktinern besetzt. Slawische Mönche des 14. Jhs. pflegten kirchenslaw. Liturgie und unterhielten Schreibschule für glagolitische Texte; Evangeliar aus Emaus im französischen Königsschatz in Reims, französische Könige legten darauf Krönungseid ab. Hallenkirche im Februar 1945 durch Luftangriff zerstört, jedoch wiederhergestellt. Im Kreuzgang bedeutender Freskenzyklus mit Szenen aus Leben Christi, um 1360.

FRONLEICHNAMSKAPELLE auf dem Karlsplatz, in der am Tage des hl. Veit und hl. Wenzel die Kroninsignien, Reichsinsignien und wertvolle Reliquien dem Volke gezeigt wurden. Zur Schaustellung der Heiligentümer als achteckiger Zentralbau angelegt; Bau nach Tod Karls IV. voll., nach Säkularisation abgetragen.

ST.-GALLUS-KLOSTER, 1671 von Dom. Orsi und Martin Lurago in Formen der oberitalienischen Barockarchitektur erbaut; heute Museum. KIRCHE 1232 als Pfarrkirche der neuen Kolonistenstadt errichtet, im 14. Jh. umgebaut, Seitensch. und Türme 1670 barockisiert, als die Karmeliter Anlage übernahmen. Fassade von P. L. Bayer 1722/7 in hochbar. Formen. Joh. v. Nepomuk war hier Pfarrer, Konrad Waldhauser und Joh. Hus predigten in der Kirche; 1674 wurde hier Karel Škreta begraben.

ST.-GEORGS-KLOSTER auf d. Hradschin, heute Nationalgalerie. Kirche 921 von Herzog Wratislaw I. gegr.; 925 Anbau einer Grablege für die hl. Ludmila, Mutter des hl. Wenzel (vermutlich die heutige Marienkapelle unterm Südturm); 973 Gründung des Benediktinerklosters, Anfügung eines Westwerks, 1000 Emporen für Nonnen. Nach Burgbrand 1142 Umbau und Erweiterung unter Äbtissin Bertha durch Baumeister Wernher, West- und Ostkrypta; neue Fassade des 14. Jhs. 1680 barockisiert; 1718/22 Kapelle des hl. Johannes Nepomuk angefügt. Bemerkenswertes romanisches Relief der Gottesmutter mit Äbtissinnen Bertha und Milada, auf Seitenteilen Przemysl Ottokar I. und Tochter Agnes 1200/1220, Freskenreste des 13. und 14. Jhs. Sarkophag der hl. Ludmila 1380. Fresken der Nepomukkapelle von W. L. Reiner, 1727. Renaissance-Südportal von der Hütte Benedikt Rieds, um 1510.

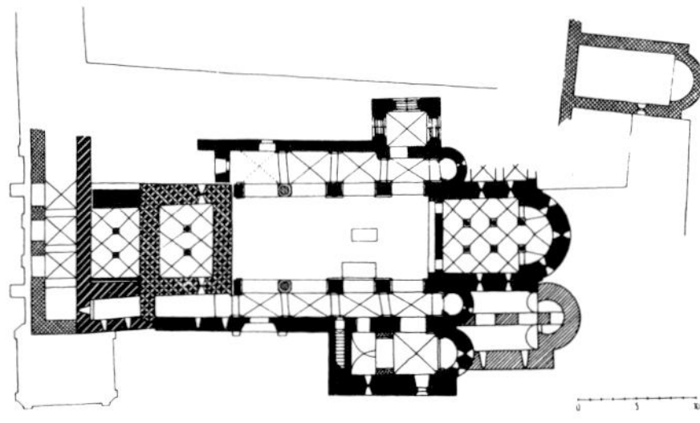

St.-Georgs-Kloster, Grundriß

ST.-HEINRICHS-KIRCHE, als Pfarrkirche der Neustadt 1348 gegr. Halle; Renaissancevorhalle 1526; reiche Einrichtung, meist 18. Jh.; gotische Madonnengemälde des 15. Jhs. In der Marienkapelle von 1688 zwei Gemälde von W. L. Reiner, Hauptaltarblatt 1688 von J. G. Heintsch, 1698, Figuren von J. G. Bendl, Altar d. linken Seitensch. mit Bild Karel Škretas.

ST. IGNATIUS, Jesuitenkolleg auf dem Karlsplatz, 1658–1667 von Carlo Lurago erbaut; Portal von Wirch 1773. KIRCHE ab 1665, 1678 Weihe, Portikus ab 1697 von Paul Ign. Bayer; Stuckierung des Innenraums von Tom. Soldati, Hauptaltarblatt 1688 von J. G. Heintsch; linke Seitenkap. mit Apostelstatuen von M. W. Jäckel. Kalvarienberg von J. A. Quittainer, um 1765. Typische Jesuitenkirche mit seitlichen Emporen.

ST. JAKOB, Kirche des anschließenden Minoritenklosters, 1232 von Wenzel I. gegr., nach Veitsdom längste Kirchenanlage Prags. Erweiterungsbau des Johann v. Luxemburg 1319, beendet 1374. Barocker Umbau nach Brand 1689–1702 durch Joh. Simon Pánek. Innenausst. 1736–1749. Altarbilder von Peter Brandl, Michael Halwachs, W. L. Reiner, Chr. Lischka u.a. Stuckplastiken über Hauptportal außen von Ottavio Mosta 1695. Bes. bemerkenswert Barockgrab des obersten Kanzlers Johann Wratislaw v. Mitrowitz nach Entwurf Fischer v. Erlachs 1714–16 ausgef., Statuen von F. M. Brockhoff.

ST. JOHANN AUF DEM FELSEN, 1730/39 von Kil. Ign. Dientzenhofer erbaut, bewegter Grund- und Aufriß durch dreiteilige Treppe gesteigert; in Schrägstellung der Türme Einfluß von Lukas v. Hildebrand erkennbar. Fresken von K. Kovář 1748; Holzmodell J. Brokoffs für Nepomukstatue auf der Karlsbrücke von 1682.

ST.-JOSEFS-KIRCHE am ehem. Karmeliterinnenkloster; Grundstein 1673, Ausführung erst ab 1682, vermutlich durch J. B. Mathey in Formen des schweren römischen Barock; zentraler ovaler Kuppelraum. Fassade von 1691 in Formen des flandrischen »Rubens«-Barock. Figurenschmuck von M. W. Jäckel, 1691 bzw. 1697, Altarblätter von P. Brandl.

KAJETANERKIRCHE, richtig Theatinerkirche in der Spornergasse, 1691–1717 vermutlich von J. B. Mathey an Stelle zweier Bürgerhäuser nächst dem 1711 abgerissenen Stadttor der Kleinseite erbaut, Front von Santin Aichel überarbeitet. Guarino Guarini hatte hochbar. Plan geliefert. Plastiken von J. Ulr. Mayer, ausgenommen Hauptaltarplastiken von M. W. Jäckel, 1724. Gemälde von Fr. Xav. Palko, Mich. Halbwachs, J. Val. Callot und Franz Rothmayer.

KAPUZINERKLOSTER am Loretoplatz, 1600/02 als erstes Kapuzinerkloster Böhmens erbaut.

ST. KARL BORROMÄUS in der Neustadt, jetzt Cyrill und Method; 1730 von Joh. Christ. Spannbrucker und Paul Ign. Bayer begonnen, 1740 von K. I. Dientzenhofer vollendet; Deckengemälde von K. Schöpf; heute tschsl. Kirche. 1942 verbargen sich in Krypta Attentäter Heydrichs.

KARLSHOFER KIRCHE, 1350 als eine der Hauptkirchen der Neustadt für Augustiner-Chorherren von Karl IV. gegr., in Erinnerung an seinen Namenspatron Karl d. Gr.; daher wohl auch achteckiger Grundriß (in Erinnerung an Pfalzkap. zu Aachen); Altarraum 1498 gewölbt; Kuppelgewölbe des Oktogons v. 22 m Durchmesser 1675 von Bonifaz Wolmuet ausgeführt; barocke Ausstattung 1737. Prälaturgebäude 1714/24 von F. M. Kaňka.

KREUZHERRENKIRCHE, 1679–1689 nach Plänen J. B. Matheys von Domenico Canevale ausgeführt, anstelle einer von der hl. Agnes gegründeten Hl.-Geist-Kirche. Frühes Beispiel einer Kuppelkirche nach röm. Vorbild. Rechts am Außenbau Weinsäule mit Figur des hl. Wenzel von J. G. Bendl, 1676; Engel auf Attika aus der Werkstatt Matthäus W. Jäckels; Fresken im Innern von W. L. Reiner 1722/23 über Hauptaltar von Joh. Christoph Lischka, der auch Hauptaltarblatt schuf, 1700/07, Altarfiguren von Jäckel. In den Nischen hochbar. Statuen d. hll. Joachim, Anna, Martin und Georg von Jeremias und Konrad Süßner, 1690. Stuck von Tomaso Soldati.

HL.-KREUZ-KAPELLE IN DER ALTSTADT (Ulice Karoliny Světlé), romanische Rotunde vom Ende des 11. Jhs.

HL.-KREUZ-KIRCHE am Graben, bei ehemaligem Konvent der Piaristen, 1816/24 von Georg Fischer in klassiz. Formen erbaut.

ST. LONGINUS neben der St.-Stephans-Kirche, eine der drei erhaltenen romanischen Rotunden aus der 2. Hälfte des 12. Jhs.; ehemalige Pfarrkirche des Dorfes Rybnik, das nach 1348 in Neustadt einbezogen wurde.

LORETOHEILIGTUM, um »Casa Santa« von 1626/31 (Architekt Giovanni Orsi) im Laufe des 17. und 18. Jhs. herum erbaut; Kreuzgang seit 1661, Glockenturm 1694. Außenfront und Christi-Geburts-Kirche von Chr. Dientzenhofer begonnen und von Sohn Kilian Ignaz 1720/22 vollendet. Putten auf Terrasse von Andreas Quittainer 1722, Brunnen im Innenhof von Biederle; Fresken in Kirche von W. L. Reiner, 1735, im Kreuzgang von F. A. Scheffler, 1750. Plastischer Schmuck in Kirche von Mat. Schönherr, Hauptaltarblatt von Heintsch, um 1700. Glockenspiel, das jede Stunde ein Marienlied ertönen läßt, von Uhrmacher P. Neumann. Die Schatzkammer enthält eine einzigartige Fülle von Weihegaben, viele von der Stifterin Benigna Kath. Fürstin Lobkowitz.

MALTESERKIRCHE (hl. Maria unter der Kette), gegr. als Kirche des Johanniterklosters 1169, der ersten Niederlassung des Ordens in Böhmen. Von der ursprünglichen romanischen dreischiffigen Basilika nur Reste der Südmauer erhalten, Mitte des 13. Jhs. Anbau eines gotischen Chores, ab 1350 Bauarbeiten am Schiff, jedoch nur Fassade mit zwei Turmstümpfen und Vorhalle (um 1375) ausgeführt. Barockisierung des Chores 1640/60 durch Carlo Lurago; Hauptaltar um 1740 mit Bild von Karel Škréta, um 1660, von ihm auch Bild der hl. Barbara auf Seitenaltar sowie »Sieg bei Lepanto«.

ST. MARIA DE VICTORIA, erster barocker Kirchenbau Prags, 1611/13 von deutschen Protestanten als Dreieinigkeitskirche errichtet, 1624 unbeschuhten Karmelitern übergeben und der Erinnerung an den Sieg auf dem Weißen Berg geweiht; 1636/44 neu orientiert, d. h. Eingang nach Straßenseite verlegt, Barockfassade. Berühmt durch Gnadenbild »Prager Jesulein«, spanische Wachsfigur, 1628 von Polyxena v. Lobkowitz gestiftet, Silberschrein von J. Pakeni, 1741, Altar von Lauermann, 1776. Hauptaltar von J. F. Schor, 1723, Kanzel von Schreiner N. Nonnenmacher und Schnitzer J. L. Schleiermann, 1679. Seitenaltäre der hll. Simon, Josef und Joachim mit bemerkenswerten Gemälden Peter Brandls.

MARIA-SCHNEE-KIRCHE, 1347 von Karl IV. gegründet für Karmeliterorden; in der Planung ursprünglich nach dem Dom das größte Gotteshaus Prags, jedoch nur Chor ausgeführt; Einwölbung 1606; mächtiger Renaissancealtar von 1651. Klostergarten seit 1950 öffentlich zugänglich.

ST. MARTIN AN DER MAUER, gotisches Kirchlein des 14. Jhs. mit romanischem Kern; ursprünglich Pfarrkirche des Dorfes Újezd; 1419 wurde hier erstmalig Abendmahl unter beiderlei Gestalt gereicht. Kirche der Böhmischen Brüdergemeinde.

ST.-NEPOMUK-KIRCHE in der neuen Welt, 1720/29 von K. I. Dientzenhofer als dessen erster Kirchenbau errichtet; Deckenfresko von W. L. Reiner, 1727. Strenger Zentralbau.

ST.-NIKLAS-KIRCHE, beherrschender Kirchenbau der »Kleinen Stadt«, d. i. der Kleinseite, inmitten des Ringplatzes; ursprünglich stand hier romanische St.-Wenzels-Rotunde, daneben gotische Pfarrkirche von 1283, die 1628 von Jesuiten übernommen wurde. 1673 Errichtung eines Jesuitenkollegs (Architekt Dom. Orsi); 1704 anstelle der gotischen Kirche mit Neubau durch Christoph Dientzenhofer begonnen, 1711 mit Vollendung des Schiffes abgeschlossen. Plastiken der Fassade von 1710 von Joh. Friedrich Kohl. 1737–1752 Altarraum mit Kuppel durch Kil. Ignaz Dientzenhofer erbaut, 1755 durch Anselmo Lurago Turm vollendet. Innenraum von hochbarocker Festlichkeit, 1950–62 hervorragend restauriert. Marmorierarbeiten (Pfeiler, Gesimse etc.) Joh. Hennevogel, Deckenfresko im Schiff »Apotheose d. hl. Nikolaus« 1760 von Joh. Lukas Kracker, Kuppelfresko »Verherrlichung der Dreifaltigkeit« von Fr. Xav. Karl Palko, 1752/53; Seitenkapelle und Emporen von J. Redelmeyer und J. Kramolin ausgemalt. Kanzel 1765 von Richard und Peter Prachner, übrige Plastiken, insbesondere Monumentalstatuen der Kirchenlehrer, von Ign. Platzer, 1769. Altargemälde (im Uhrzeigersinn): 1. Seitenkapelle links b. Eingang: Hl. Kreuz von Karel Škréta, um 1646; 2. hl. Michael von Francesco Solimena, 3. hl. Ignaz von I. Raab, 4. hl. Alois von I. Raab, 1760; 7. linke Kuppelapside: Himmelfahrt Mariä von Kracker, im Schrein gotische Madonnenstatue belgischer Provenienz; 8. Hauptaltar: Bronzestatue des hl. Nikolaus von I. Platzer, 1765; 9. Kuppelapside: Tod des hl. Josef von Kracker, 1760; 10. hl. Joh. Nepomuk von Raab; 11. Tod des hl. Franz Xaver von Palko; 12. hl. Katharina von Raab; 13. hl. Anna, stammt aus der alten Kirche, Maler unbekannt. Orgel 1745 von Thomas Schwarz.

ST.-NIKOLAUS-KIRCHE am Altstädter Ring, 1732/35 nach Plänen K. I. Dientzenhofers von Parlier Hans Fitz ausgeführt, anstelle gotischer Kirche deutscher Kaufleute (daher norddeutsches St.-Nikolaus-Patrozinium), nach Gründung der Altstadt um 1232 Pfarrkirche und gleichzeitig Schwurkirche der deutschen Bürger, d. h. Tagungsstätte der bürgerlichen Selbstverwaltung vor Errichtung des Rathauses. 1635 den slawischen Benediktinern vom Emauskloster übergeben, im Zuge des Neubaus des Konvents (Architekt F. M. Kaňka, 1897 bei Assanierung des Gettos zerstört) auch Kirche neu errichtet. Ursprünglich auf engem Raum, daher starke plastische Durchgestaltung. Plastiken von Anton Braun, Enkel des Matthias Braun. Innen: reiche Stuckierung von B. Spinetti, Kuppelgemälde und Gemälde in Seitenkap. von Peter Asam; Hauptaltar neu. Heute Hauptkirche der tschsl. Kirche.
Im Haus neben Hauptportal der Kirche wurde Fr. Kafka geboren (nur barockes Portal ursprünglich).

PAULANERKLOSTER am Altstädter Ring (nächst Einmündung der Langen Gasse, d. i. Dlouhá tř.) 1684 v. Dom. Canevale, Plastiken von Jäkkel 1696. Nach Säkularisierung war hier die Münze.

ST.-ROCHUS-KIRCHE bei Kloster Strahov, 1603/12 von Rudolf II. zur Erlösung von Pestepidemie von 1599 gestiftet; Renaissancebau über Kleeblattgrundriß in Formen der Nachgotik (Maßwerkfenster, Strebepfeiler).

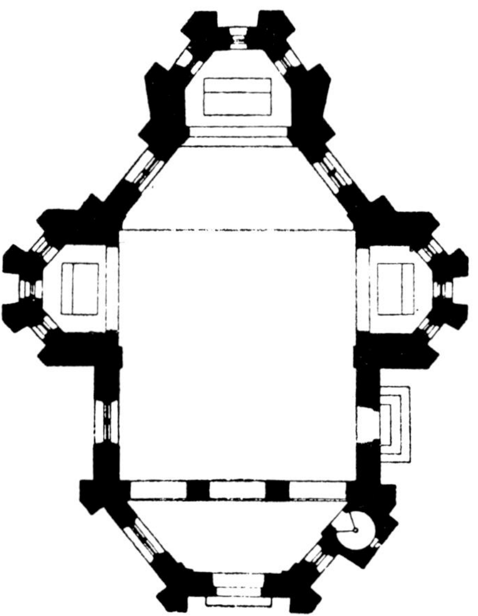

St. Rochus, Grundriß

SALVATORKIRCHE am Kreuzherrenplatz, erste Jesuitenkirche Prags, 1578 begonnen, zunächst in Formen der Nachgotik als dreischiffige Basilika mit Türmen und Nebenchören sowie zweiachsigem Querhaus; 1601 Portal, 1638/49 Emporen und Kuppel eingebaut (Gf. Michna als Stifter, daher auch Verwandtschaft zu Stuckarbeiten beim Michna-Palais), 165/153 Portikus (variiert Renaissancemodell für Ausbau des Florentiner Domes), Figurenschmuck von Joh. Georg Bendl. 1714 Erhöhung der Türme durch Kaňka. Innenraum Beispiel des Frühbarock, wirkt besonders durch Stuckierung. Hauptaltarblatt von J. G. Hering, 1632, nach Motiv Raffaels. Plastiken der Beichtstühle von Bendl.

St. Salvator (nächst St. Jakob), erbaut 1611/14 vom luther. Baumeister Joh. Christoph v. Graubünden für die deutschen Protestanten Prags. Einschiff. Saalraum mit eingezogenen Strebepfeilern, Beispiel der Nachgotik. 1626 Paulanern übergeben, seit 1918 Böhmische Brüdergemeinde.

St.-Stephans-Kirche, 1351 als Pfarrkirche für die Neustadt von Karl IV. gegründet, Schiff 1394 vollendet. Bedeutende Bilder von Karel Škréta: hl. Rosalie, 1686; hl. Wenzel, Taufe Christi. Am Nepomuksaltar Epitaph des Drukkers Michael Peterles v. Annaberg, 1580 von Barthol. Spranger.

Kloster Strahov, Gründung König Wladislaw I. 1142, erstes Prämonstratenserkloster Böhmens, Filiation des Klosters Steinfeld/Eifel. Mittelpunkt der geistigen Beziehungen zu Deutschland, Fürstenschule. 1182 Chorerhöhung der romanischen Basilika, 1256 gotische Erneuerung, Erweiterungsbauten 1601 und 1627. Nach Beschädigungen bei Belagerung Fassade 1743/51 erneuert; Außenportal von 1742 mit Plastiken Quittainers. Im Hof Säule des hl. Norbert, Gründer des Prämonstratenserordens, dessen Grab sich seit 1627 in der Klosterkirche (jetzt in der Ursulakapelle) befindet. Inneres zeigt noch romanischen Raumeindruck; Stuckdecke von M. Ign. Palliardi, 1750; Altarblätter des 1. und 3. Seitenaltars rechts und links von Palko, des 4. und 5. Seitenaltars links von Michael Willmann, ebenso an korresp. Pfeiler der gegenüberliegenden Seite. *Klostergebäude:* Theologiesaal, ursprünglich Bibliothek, 1671/79 von Dom. Orsi erbaut, Deckengemälde von Pater Siardus Nosecky 1723/27. Neue Bibliothek 1782/84 von Ign. Palliardi erbaut, josephinische Fassade. Deckengemälde im Auftrage des Abtes Wenzel Mayer 1794 von Anton Maulpertsch; letztes großes Deckengemälde des Barock im süddeutschen Raum. Dargestellt ist Geschichte der Menschheit unter Einwirkung des göttlichen Geistes, beginnend mit Adam und Eva. – Heute Nationaldenkmal des tschsl. Schrifttums. Aus d. Garten schöne Aussicht auf Hradschin und Kleinseite.

Teynkirche, an Stelle eines romanischen Kirchleins beim Spital für fremde Kaufleute und einer nachfolgenden dreischiffigen gotischen Anlage. Heutiger Bau aus der 2. Hälfte des 14. Jhs. unter Beteiligung der Parler-Hütte, um 1400 vollendet, westlicher Giebel 1463 und Nordturm bis 1466, Südturm 1506–11. Nach Brand 1679 neu eingewölbt. Nördl. Seitenportal Werk der Parlerhütte um 1390, Szenen aus Leidensgeschichte Christi, charakteristisch für »Weichen Stil«. – Kirche der deutschen Bürger, nach 1419 Hauptkirche der hussitischen Bewegung, seit 1429 predigte hier spät. hussit. Bischof Jan Rokycana. – Besonders schöne Altäre aus drei Stilepochen. Hauptaltarblatt von Karel Škréta von 1649, links vor Hauptaltar Grabplatte Tycho de Brahes von 1601; spätgotischer Baldachin von Matthias Rejsek 1493; im rechten Seitenschiff gotische Sitzmadonna, um 1400; zinnernes Taufbecken 1414. Orgel 1670/73 von Joh. Mundt aus Köln.

St.-Thomas-Kirche, Kleinseite, gotische Basilika von 1285–1379 der Augustiner-Eremiten, 1723/31 von K. I. Dientzenhofer barockisiert durch Einbau von Emporen in Seitenschiffen und Kuppel; Seitenportal in Verlängerung der Josefsgasse korrespondiert mit Portal des Palais Kaunitz in Brückengasse. Reiche Barockeinrichtung: Deckenfresken von W. L. Reiner von 1730, Szenen aus Leben des hl. Augustinus (Hauptschiff) und hl. Thomas (Kuppel, Altarraum). Hauptaltar mit Statuen von J. A. Quittainer, Figuren d. hll. Augustinus, Ludmila und Monika von F. M. Brokoff, 1730. Altarblatt Marter des hl. Thomas von Peter Paul Rubens, 1637 von Prior Svitavský in Antwerpen bestellt, ebenso Marter des hl. Augustinus. Unter Kuppel rechts Altar mit Himmelfahrt Mariä, Karel Škréta, 1644; dahinter Rochusaltar von Palko, 1730; links unter Kuppel Sebastiansaltar von 1767 mit Renaissancegemälde, vermutlich von Barthol. Spranger, dahinter Dreifaltigkeitsaltar mit Bild von Karel Škréta, 1644. Orgel von J. F. Fassmann, 1730. – Kreuzgang von 1604/34 im 18. Jh. barockisiert; gotische St.-Barbara-Kapelle über zwei Mittelpfeilern gewölbt, Altarblatt vom Hofmaler Rudolfs II., Josef Heintz, 1600. – Hinter dem Kloster bekanntes Thomasbräuhaus mit Gartenwirtschaft.

St.-Ursula-Kirche 1702/04 erbaut von Marc Antonio Canevale; Ursulinerinnenkloster 1674/78 erbaut. Fassadenplastik vermutlich von Franz Preiss, Statue des hl. Joh. Nepomuk von I. Platzer, 1747. Saalraum von Soldati stuckiert, mit Fresken von J. J. Steinfels, 1707. Hauptaltarblatt von J. Chr. Lischka, 1706; Himmelfahrtsaltar mit Bild von P. Brandl, 1725; Christgeburtsaltar mit Bild von Joh. Rudolf Byss, 1707/09.

St.-Veits-Dom auf dem Hradschin: An der Stelle romanischer Rotunde des hl. Wenzel von 926/30 erbaute Herzog Spitihnew 1060 doppelchörigen romanischen Dom nach Regensburger Vorbild. Bei Erhebung Prags zum Erzbistum 1344 Domneubau nach Plänen des französischen Architekten Matthias von Arras (Vorbild Kathedrale von Narbonne), der bis zu seinem Tode 1352 mehrere Kapellen des Chorumgangs ausführte; seit 1353 Weiterbau durch Peter Parler aus Schwäb. Gmünd, dessen revolutionäre Bauweise St.-Veits-Dom zum Gründungsbau der deutschen Spätgotik machte. Übergang von Matthias von Arras zu Parler an plastischeren Formen der Dienste und reicherem Maßwerk zu erkennen. Unterbrechung der Bauarbeiten durch Hussitenkriege 1419, Chor provisorisch mit Trennmauer abgeschlossen. Südturm 1396 begonnen, Arbeiten 1419 eingestellt. 1509/11 fundierte Benedikt Ried Langhauspfeiler, wegen Geldmangels Bauarbeiten abgebrochen. Der 1859 gegründete Dombauverein begann 1873 mit dem Ausbau des Langhauses (durch Architekt Josef Mocker), Beendigung der wenig glücklichen Ergänzung anläßlich Tausendjahrfeier 1929 durch Architekt Kamil Hilbert.

Rekonstruktionen des romanischen St.-Veits-Domes und seiner Vorläuferin, der St.-Veits-Rotunde

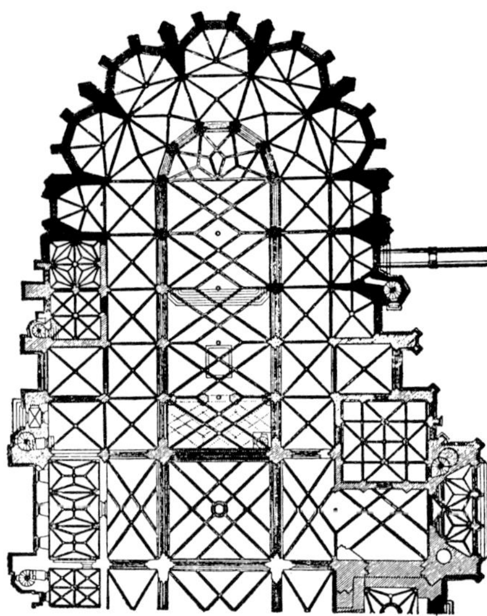

Chor des St.-Veits-Domes, Grundriß

Chorwölbung durch P. Parler 1385 geschlossen; erstes deutsches Netzgewölbe, vrschleift Chorjoche zu einheitl. Deckenspiegel; Vorbild zahlreicher Netzgewölbe, die von Söhnen und Schülern Parlers (»Junker von Prag«) im gesamten süddeutschen Raum verbreitet wurden (insbesondere Wien, Regensburg, Krumau, Passau).
Inneres (ab Querhaus, rechts beginnend): an den vier Querhauspfeilern große vergoldete Holzfiguren der hll. Wenzel, Adalbert, Veit, Norbert, Ludmila, Sigismund, Prokop und Joh. Nepomuk, vermutlich von Franz Preiss, 1696. Chorraum ursprünglich durch *Orgelempore* von Bonifaz Wolmuet abgeschlossen, erbaut 1559/61, jetzt im nördlichen Querhausarm. Umgang rechts: an Pfeiler Grabmal des Feldmarschalls Leopold Gf. Schlick, Entwurf von Joh. Bernh. Fischer v. Erlach unter Beteiligung von F. M. Kaňka 1723 ausgeführt, Statuen von Matth. Braun.
Wenzelskapelle: Hauptwerk spätgot. Baukunst, v. P. Parler 1362/64, über Grabstätte des hl. Wenzel, der 932 in Südabside d. romanischen Rotunde beigesetzt wurde (Reste ausgegraben u. zugängl.). Ausgewogener Raumkubus mit kuppeligem Netzgewölbe. Untere Sockelzone mit geschliffenen böhm. Halbedelsteinen (Amethyste, Jaspis) verkleidet, dazwischen Freskendarstellungen d. Leidens Christi v. 1372/73, Maler unbek. Über Altar Fresko der Kreuzigung zwischen Karl IV. und vierter Gemahlin Elisabeth v. Pommern. Über umlaufendem Gesims zweiter Freskenzyklus mit Szenen aus dem Leben des hl. Wenzel, 1508/09 von Leonhard Beck aus Augsburg ausgeführt, 1612 teilweise übermalt (in oberer Reihe an Außenwand Porträt Benedikt Rieds). Über dem Altar böhmische Landesheilige; Wenzelsstatue von Heinr. Parler (Enkel Peter Parlers) von 1373, farbig gefaßt von Meister Oswald; darüber Gestalten König Wladislaws II. und seiner Gemahlin Anna v. Foix-Candale, 1508/09. In der Mitte des Raumes steinerne Tumba des 14. Jhs., an Stirnseite Reliquienbüste des Heiligen vom Meister Wenzel von Budweis, Ende 15. Jh. Got. Reliquiar nach Entwurf von P. Parler. St.-Wenzels-Leuchter von 1532 von Hans Vischer aus Nürnberg, von Zunft der Altstädter Mälzer in Erinnerung gestiftet, daß sie Dom gegen Hussiten verteidigten.
Andreas- bzw. Martinitzkapelle, von Peter Parler.
Hl.-Kreuz-Kapelle: neben Altar Bild des Veronika-Schweißtuches, um 1400. Hier Zugang zu Ausgrabungen (Wenzelsrotunde von 926, Königskrypta mit Sarkophagen Karls IV., Rudolfs II. u. a.).
Königl. Oratorium von Benedikt Ried unter Mitarbeit von Hans Spieß, 1493; naturalistisches Astwerk ersetzt Rippen und Maßwerk; auf Brüstung Wappen der Länder Wladislaws II. Zwei hängende Schlußsteine mit Monogramm Wladislaws.
Maria-Magdalena-Kapelle (Waldstein-K.): Grabsteine Matth. v. Arras und Peter Parlers.
Joh.-Nepomuk-K.: Grabdenkmal des Bischofs Očko v. Vlašim, 1367, Parlerwerkstatt; vor Kapelle im Chorumgang silbernes Hochgrab des hl. Johannes Nepomuk, 1733/36 nach Entwurf Fischers v. Erlach durch Ant. Corradini und Josef Würth ausgeführt; Figuren der Schweigsamkeit, Weisheit, Stärke und Gerechtigkeit nach Modellen von Ign. Platzer 1746 durch Jos. Seitz ausgeführt; Baldachin Stiftung von Kaiserin Maria Theresia, Engel 1771 von Ign. Novák; Bergknappen an gegenüberliegenden Pfeilern aus Werkstatt M. Brauns.
Adalbert-Kapelle: gegründet 1365 vom sächsischen Herzog Rudolf I. Steintumben Przemysl Ottokars I. (gestorben 1230) und Prz. Ottokars II. (gestorben 1278), erstere von Peter Parler, 1377, die andere Werkstattarbeit.
Marien-K.: 1344 von Karl IV. gegründet, Tumben Bretislaws I., seiner Gemahlin und Spitihnews II.; Arbeiten der Parlerhütte 1370/75. Grabstein Zdeněk Leo von Rožmitals, der 1526 Berufung der Habsburger auf böhmischen Königsthron durchsetzte, Auftraggeber Benedikt Rieds (Schloß Blatna).
Kapelle Johannes d. Täufers mit Tumben Bretislaws II. (rechts) und Borivojs I. Mailänder Leuchter, von Wladislaw I. vom Feldzug in Oberitalien mitgebracht, wertvoller romanischer Bronzefuß, Arbeit des Maas-Mosel-Gebietes aus der 1. Hälfte des 12. Jhs.
Erzbischöfliche Kapelle: Epitaph Wratislaws v. Pernstein nach Entwurf Vredeman de Vries, um 1580. An gegenüberliegenden Chorschranken geschnitztes Relief von K. Bendl, 1630, mit Flucht des Winterkönigs aus Prag; Bronzedenkmal des Kardinals Friedr. v. Schwarzenberg, 1892/95 von J. V. Myslbek.
Annenkapelle (Nostitz-K.): in Predella des Altars Reliquientafel von 1266 aus St. Martin in Trier.
Sakristei oder Michaels-K.: von Peter Parler vor 1362 eingewölbt, hängender Schlußstein; offenbar Probe von Parlers konstruktivem Können.
Sigismund-K. (Czernin-K.): Altar mit Reliquien des hl. Sigismund, Baldachin von F. M. Kaňka, 1725. Epitaph Humprecht Czernins (gestorben 1682).
Triforium über Arkaden des Umgangs, 1371/75, mit 21 Sandsteinbüsten aus den Jahren 1374–85: 1. Wenzel von Radeč, Baurektor, Kalkstein, später angebracht. 2. Matthias v. Arras. 3. Peter Parler. 4. Andreas Kotlik, IV. Baurektor. 5. Benesch v. Weitmühl, III. Baurektor. 6. Wenzel v. Luxemburg, Halbbruder Karls IV. 7. Johann Heinrich, Markgraf v. Mähren, Bruder Karls IV. 8. Blanka v. Valois, erste Gemahlin Karls IV. 9. Anna v. d. Pfalz, zweite Gemahlin Karls IV. 10. Anna v. Schweidnitz, dritte Gemahlin. 11. Elisabeth v. Pommern, vierte Gemahlin des Kaisers. 12. Karl IV. 13. Sein Vater Johann v. Luxemburg. 14. Elisabeth, Mutter Karls IV. 15. Wenzel IV., Sohn Karls. 16. Johanna v. Bayern, erste Gemahlin Wenzels IV. 17. Ernst v. Pardubitz, I. Erzbischof. 18. Johann Očko v. Vlašim, II. Erzbischof. 19. Johann v. Jenzenstein, III. Erzbischof. 20. Nikolaus Holubec, II. Baurektor. 21. Leonard Busko (Bušek), I. Baurektor. – An Außenseite Büsten von Heiligen, 1375 vom Steinmetz Hermann.

Hauptaltar bei Hussitensturm bzw. bei Burgbrand 1542 zerstört. *Habsburgergrab* im Chor von Alexander Collin, 1564/89, Liegefiguren Ferdinands I. (gestorben 1564), des ersten Habsburgers auf d. böhmischen Thron, seiner Gemahlin Anna (Tochter Wladislaws II., gestorben 1547) und deren Sohn Maximilian II. (gestorben 1576). An den Seiten Bildnisse Karls IV. und seiner vier Gemahlinnen, Wenzels IV., Ladislaw Postumus' und Georgs v. Podiebrad. Schönes schmiedeeisernes Gitter von Georg Schmidthammer, 1589. Untergeschoß des Haupttурmes: Hasenburgkapelle von 1396. *Außenbau* vgl. Burg.

WÄLSCHE KAPELLE, Mariä Himmelfahrt, 1590–1600 von Dom. Bossi, Kirche der in Prag ansässigen Italiener, frühestes Beispiel barocker Architektur; Portikus von F. M. Kaňka, 1715. Altarblatt von Josef Bergl, 1813.

WEISSER BERG, Gnadenstätte, seit 1714 als Erinnerungsstätte an die siegreiche Schlacht auf dem Weißen Berg im Jahre 1620 von Michael Hager, Maurermeister aus Kreuth am Tegernsee, errichtet. in rechteckigem Umgang kreuzförmige Marienkirche mit zentralem Altarraum; Fresken von W. L. Reiner (über Altar die hl. Rosalie, 1718), Cosmas Damian Asam (über Hauptaltar, 1728) und Joh. Adam Schöpf (über Hilariusaltar, 1728), der auch Fresken in Umgang 1730/40 ausführte.

Mánes, Ausstellungsgebäude und Restaurant an der Moldau, gegründet 1898, erbaut 1930 nach Plänen von Otokar Novotný. Daneben Wasserturm von 1495, neu errichtet 1591 und 1648; Moldauwasser wurde von dieser Wasserkunst aus in hölzernen Röhren zu öffentlichen Brunnen geleitet.

Messegelände, 1891 Kongreßhalle von Friedr. Münzberger erbaut; zuletzt 1952/56 umgebaut. Im rechten Seitentrakt heute Lapidarium des National-Museums (Romanik bis Barock).

Museen

MUSEUM DER HAUPTSTADT PRAG im Šverma-Park, 1896/98 von Ant. Wiehl und Ant. Balšánek erbaut, Statuen von Šaloun. Stadtansichten, Stadtgeschichte, Zunftgeräte u.a.

KUNSTGEWERBEMUSEUM nächst Rudolfinum, 1897–1901 von J. Schulz als Stiftung der Handels- und Gewerbekammer erbaut. Hervorragende Glassammlung. Möbel, Textilien, Keramik.

NATIONALGALERIE im St.-Georgs-Kloster, Hradschin. Hervorgegangen aus Sammlung der Patriotischen Kunstfreunde vom Ende des 18. Jhs. Meister von Hohenfurt und Wittingau; Gnadenbilder; zahlreiche Niederländer und Manieristen; Rembrandt, Rubens; Peter Brandl, Matth. Braun, Norbert Grund und Moderne. Lapidarium im Messepalais bzw. im Kloster Königsaal (oberhalb Prags am linken Moldauufer; tsch. Zbraslav). Weitere Exponate im Sternberg-Palais am Hradschinplatz (neben dem Erzbischöflichen Palais).

NATIONALMUSEUM am Wenzelsplatz, 1885/90 von Josef Schulz, Plastiken auf der Rampe von Ant. Wagner. Bau im Stile repräsentativer Neurenaissance unter Einfluß französischer Vorbilder; bemerkenswertes Treppenhaus. Vorgeschichtliche Sammlungen, Mineralogie, Geologie, Zoologie, Volkskunde, Musik u.a. Lapidarium in St.-Katharinen-Kirche nächst Karlshof.

SMETANA-MUSEUM am Karlsbad, 1883 von Anton Wiehl in Formen der Neurenaissance; Fresken von Mikoláš Aleš. Gedenkstätte für den Komponisten Friedrich Smetana.

STAATL. JÜDISCHES MUSEUM in mehreren Gebäuden beim Alten Jüdischen Friedhof; wertvolle jüdische Kultgegenstände und historische Erinnerungsstücke, vor allem in der Klaus-Synagoge und Tempel-Synagoge.

Nationalbank (gegenüber dem Pulverturm), 1935/38 von Architekt František Roith; anstelle der Hotels Blauer Stern und Schwarzes Roß, wo u.a. Friedr. Chopin gewohnt hatte und 1866 Prager Frieden unterzeichnet wurde.

Nationalversammlung, ursprünglich Börse, 1936/38 von Jar. Rössler erbaut; nach 1945 zum Parlament umgebaut.

Palais

BUQUOY, ursprünglich Waldstein, auf Großprioratsplatz; 1682 vermutl. nach Plänen v. J. B. Mathey erbaut, 1736 Umbau; Fassade zwischen 1740/50 modernisiert. Französische Botschaft.

CLAM-GALLAS, ab 1714 Neubau über altem Kern nach Plänen Fischers v. Erlach für den Landmarschall von Böhmen, Joh. Wenzeslaus Graf v. Gallas; enge Gasse legte »klassizistische« Fassade nahe, zwei Untergeschosse als Sockel behandelt, Aufgliederung nach der Höhe; hochbarocke Note durch Portale und Fensterrahmungen. Portalfiguren, Tritonsbrunnen, Treppenhausplastiken von Matth. Braun; schönstes Treppenhaus Prags mit Deckenfresko von Carlo Carlone, Triumph Apollos, 1727/30.

CZERNIN, 1669–1697 nach Plänen Francesco Carattis für Humprecht Graf Czernin v. Chudenitz durch Giovanni de Capauli und Abraham Leuthner erbaut; Innenausbau durch F. M. Kaňka 1718/20. Mächtige Front von 150 m Länge mit 29 Fensterachsen, schöne Seitenfront zum Garten mit Sala Terrena von Caratti und Herkulesstatue von Ign. Platzer, 1747. Im 19. Jh. Kaserne, damals 4. Stockwerk eingezogen. Im Treppenhaus Fresko mit Gigantenkampf von W. L. Reiner; 1927/30 renoviert und für Außenministerium umgebaut. – Beispiel des repräsentativen oberitalienischen Barock in Nachfolge Andrea Palladios.

CZERNIN-MORZIN in Spornergasse (Nerudová), 1713/14 nach Plänen Joh. Santin-Aichels erbaut, zurückhaltend gestaltete Fassade mit zwei Portalen und Mittelbalkon; hervorragende Plastiken F. M. Brokoffs von 1714, Negerkaryatiden, allegorische Büsten des Tages und der Nacht. Rumänische Botschaft.

ERZBISCHÖFLICHES PALAIS, ursprünglich 1562/64 von O. Aostalis de Salis erbaut, 1669/94 durch J. B. Mathey barockisiert, hiervon erhalten Portal; 1763/64 von Joh. Wirch um Seitenrisalite erweitert (Rokokofassade); Plastiken von Ign. Platzer.

FÜRSTENBERG, 1743/47 von unbekanntem Architekten erbaut, Einfluß K. I. Dientzenhofers mit betont klassizistischer Note. Garten von 1750 zu Anfang 19. Jhs. in englischen Garten umgewandelt; seit 1822 im Besitz Fürstenberg. Polnische Botschaft.

GOLZ-KINSKY am Altstädter Ring, 1755/65 von Anselm Lurago nach Plänen K. I. Dientzenhofers erbaut, Attikaplastiken von Ign. Platzer. Der vornehme Rokokobau faßt die wesentlichsten Elemente des Prager Palastbaues zusammen. Im 19. Jh. u. a. deutsches Gymnasium, das Franz Kafka besuchte; heute Graphische Sammlung der Nationalgalerie.

GROSSPRIORATSPALAIS, 1726/27 von Bart. Scotti, hochbarocker Bau mit plastischem Schmuck Matth. Brauns; heute Musikabteilung des Nationalmuseums.

KAISERSTEIN, Kleinseitner Ring, 1699 von Giov. Alliprandi erbaut, von harmonischer Zurückhaltung; Attikafiguren vermutlich von Ottavio Mosta. – Kaisersteinpalais auf Kampa von 1696 ursprünglich einstöckig, 1831 und 1864 aufgestockt und unglücklich verbaut.

KAUNITZ in Brückengasse, 1773/75 von Anton Schmidt erbaut, Übergang vom Rokoko zum Klassizismus, Plastiken von Ign. Platzer. Jugoslawische Botschaft.

KINSKY in Hybernergasse, 1798 von Fr. Heger neu adaptiert, seit 1907 Haus der Arbeitergewerkschaft.

KUČERA auf Pohořelec (Brandstätte), 1775/80 von Joh. Wirch, Rokokofassade; ursprünglich Palais Demartini.

LEDEBOUR, 1787 von Ign. Palliardi erbaut, Übergang zum Klassizismus; Garten von 1720 mit Sala terrena von Santin-Aichel.

LIECHTENSTEIN am Kleinseitner Ring, klassizistischer Bau von 1791, Architekt Math. Hummel; heute Militärkommandantur.

LOBKOWITZ, 1703/07 von Giov. Alliprandi, 1769 zweites Stockwerk d. Ign. Palliardi aufgesetzt und klassizistischer Giebel der Straßenseite. Ovaler Mittelbau unter Einfluß Fischers v. Erlach. Garten, s. d. – Botschaft der Bundesrepublik Deutschland.

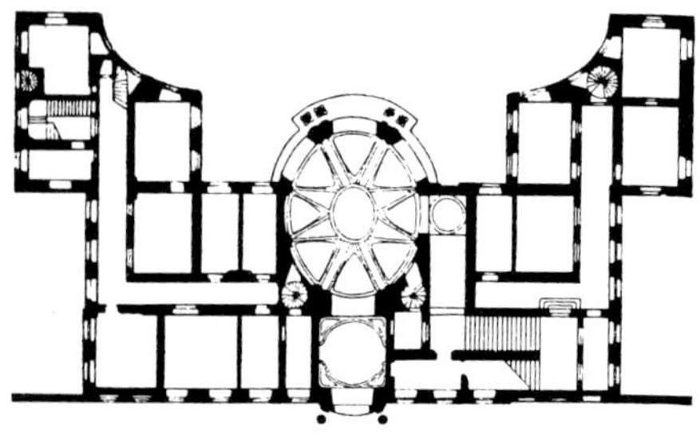

Palais Lobkowitz, Grundriß

METTYCH VON ČECOV am Großprioratsplatz, Renaissancebau von 1586, 1617 erweitert; typisches Renaissancepalais.

MICHNA, ursprünglich Renaissance-Sommerschlößchen des Grafen Kinsky, 1631/44 erweitert, Gartenfront von Francesco Caratti, Stukkaturen von Dom. Galli und Pietro Colomba 1640/50.

NOSTITZ am Malteserplatz, 1660/70 von Architekt Franc. Caratti; durch Kolossalpilaster gegliederte Front. Attikafiguren ursprünglich von F. M. Brokoff, um 1720, Rokokoportal von 1760 von Ant. Haffenecker; hier wohnte einst Rudolfs II. Hofmaler Jakob Huefnagel. Ehemalige berühmte Nostiz-Gemäldegalerie nach Beschlagnahme heute in Nationalgalerie; im Bau verblieben reiche Bibliothek des 17. Jhs. mit 14000 Bänden. Niederländische Botschaft.

ROHAN, Karmelitergasse, erbaut 1796 von Josef Zobel, klassizistische Fassade aus dem Jahre 1838; heute Unterrichtsministerium.

ROSENBERG, jetzt Adeliges Damenstift; ursprünglicher Bau 1545/73 durch Meister Hans den Wälschen, eines der ersten großen Adelspalais Prags; 1592 von Rudolf II. gegen Lobkowitzpalais (jetzt Schwarzenberg) getauscht. 1754/55 Umbau durch A. Lurago, damals charakteristische Renaissancefront mit 5 polygonalen Türmen eingeflacht.

SACHSEN-LAUENBURG, Nordseite des Hradschinplatzes, um 1730; ursprünglich stand hier Haus Peter Parlers von 1372.

SCHÖNBORN am Eiermarkt (Tržiště), ursprünglich Colloredo, 1643/56 anstelle von fünf Häusern erbaut, aus dieser Zeit Portal und Tor; 1715 Umbau durch Santin-Aichel, u. a. Eingang mit Giganten. Berühmter Garten von 1650, wurde zum Vorbild anderer Terrassengärten. Amerikanische Botschaft.

SCHWARZENBERG, Hradschinplatz, ursprünglich Lobkowitz, 1545/63 von italienischen Bauleuten erbaut; charakteristischer Renaissancebau mit weit vorkragendem Kranzgesims (nach florentinischem Vorbild), Sgraffito-Quaderung (vorgetäuschte Diamantquaderung) und reichen Ziergiebeln; zwischen zwei Flügeln Hof, gegen Platz durch Mauer abgeschlossen. Weithin sichtbarer Baublock gab dem Stadtbild neuen Akzent. Innen: bemalte Kassettendecke, rechtwinklig gebrochene Treppen. Heeresgeschichtliches Museum.

SMIŘICKÝ, größtes Palais an Nordseite des Kleinseitner Rings; Pailais von 1606 durch J. Jäger 1763 umgebaut; hier trafen sich 1618 Verschwörer vor Fenstersturz. Daneben zweiteiliges Sternberg-Palais, von dem 1541 der große Stadtbrand seinen Ausgang nahm, Fassade Ende des 17. Jhs. umgebaut. Renaissancekerne durch gekuppelte Fenster erkennbar.

STERNBERG, Hradschinplatz, 1698–1707 erbaut von Dom. Martinelli und Giov. Alliprandi für Wenzel Adalbert Graf v. Sternberg, Bauherr des Schlosses Troja. Gartenpalast mit ovalem Mitteltrakt nach Vorbild Fischers v. Erlach.

SWEERTS-SPORCK, Hybernergasse, 1780 von Haffenecker und Ign. Palliardi umgebaut; Plastiken von Ign. Platzer.

SYLVA-TARUCCA, 1747/51 von K. I. Dientzenhofer für Fürst Ottavio Piccolomini erbaut, anstelle des Skurewskyschen Schloßhauses am Graben von 1670; weitläufiger Bau mit drei Höfen, hochbarock gegliederte Fassade (unter Einfluß des Thun-Palais von Santin-Aichel); Plastiken von Ign. Platzer.

THUN in der Spornergasse, 1721/6 von Joh. Santin-Aichel für Graf Kolowrat-Liebstein erbaut; eleganter Bau, zurückhaltend gegliedert, hochbarocke Note durch monumentale Portal-Adler Matth. Brauns. Italienische Botschaft.

THUN, heute Britische Botschaft; 1659 durch Salzburger Erzbischof Christobald Thun erbaut, 1716/27 nach Plänen Joh. A. Luragos umgebaut.

TOSKANA, ursprünglich Thun-Hohenstein, 1689/91 von J. B. Mathey erbaut, Attikafiguren von J. Brokoff; Eckfigur des hl. Michael v. Ottavio Mosta, 1693. Durch strenge Gliederung starke französische Note.

TURBA am Malteserplatz, Rokokobau von 1767/68, Architekt J. Jäger. Japanische Botschaft.

VERNIER bzw. Příchovský, 1797 von Philipp Heger umgebaut; vor 1945 »Deutsches Haus«.

VRTBA, 1631 erbaut, um 1730 berühmter Terrassengarten angelegt, s. d.

WALDSTEIN, 1623/30 von Andrea Spezza für

den Herzog v. Friedland erbaut; erstes Barockpalais Prags, anstelle von 26 Häusern und 3 Gärten errichtet, starker Einfluß norddeutscher Renaissance-Tradition (z.B. Dachlukarnen) und Nachleben manieristischer Formelemente (z.B. Portal mit Korbbogenabschluß). Innen schwere Stuckdekorationen von Baccio del Bianco. Sala Terrena 1624/27 von Giov. Pieroni nach Vorbild der Loggia dei Lanzi in Florenz. In Kap. Altar von Ernst Heidelberger von 1630, Altarbild von Joh. Schlemüller. Gartenplastiken von Adriaen de Vries 1648 von den Schweden entführt, Originale heute in Schloß Drottningholm; vor Sala Terrena Bronzefontäne von 1630 mit Venusstatue von Benedikt Wurzelbauer (Original in Nationalgalerie). Garten mit Volièren, Springbrunnen, Reitschule (heute Galerie moderner tschechischer Kunst).

Pensionsanstalt, in Žižkov (heute URO), Gründungsbau der »neuen Sachlichkeit« in Prag, 1930/32 von Jos. Havlíček und Karel Honzík erbaut.

Praha-Restaurant auf Sommerberg (Letná), 1958 auf Brüsseler Weltausstellung, von Architekten Fr. Cubr, Jos. Hrubý und Jar. Pokorný.

Pulverturm, Torturm zwischen Alt- und Neustadt, 1475 von Meister Wenzel begonnen, von Meister Matthias Rejsek vollendet und reich dekoriert; 1875/6 renoviert.

Rathäuser

ALTSTÄDTER RATHAUS: 1338 kauften Bürger das Haus des Patriziers Wölflin als Kern des Rathauskomplexes. Turm bis 1364, Kapelle mit Erker bis 1381 errichtet. Im 15. und 16. Jh. durch Kauf weiterer Häuser erweitert. Renaissancefenster von 1520/28, Portal 1477. Neugotischer Trakt von 1841/44 bei Kämpfen im Mai 1945 ausgebrannt, später abgerissen. Unter Rathauserker stand 1621 das Blutgerüst, auf dem die 27 aufständischen protestantischen Herren hingerichtet wurden.

HRADSCHINSTADT, 1601/4 von Kaspar Oemichen erbaut, Sgraffito-Quaderung.

JÜDISCHES 1763 von Jos. Schlesinger umgebautes Renaissancehaus; Uhrturm mit in umgekehrter Richtung lesbarem Ziffernblatt.

KLEINSEITNER an der Ecke zur Thomasgasse, 1617/22 von Giovanni Campioni de Bossi umgebaut; Portal von 1660; Turm und Erker 1822 abgetragen.

NEUSTÄDTER, 1377/98, Turm 1452/6. Vom Umbau um 1520 Renaissance-Portal, Fenster und Giebel. 1905 renoviert. Schauplatz des ersten Prager Fenstersturzes.

Rudolfinum, heute »Haus der Künstler«, 1876/83 von Josef Zítek und Josef Schulz als Kulturzentrum erbaut; 1918–1939 tschechoslowakisches Parlament.

Staatsbank (am Graben, nächst dem unteren Ende des Wenzelsplatzes), erster moderner Bau Prags, von Architekt Josef Zasche, 1908, marmorverkleidete Fassade, Attika- und Portalplastiken von Franz Metzner.

Synagogen

Prag besitzt in der Altneu-Synagoge die älteste noch bestehende Synagoge Europas; die Prager Judengemeinde geht auf das 10. Jh. zurück, die jüdische Siedlung wurde im 13. Jh. in die neue Stadtgründung einbezogen. Als unmittelbare Untergebene des Herrschers besaßen die Juden innerhalb des Gettos Selbstverwaltung. Anfang des 18. Jhs. stellten die Juden mit 10000 Personen ein Viertel der Gesamtbevölkerung Prags. Wegen Überbevölkerung wurde das baulich völlig überalterte Getto ab 1893 niedergerissen (»assaniert«).

ALTNEU-SYNAGOGE, frühgotische zweischiffige Halle, um 1270 von sächsischen Werkleuten erbaut; Backsteingiebel und Anbauten des 14. Jhs., Erweiterung im 17. Jh. (vor allem Umgang als Aufenthaltsräume für Frauen). Über Portal Tympanon mit Weinstock, Sinnbild der Stämme Israels. Wertvolle Einrichtung, u. a. von Ferdinand III. verliehene Fahne (für Verteidigung der Altstadt gegen Schweden 1648 durch jüdische Freiwillige). Name »Altneu« abzuleiten von altnai, d. h. vorläufig, zur Erinnerung daran, daß die Synagoge nur als vorläufiger Ersatz für den zerstörten Tempel Salomons in Jerusalem anzusehen sei.

PINKAS-SYNAGOGE, 1479 durch Rabbi Pinkas erbaut, 1535 erweitert, Frauenempore Anfang 17. Jh. Heute Erinnerungsstätte für die 77297 Juden aus Böhmen und Mähren, die 1940–1945 der NS-Verfolgung zum Opfer fielen und deren Namen die Wände bedecken.

ALTER JÜDISCHER FRIEDHOF, im 15. Jh. angelegt; bis zum 18. Jh. hier auf engem Raum über 20000 Grabsteine, der älteste von 1439; Tumba des berühmten Vorstehers der Judengemeinde Mordechai Maisel, von Rabbi Löw (gestorben 1609, der den Golem geschaffen haben soll) und der Gattin des Bankiers Wallensteins, Heudela Bassewi.

MAISEL-SYNAGOGE von 1590/2, dreischiffige Halle; Sammlung jüdischer Kulturgegenstände, hervorgegangen aus den von der SS zusammengetragenen Beständen für das »Museum einer ausgestorbenen Rasse«, deren größter Teil (Thoramäntel, Synagogenvorhänge und andere Kultgegenstände) sich in der Tempel-Synagoge in der Geistgasse (Duševní) befindet.

Theater

STÄNDETHEATER (Tylovo Divadlo), 1781/3 nach Plänen des Grafen v. Künigl durch Ant. Haffenecker erbaut. Stiftung des Grafen Franz Anton Nostitz. Klassizistischer Bau mit hochbarocken Bauelementen wie Säulenfront. Am 21.4.1783 mit Aufführung von Lessings »Emilia Galotti« eröffnet; 1787 Uraufführung von Mozarts »Don Giovanni«, 1791 von »Titus«. 1813/16 war Karl Maria v. Weber Direktor der Oper. 1798 von den Ständen als »Vaterländisches Nationaltheater« übernommen. Bereits am 10. Januar 1785 erste Aufführung in tschechischer Sprache. Ab 1848 Landestheater, bis 1920 deutsche Bühne.

NEUES DEUTSCHES THEATER (heute Smetanovo Divadlo), 1886/87 nach Plänen von Fellner und Wertmüller erbaut, Büsten von Menzel, Tympanon von Theodor Friedl. Bau aus freiwilligen Beiträgen der deutschen Gemeinde aufgebracht.

TSCHECHISCHES NATIONALTHEATER (Národní Divadlo), 1868/81 von Josef Zítek und Josef Schulz in Formen der Neurenaissance erbaut; Plastiken von Boh. Schnirch; im Foyer Gemälde von Mik. Aleš und Fr. Ženíšek, Büsten von Sucharda, Myslbek und Mařatka. Führende Bühne der tschechischen Sprache.

Ungelt (Teynhof), ursprünglich herzogliche Zoll- und Stapelstätte. Nach Auflösung der Zollstätte, durch Ferdinand I. an Jakob v. Granow geschenkt, Umbau zum Renaissancepalast mit Arkaden und Chiaroscuro-Malerei, Portal um 1560.

Villen und Schlösser

LUSTSCHLOSS IM BAUMGARTEN, Ende des 16. Jhs. von König Wladislaw II. als Jagdschloß nach ungarischem Vorbild erbaut, vermutliche durch Benedikt Ried; Umbau unter Rudolf II., 1804 von Georg Fischer und 1855 durch Bernhard Grueber in neugotische Formen umgestaltet.

BERTRAMKA: ländliches Anwesen aus 17. Jh. in Smíchov, benannt nach Eigentümer Bertram. Mozart wohnte hier 1786 und 1789 als Gast des Pianisten Duschek, vollendete hier 1786 »Don Giovanni«. Heute Mozart-Gedenkstätte.

HANSPAULKA in Dejvice, Rokoko-Landsitz des reichen Bürgers Hans Paul Hippmann, um 1750; heute Archäologisches Museum.

KINSKY-LUSTHAUS im gleichnamigen Park über Smíchov; 1827/31 als Vorstadtvilla von Heinr. Koch in klassizistischen Formen erbaut.

PORTHEIM-VILLA, ursprünglich Dientzenhofer-Villa, 1725 als Wohnhaus der Familie Dientzenhofer in Smíchov erbaut; Fresken von W. L. Reiner; 1884 teilweise abgerissen.

VILLA AMERIKA in der Neustadt, 1712/20 von K. I. Dientzenhofer erbaut für Wenzel Graf Michna; Vorstadtvilla nach französischem Vorbild unter Einfluß Fischers v. Erlach. Fresken von Ferd. Schor, Plastiken Werkstatt Matth. Brauns.

SCHLOSS STERN am Weißen Berg; 1555/6 im Auftrag des Erzherzogs Ferdinand v. Tirol als Jagdschloß über sechseckigem Grundriß erbaut; ursprünglich vergoldeter Zwiebelhelm. Vorbild vermutlich Schloß Caprarola bei Rom von Vignola. Entwurf wohl von Erzherzog Ferdinand, Ausführung von Architekten Juan M. del Pambio, Giovanni Luchese, Bonifaz Wolmuet und Hans v. Tirol. Im Innern zarte Stuckarbeiten hoher Qualität, Motive aus der antiken Mythologie. Umgebender Tiergarten 1530 angelegt. Heute Jirásek-Museum.

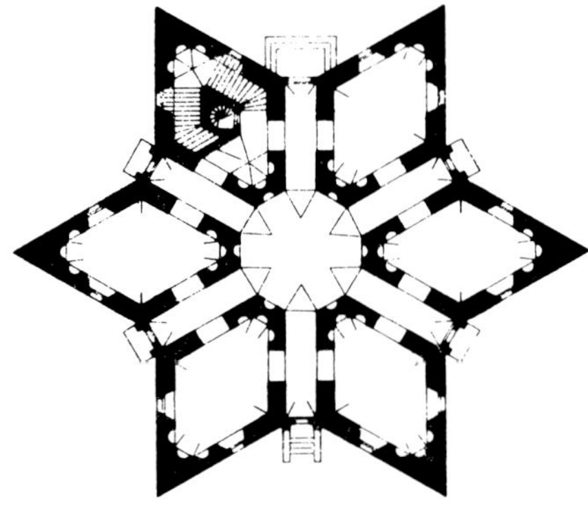

Schloß Stern, Grundriß

SCHLOSS TROJA im Norden Prags, 1679/85 von J. B. Mathey für Wenzel Adalbert Graf v. Sternberg als barocke Landvilla entworfen, Ausführung durch Sylvester Carlone; bestimmende Einflüsse französischer Palastarchitektur durch Auflösung in Baublöcke. Bewegte barocke Note durch doppelläufige Freitreppe mit reichem Statuenschmuck, Kampf der Götter mit den Giganten, Entwurf von Joh. Georg Heermann aus Dresden, Ausführung durch Neffen Paul Heermann, 1685–1703; großer Festsaal im Mitteltrakt 1690/7 von Abraham und Isaak Godin aus Antwerpen ausgemalt. Fresko der Apotheose des Hauses Habsburg.

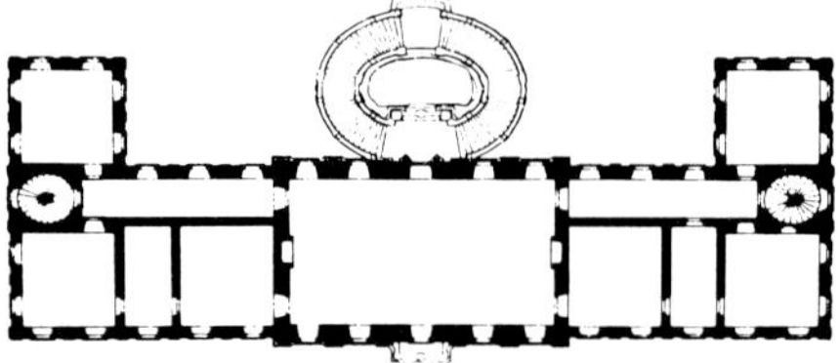

Schloß Troja, Grundriß

Wälsches Spital, ab 1602 von der Kongregation der in Prag ansässigen Italiener durch Ulrich Austalis erbaut, dazugehörige Kirche des hl. Karl Borromäus um 1617 von Dom. de Bossi.

Wischehrad (Vyšehrad), ehem. Fürstenburg d. Przemysliden auf Felsstock über der Moldau, südlicher Eckpfeiler der Stadt und ihrer Befestigungen; Ausbau unter Wratislaw I. im 11. Jh.; von den damals errichteten Kirchenbauten jedoch nur St.-Martins-Rotunde erhalten. In Hussitenkriegen verwüstet. Im 17. Jh. zur Festung ausgebaut: Tabor-Tor von 1655/6, Leopoldstor von Carlo Lurago, um 1670. 1885 Neubau der St.-Peter-und-Paul-Basilika. Bemerkenswert der Ehrenfriedhof *Slavín* von Architekt Ant. Wiehl, 1889/93, gemeinsames Grabdenkmal für berühmte tschechische Persönlichkeiten des kulturellen Lebens (u. a. Vrchlický, Myslbek, Mucha, Štursa; im Arkadenumgang Grabstätte Antonín Dvořáks); Plastiken von Jos. Mauder.

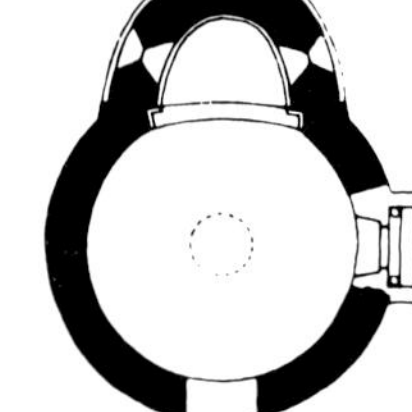

Grundriß der St.-Martins-Rotunde, auf dem Wischehrad

Zentralbibliothek der Stadt Prag am Platz des Primators Dr. Vacek gegenüber Clementinum. Modernes Verwaltungsgebäude von 1926, Architekt František Roith. Im 2. Stockwerk Sammlung moderner Malerei der Nationalgalerie.

Zollamtsgebäude, 1808/11 v. Georg Fischer anstelle der Kirche des Klosters der irischen Franziskaner erbaut (Hybernerkloster); wichtigster Bau des Klassizismus in Prag, nach Vorbild der Alten Münze von H. Gentz in Berlin. 1940/42 zum Ausstellungsgebäude umgebaut.

Prager Künstler

ALEŠ, MIKULÁŠ (1852 Mirotice in Südböhmen – 1913 Prag). Zeichner und Maler, bekanntgeworden durch volkstümliche Darstellungen, entwickelte einen spezifisch tschechischen Stil der Historienmalerei. 1878 Zyklus »Vlast« (Heimat) im Nationaltheater; Bildschmuck im Smetana-Museum; Mosaik im Eingangsraum des Altstädt. Rathauses. Nachlaß in der Graph. Sammlung der Nationalgalerie im Palais Goltz-Kinsky.

ALLIPRANDI, GIOVANNI BATTISTA (1665 Verona – 1720 Prag). Als »Oberhofbaumeister in Böhmen« zunächst mit Fortifikationsarbeiten befaßt. Seit etwa 1700 in Prag (Ursulinenkirche 1702/4), erwirbt 1709 Bürgerrecht der Kleinseite. Hauptwerk: Jagdschloß Liblitz bei Melnik. In Leitomischl Piaristenkirche (ab 1712), Entwurf für Umbau des Rathauses von Eger. Schüler Martinellis, für den er 1698–1707 als Bauleiter das Palais Sternberg ausführte; 1702 Plan für Palais Hrzan, Zeltnergasse; 1704 Haus Nr. 258 am Bethlehemsplatz; 1704/7 Palais Lobkowitz, unter Einfluß Fischers v. Erlach; 1715 Dreifaltigkeitssäule. Zugeschrieben (von Poche): Palais Kaiserstein am Kleins. Ring, um 1700. Sensibler Künstler mit kultiviertem Formgefühl.

BAYER, PAUL IGNAZ (1650 Iglau – 1733 Prag). Nachfolger Carlo Luragos als Bauleiter beim Prager Jesuitenkolleg St. Ignatius und Jesuitenkolleg Königgrätz. Sein eklektischer Stil am stärksten von J. B. Mathey beeinflußt. St. Ignatius: Chor 1686, Fassade 1687, Vorhalle 1697/9. 1712/3 Jagdschloß Ohrada/Frauenberg bei Budweis; 1722/25 rückwärtiger Trakt des Erzbischöflichen Palais; 1730 Altersheim für Geistliche bei St.-Karl-Borromäus-Kirche Prag.

BENDL, JOHANN GEORG (1620–1680 Prag). Bildhauer des Frühbarock, in Süddeutschland oder Italien ausgebildet. Vater Georg vermutlich aus Hohenthengen/Schweiz zugewandert. 1651 Bürgerrecht in Prag. 1650/2 Mariensäule auf dem Altstädter Ring (1918 abgetragen, Reste im Lapidarium); Statuen auf Hauptaltären der Heinrichs- und Stephanskirche, 1669; Herkulesbrunnen im Burggarten beim Belvedere 1670; Weinsäule an Karlsbrücke, jetzt am Kreuzherrenkloster 1676; 1678 Reiterdenkmal des hl. Wenzel, ursprünglich Wenzelsplatz, jetzt Wyschehrad. Schöne Stuckarbeiten in St.-Salvator-Kirche (Kuppel), um 1650.

BRANDL, PETER (1668 Prag – 1735 Kuttenberg). Bekanntester böhmischer Barockmaler, geniale Künstlernatur mit hochstaplerischem Lebenswandel. Lehre ab 1685 bei Hofmaler Christian Schröder; unter Einfluß von Michael Halbwax Entwicklung zu dramatischer Helldunkelmalerei und hochgesteigertem Gefühlsausdruck. Revolutionär, zumal als Bildnismaler. In Diensten der Grafen Czernin und Sporck. Wichtigste Prager Werke, außer in Nationalgalerie, in Klosterkirche Břevnov, Loretokirche und St.-Jakobs-Kirche.

BRAUN, MATTHIAS (1684 Ötz in Tirol – 1738 Prag). Genialer Vertreter der Plastik des Hochbarock in Prag. Nach Lehrzeit in Italien, wo er Werke Berninis kennenlernte, von Graf Sporck 1704 in Innsbruck für Arbeiten in Kukus und Lissa verpflichtet. In Prag 1710 Statue der hl. Luitgard auf der Karlsbrücke nach Entwurf P. Brandls; hl. Ivo; 1711 Bürgerrecht in Prag. 1709/19 Plastiken am Palais Clam-Gallas; 1719 Dreifaltigkeitssäule in Teplitz; 1721 Statue Karls VI. in Laxenburg bei Wien; 1721 Piaristenkirche Leitomischl; 1723 Schlickgrab im St.-Veits-Dom. Hauptwerk: Figuren in Clemenskirche, um 1715 (vgl. auch Nationalgalerie und Lapidarium).

BROKOFF, FERDINAND MAXIMILIAN (1688 Rotenhaus bei Komotau – 1730 Prag). Bildhauer der hochbarocken Bernini-Nachfolge. Schulung bei Vater Johann, der aus der Zips nach Prag gekommen war. 1728 Bürgerrecht in der Prager Neustadt. Erstes Werk Statuengruppe der hll. Margarete, Elisabeth und Barbara auf Karlsbrücke, 1707. 1722 von Fischer v. Erlach nach Breslau berufen, mit dem er 1728 auch in Wien an St.-Borromäus-Kirche zusammenarbeitete; 1729 Grüssau in Schlesien. Hauptwerke: Negerkaryatiden am Palais Czernin-Morzin 1713/4, Grabmal des Kanzlers Wratislaw v. Mitrowitz in St.-Jakobs-Kirche 1715/16. Ferner: 1715 Phillippus Nerus an Neuer Schloßstiege, hl. Ludmila auf Wyschehrader Friedhof, Evangelisten St.-Gallus-Kirche 1720, St. Hubertus an Haus in Thomasgasse 1726. Begraben in St. Martin an der Mauer.

BYSS, JOHANN RUDOLF (1662 bei Solothurn – 1738 Würzburg). Nach Studium in Deutschland, England, Holland und Italien seit 1689 in Prag, Kustos der Galerie des Grafen H. Czernin; 1713 Hofmaler in Bamberg. In Prag: Altarbild in St.-Judas-Thaddäus-Kirche 1691, Dekkenfresko im Haus zum Weißen Rößl am Malteserplatz 1710/15.

CARATTI, FRANCESCO (geb. Bissone bei Como, gest. 1679 Prag). 1652 in Diensten der Familie Lobkowitz in Raudnitz, für die er 1653 Pläne für Schloßneubau ausarbeitete (bis 1665 Bauleitung). 1669 Vertrag mit Humprecht Graf Czernin über Plan des Czerninpalais in Prag; Bauleitung bis zum Tode. Weitere Bauten möglicherweise Kuppel St.-Salvator-Kirche, Clementinumfassade, Nostitz- und Michna-Palais. Vertreter des oberitalienischen Frühbarock in Nachfolge Palladios.

DIENTZENHOFER, CHRISTOPH (1655 Aibling – 1722 Prag). Barockbaumeister oberbayerischer Herkunft, bringt Wandpfeilersystem bayerischer Sakralbauten nach Böhmen und übersetzt es unter Einfluß Guarinis ins Monumentale. Schüler Abraham Leuthners. Wallfahrtskirche Maria Kulm, Schloßkapelle Smiřice, Paulinerkirche Obořiště 1702/12; als Vorbild vieler anderer hochbarocker Langhausbauten: Schiff der St.-Niklas-Kirche auf der Prager Kleinseite 1703/11; Klarissinnenkirche Eger 1707/11; Klosterkirche Břevnov 1708/15; Paulinerkirche Neupaka 1709. Vater des Kilian Ignaz, Bruder von Johann D., der Dom zu Fulda u. Klosterkirche Banz erbaute.

DIENTZENHOFER, KILIAN IGNAZ (1689 Prag – 1751 Prag). Bestimmende künstlerische Impulse durch Lucas v. Hildebrandt (Laurentiuskirche Deutsch-Gabel 1699), so besonders bei Prager Erstlingswerk Villa Amerika 1712/20. Portheim-Villa hingegen unter Einfluß Fischers v. Erlach durch querovalen Saal. Profanes Hauptwerk Palais Sylva-Tarouсca 1749. Sakralbauten meist Zentralanlagen mit z. T. komplizierten Grundrissen in der Nachfolge Guarinis: Kirche St. Maria, Nitzau 1720/7 und St. Johann, Prag Hradschinstadt 1720/8; Bartholomäuskirche in Prag 1726/31, St.-Adalbert-Kirche, Potschapel 1724/5, St. Johann auf dem Felsen 1730/9, Kirchen in Hermsdorf 1733, Wiesen 1727, Gutwasser bei Budweis 1732/36; Ursulinenkirche Kuttenberg, Kirche Opařany 1732/5; Klosterkirche Wahlstatt 1727/31, Margaretenkirche Karlsbad 1732/5, Paulinerkirche Wodolka 1737; Chor und Kuppel von St. Niklas 1737/52.

FISCHER VON ERLACH (1656 Graz – 1723 Wien). Hauptmeister der österreichischen Barockarchitektur, kaiserlicher Hofarchitekt zu Wien. In Prag Clam-Gallas Palais 1713/19. Wratislaw-v.-Mitrowitz-Grabmal in St.-Jakobs-Kirche 1714/16; Entwurf für Prunkgrab des hl. Joh. Nepomuk im St.-Veits-Dom.

GRUND, NORBERT (1717 Prag – 1767 Prag). Vertreter des böhmischen Rokoko in der Malerei. Nach Lehre bei Vater Christian (aus Kulmbach im Egerland) 1737 nach Wien, dort in Schule Fergs. Ab 1751 Mitglied der Malerinnung auf der Prager Kleinseite, eigene Werkstatt. Kleinformatige Genrebilder in italienischer, holländischer und französischer Manier. Sammlung in Nationalgalerie.

HALBWAX, MICHAEL WENZEL (1661 Ebenfurth/Niederösterreich – 1721 St. Florian). Hervorgegangen aus venezianischer Werkstatt Joh. Karl Loths, Meister des Helldunkels. Seit 1665 in Prag, Altarblätter, allegor. Szenen, zuletzt auch Freskant. Beeinflußte Brandl und Reiner. Gemälde in St.-Jakobs-, Teyn- und Kajetanerkirche.

HEERMANN, JOH. GEORG (um 1650 Weigmannsdorf – nach 1700 Dresden). Sächsischer Hofbildhauer, schafft zusammen mit Jäckel erste Beispiele des berninesken Hochbarock. Treppe Schloß Troja. Von ihm den Balkon emporstemmende Atlanten, signiert G H 1685.

HEINTSCH, JOH. GEORG (1647 Schlesien – 1712 Prag). Maler des hochbarocken »Tenebroso«, seit 1678 in Prag. Hochbewegte Altarblätter, auch mythologische Szenen. Gemälde St.-Georgs-, Teyn-, Gallus-, St.-Jakobs-Kirche.

HIEBL, JOHANN (1681 Ottobeuren – 1755 Prag). Bedeutender Freskant des Hochbarock, lernte in Wien als Mitarbeiter Scheinarchitekturen Andrea Pozzos kennen. Seit 1708 in Prag, Ausmalung der Clemenskirche 1714/5 und der Bibliothek des Clementinums; Jesuitenkirche Klattau 1716; Klosterkirche Doxan 1722. 1731–49 Vorsteher der Altstädter Malergenossenschaft.

HOLLAR, WENZEL (Prag 1607 – 1677 London). Bedeutendster böhmischer Stecher tschechischer Abstammung. Seit 1628 in Werkstatt Merians in Frankfurt, später selbständig in Straßburg und Köln.

JÄCKEL, MATTHIAS WENZEL (1655 Wittichenau, Oberlausitz – 1738 Prag). Bildhauer, vermutlich in Werkstatt Mich. Zürns des J. mit malerischem Stil Berninis bekannt geworden. Seit 1680 in Prag; zunächst Bildschnitzer, drei Altäre 1695/9 für St.-Josephs-Kirche, 1699 St. Ignaz, 1701/9 Kreuzherrenkirche. 1707 hll. Anna und Maria auf Karlsbrücke, danach große Zahl von Steinplastiken ausschließlich religiöser Thematik von großer dekorativer Sicherheit.

KAŇKA, FRANTIŠEK MAXIMILIAN (1674 Prag – 1766 Prag). Bedeutendster tschechischer Baumeister des Barock, vollendete zahlreiche Bauten Alliprandis; von Karl VI. zum kaiserlichen Architekten ernannt. Hauptwerke: Clementinum und Umbau Carolinum; Piaristenkirche Leitomischl 1722/29. Schloß Vinoř b. Prag, 1720/5; Kirchen zu Žernice u. Týnec; 1747 Stadtkirche Donaueschingen.

KOHL, HIERONYMUS (1632 Schlaggenwald b. Karlsbad – 1709 Prag). Seit 1650 in Prag, Lehre bei Holzbildhauer Heidelberger, 1675 Bürgerrecht der Kleinseite, zuletzt Hofbildhauer. Entwicklung zum Hochbarock unter Einfluß J. G. Bendls. Hauptwerk: Schnitzaltar in Launer Stadtkirche 1700/8. In Prag: Brunnen im 2. Burghof, Statuen der hll. Augustinus und Thomas in Thomaskirche. Vater des Bildhauers Johann Friedrich Kohl.

KRACKER, JOHANN LUKAS (1717 Znaim? – 1779 Erlau). Nach Lehre an Wiener Akademie in Mähren und Ungarn als Freskant tätig; seit 1760 kurz in Prag, Deckengemälde St.-Niklas-Kirche, Fresken in Theklakapelle beim Elisabethinenkloster in der Neustadt, 1762. Nach 1764 in Diensten des Grafen Esterházy in Erlau. Spätphase der Barockmalerei, zum Teil bizarre Züge.

LEUTHNER V. GRUND, ABRAHAM (1639 Oberösterreich – 1701). 1688/97 Fortifikationsbaumeister in Eger, später oberster kaiserlicher Bau- und Schatzmeister in Böhmen. Zusammen mit Fr. Caratti Bau des Czerninpalais ab 1668. Veröffentlichte 1677 in Prag Architekturtraktat »Grundtliche Darstellung der funff Seullen.«

LISCHKA, JOHANN CHRISTOPH (1650 Breslau – 1712 Leubus). Stiefsohn und Schüler M. Willmanns. 1648/8 Italien, in den 90er Jahren in Prag. Schwungvoller Barockmaler, harmonisch in Komposition. Hauptaltäre Ursulinen- und Joh.-Nepomuk-Kirche; Fresko im Altarraum der Kreuzherrenkirche 1700/07; Tafelbilder in St. Jakob.

LURAGO, CARLO (um 1618, Laino, Oberitalien – 1684 Passau). Baumeister und Stukkateur, seit

1638 in Prag; Vertreter des Frühbarock lombardischer Prägung, vor allem für Jesuiten tätig. Jesuitenkirchen in Březnice 1640 und Königgrätz 1654/66. 1649/59 Befestigungsbaumeister in Prag, Clementinum und St.-Ignatius-Kolleg, 1653 Instandsetzung des Altstädter Brückenturms, 1661 Kreuzherrenkonvent. 1668 zum Dombau nach Passau berufen.

MÁNES, JOSEF (1820 Prag – 1871 Prag). Begründer der modernen tschechischen Malerei, zunächst Romantiker, dann edler Realismus. Schüler von Tkadlik und Ruben. 1845 München, Einfluß von Schwindt. Romantische Genrebilder, Studium der tschechischen Bauernkultur; Bestreben, eine nationale tschechische Kunst zu schaffen. Zahlreiche Illustrationen. Nachlaß in Graph. Sammlung der Nationalgalerie im Palais Goltz-Kinsky. Monatsscheibe an Altstädter Rathausuhr.

MATHEY, JEAN BAPTISTE (1630 Dijon – 1695 Paris). Bahnbrecher des Hochbarock in der Prager Architektur. Ursprüglich Maler, verarbeitet in eklektischem Personalstil französische, italienische und flandrische Vorbilder. Hofarchitekt des Prager Erzbischofs Joh. Fr. Graf v. Waldstein. Außer Landkirchen von Oberleutensdorf und Obergeorgental (um 1690) alle Hauptwerke in Prag.

MAULPERTSCH, FRANZ ANTON (1724 Langenargen/Bodensee – 1796 Wien). Nach Lehre in Wien und Italien große Freskenaufträge in Mähren und Ungarn, Dresden, Innsbruck und Prag (Deckenfresko in Bibliothek Strahov 1794 vermutlich von Gehilfen Martin Michl).

MAYER, JOH. ULRICH (Wien ? – 1721 Prag). Barockbildhauer, Schüler Brauns und Brokoffs. 1712 Bürger der Kleinseite. Zahlreiche Plastiken, u. a. am Eingang der Maria-Schnee-Kirche; Dreifaltigkeitssäule, Ältäre der Kajetanerkirche (außer Hauptaltar), 1730.

MAX, EMANUEL (1810 Bürgstein – 1901 Prag). Bildhauer, Schüler der Maler Bergler und Führich; 1839 Rom, 1847 Prag. In Nachfolge der Nazarener edler, aber trockener Realismus. Beste Arbeit: ehemaliges Radetzky-Denkmal am Kleinseitner Ring (heute Lapidarium). Zusammen mit seinem Bruder Joseph (1804–1855) Ergänzung des Statuenschmucks d. Karlsbrükke.

METZNER, FRANZ (1870 Wscherau bei Pilsen – 1919 Berlin). Portal- und Attikaplastiken an Staatsbank, 1908. Wichtigstes Werk: Völkerschlachtdenkmal bei Leipzig.

MUCHA, ALFONS (1860 Ivančice/Eibenschütz – 1939 Prag). Nach Studium in München, in Paris berühmt geworden durch Plakat Sarah Bernhardt 1894, Meister des Art Nouveau. Mondäne Note des Jugendstils. Mitgestalter an Ausstattung des Repräsentionshauses am Pulverturm (Gemeindehaus).

MYSLBEK, VÁCLAV (1838 Prag – 1922 Prag). Lehre 1872 bei J. Hähnel in Dresden; 1875/96 an Prager Kunstgewerbeschule tätig, 1896–1919 an Akademie. Ausgehend von tschechischer Romantik zuletzt edler Realismus; Stoffe meist aus tschechischer Volkssage. Plastiken am Nationaltheater und im Gemeindehaus, Statuen auf Palacký-Brücke, Denkmäler für Mácha (beim Nebozízek), Fürstbischof Schwarzenberg (Veitsdom), hl. Wenzel (W.-Platz), Rieger (R.-Park, 1913).

ORSI DE ORSINI, DOMENICO (gest. 1679 Prag). Nach Lehrzeit und Tätigkeit in Wien Ordensbaumeister der böhmischen Jesuiten, zuletzt kaiserlicher Oberbaumeister im Königreich Böhmen. Jesuitenkirche Klattau 1666, Umbau St. Gallus, Prag, 1668/71, kleine Bibliothek Strahov 1671, Karmeliterkloster Rittergasse.

PACASSI, NIKOLAUS FREIHERR V. (1716 Wiener Neustadt – 1790 Wien). Seit 1748 Hofarchitekt in Wien, Vertreter des höfischen Stils der Epoche Maria Theresias. Ausbau Schönbrunn, Umbau des Theresianums 1753, Kreuzkirche am Rennweg 1755; in Prag Umbau der Burg 1762–1768.

PALKO, FRANZ XAVER (1724 Breslau – 1767 München). Studium in Wien (Bibiena) und Venedig (unter Einfluß Crespis), als Freskant und Landschaftsmaler in Wien und später München zum Hofmaler ernannt. Vertreter der italienischen spätbarocken Malweise, beeinflußte stark die böhmische Malerei der 2. Hälfte des 18. Jhs. Sommerrefektorium in Kloster Königsaal/Zbraslav b. Prag, Fresken in Prälatur Kloster Doxan. Gemälde in Kajetanerkirche (hl. Thekla), Thomaskirche, Strahov (hl. Joh. Nepomuk und hl. Augustinus).

PALLIARDI, JOH. NEPOMUK (1737 Prag – 1821 Prag). Baumeister, seit 1759 Kleinseitner Bürger. Palais Ledebur 1787, Sweerts-Sporck 1779, Kolowrat-Garten 1770 u. a.

PARLER, PETER (um 1330 Schwäb. Gmünd – 1399 Prag). Bedeutendster deutscher Baumeister des 14. Jhs., Begründer der spätgotischen Wölbetechnik, Mitglied der Kölner Dombaumeisterfamilie. 1353 zur Fortführung des Dombaus nach Prag berufen als Nachfolger Matthias' v. Arras. 1360/85 Chor der Stadtkirche zu Kolin, seit 1388 Chor der St.-Barbara-Kirche zu Kuttenberg. Auf Hradschin ferner Allerheiligenkirche 1370/87, Bau der Karlsbrücke ab 1357, vermutl. auch Karlshofer Kirche. Bedeutender Plastiker, für seine Hand gesichert Tumba Přemysl Ottokars I. 1377; 1376–85 Bildnisbüsten im Triforium.

PLATZER, IGNAZ (1717 Pilsen – 1787 Prag). Rokokoplastiker, zeitweise Einfluß Rafael Donners, zuletzt zurückhaltende Empfindsamkeit. Lehre an Wiener Akademie, seit 1744 Prag. 1755 in Schönbrunn tätig. In Prag zahlreiche Plastiken.

PREISS, FRANZ (1660–1712 Prag). Bildhauer, Schüler Hier. Kohls. Gefühlsbetonter Realismus.

QUITTAINER, ANDREAS PHILIPP (1679 Friedland – 1729 Prag). Bildhauer unter Einfluß F. M. Brokoffs; seit 1709 mit anderen Prager Künstlern an Ausgestaltung v. Schloß Ludwigsburg/Württ. tätig. Sohn Joh. Anton (1709–1765) zählte zu führenden Rokokobildhauern Prags.

RAUCHMILLER, MATTHIAS (1645 Radolfzell – 1686 Wien). Hochbarocker Maler, Bildhauer und Architekt, in Mainz, Passau und Wien tätig. Schuf Modell der St.-Joh.-Nepomuk-Statue auf der Karlsbrücke.

REINER, WENZEL LORENZ (1689 Prag – 1743 Prag). Bedeutendster Prager Freskomaler des Barock. Lehre bei Vater Josef E., Bildhauer; weitergebildet in Italien, als Freskant Einfluß Pozzos über Vermittlung von Halbwax und Brandl. Ausdrucksstarker Realismus, Schöpfer eindrucksvoller Monumentalgemälde. Fresken auch in Breslau, Ossegg, Raudnitz, Dux und Liboch; in Prag Königsaal, Kirchen und Paläste.

REJSEK, MATTHIAS (um 1450 Prosnitz/Mähren – 1506 Prag). Ursprünglich Zeichner, als Magister der Teynschule dann auch mit baukünstlerischen Aufgaben betraut. In Teynkirche spätgotischer Baldachin von 1493; erbaute den Pulverturm, dekorative Arbeiten am Altstädter Rathaus. 1489/99 Einwölbung des Chores der

St.-Barbara-Kirche zu Kuttenberg. Gab einem spezifisch tschechischen Formgefühl Ausdruck.

RIED, BENEDIKT (um 1454 Landshut? – 1534 Laun). Königlicher Burgbaumeister Wladislaws II. zu Prag, zunächst Befestigungsbaumeister (Daliborka, Mihulka, um 1490/95), dann Ausbau des Palas; Wladislawsches Oratorium 1490/93; Wladislawsaal 1493–1502, Ludwigstrakt 1502/09; Burgen Rabi und Schwihau, Blatna und Frankenstein/Schlesien; Schiff der St.-Barbara-Kirche zu Kuttenberg ab 1512, Stadtkirche zu Laun ab 1519. Führender Baumeister der spätgotischen Baukunst, virtuoser Wölbekünstler, Hauptvertreter des sogenannten Donaustiles in der Architektur.

ROITH, FRANTIŠEK (1876–1942 Prag). Architekt, Schöpfer zahlreicher Verwaltungsbauten im Stile der modernen Sachlichkeit.

SADELER, EGIDIUS (1570 Antwerpen – 1629 Prag). Gravierer und Hofkupferstecher Rudolfs II., Lehrer Joach. v. Sandraerts. 1621 in Malerinnung der Kleinseite eingetragen. Bemerkenswerte Stadtansichten Prags.

ŠALOUN, LADISLAV (1870 Prag – 1946 Prag). Impressionistischer Bildhauer unter Einfluß Rodins, so z. B. Hus-Denkmal am Altstädter Ring (Bürger von Calais); plastischer Schmuck im Smetanasaal des Gemeindehauses, Denkmäler Rabbi Löws, Tyršs u. a.

SANTIN-AICHEL, GIOVANNI (1667 Prag – 1723 Prag). Enkel eines welschen Steinmetzen, gelernter Maler, dann vielseitiger Barockbaumeister. Räume für illusionistische Deckenmalerei konzipiert, Einflüsse Borrominis, später Fischers v. Erlach. Besonderheit: baut gotisierende Gewölbe mit Bogenrippen in der Art Benedikt Rieds, so Sedletz 1703, Seelau, Kladrau 1712/26. Hauptwerke: Wallfahrtskirche Grüner Berg b. Saar, 1714, und Jagdschloß Karlskrone b. Chlumec 1721. Kloster Königsaal/Zbraslav 1726.

ŠKRÉTA, KAREL (1610 Prag – 1674 Prag). Familie 1628 aus konfessionistischen Gründen nach Freiberg in Sachsen ausgewandert; 1630/35 in Italien, in Venedig in Werkstatt Guido Renis, 1634 in Rom Mitglied der Lukasakademie; 1635 Rückkehr nach Freiberg, 1638 nach Prag, Übertritt zum Katholizismus; 1644 Zunftmitglied der Kleinseitner Maler. Vielseitiger Barockmaler, sichere Zeichnung, starke Farbgebung, Beherrschung des Helldunkels, realistische Darstellung.

SPIESS, HANS (gestorben 1511 Prag). Steinmetz und Baumeister, seit 1477 in Prag nachweisbar; kam vermutlich aus Frankfurt a. M. über Sachsen (Meißen); arbeitete um 1488 an Propsteikirche Melnik; in Prag Audienzzimmer Wladislaws im Palas, Steinmetzarbeit am kgl. Oratorium, dann in Pürglitz tätig (mitgeteilt durch Dr. Victor Kotrba).

SPRANGER, BARTHOLOMÄUS (1546 Antwerpen – 1611 Prag). Manieristischer Maler; Lehre in Antwerpen, 1565 über Paris nach Mailand und Rom, dort päpstlicher Maler, 1575 Wien, 1581 nach Prag, Hofmaler bei Rudolf II. Umfangreiche Tätigkeit als Maler und Stecher.

ŠTURSA, JAN (1880 Nové Město – 1925 Prag). Bildhauer und Lithograph, Schüler Myslbeks, 1904 Paris, 1907 Italien. Figuren von kraftstrotzender Körperlichkeit; Hauptwerk in ehemaliger Legionsbank am Poříč.

THEODERICH VON PRAG (gestorben um 1381). 1359 erstmals genannt; 1365 Mitglied der Prager Malerzeche. Begründete mit den Arbeiten in Burg Karlstein (127 Tafelgemälde in der Hl.-Kreuz-Kapelle) die führende Malerschule Europas nördlich der Alpen in der 2. Hälfte des 14. Jhs.

VRIES, ADRIAEN DE (um 1560 Den Haag – 1626 Prag). Manieristischer Plastiker, Schüler Giovanni da Bolognas, vor allem Bronzebildner. Merkur- und Herkulesbrunnen in Augsburg, 1596. Seit 1601 kaiserlicher Kammerbildhauer zu Prag, nach Tod Rudolfs II. Arbeiten für den dänischen König und für Wallenstein; Statuenschmuck im Garten des Palais Waldstein.

WIRCH, JOHANN JOSEF (1732 Košetice – 1783 Teplitz). Architekt des Prager Rokoko, 1761 Bürgerrecht in der Neustadt; Neubau des Rathauses von Časlau, Schloß Bečvar 1773; in Prag Umbau des Erzbisch. Palais 1764/5.

WILLMANN, MICHAEL LUKAS (1630 Königsberg – 1706 Leubus). Bahnbrechender Meister der deutschen Spätbarockmalerei. Seit 1660 im schlesischen Kloster Leubus; nach Studium in Niederlanden (Rembrandt) Tätigkeit in Prag um 1653, dann in Breslau. Hauptsächlich für Zisterzienserorden tätig. Starker Ausdruck, oft wilde Bewegtheit, Meister des Helldunkel. Lehrmeister Lischkas.

WOLMUET, BONIFAZ (Überlingen – 1579 Prag). Steinmetz und Architekt, seit 1539 in kaiserlichen Diensten in Wien, 1554 nach Prag berufen, von 1559 bis 1570 kaiserlicher Baumeister und Mitschöpfer aller kaiserlichen Bauten in Prag. Wandlung vom gotischen Steinmetzen zum klassizistischen Renaissancearchitekten. Umbauten der Schlösser Lissa 1588, Prerau und Brandis.

WURMSER, NIKOLAUS. Maler aus Straßburg, 1357/60 in Prag tätig. Vermutlich Autor der Freskenzyklen auf Burg Karlstein (Luxemburger Stammbaum, Wenzels- und Ludmilalegende im Treppenhaus des Hauptturmes).

ZÍTEK, JOSEF (1832 Prag – 1909 Prag). Baumeister des tschechischen Rinascimento. 1848 Studium in Prag, 1851/54 an Wiener Akademie, 1854/55 in Atelier Kranners in Wien, Reise nach Italien und Frankreich. 1862 Umbau Schloß Petschau, in Weimar Museumsbau. Ab 1864 Professor am Polytechnikum Prag.

Grundriß der Prager Stadtbesiedlung:

1 *Altstadt*
2 *Kleinseite*
3 *Hradschin*
4 *Burgvorstadt*

5 *Kloster Strahov und Brandstätte*
6, 7, 8, 10, 12, 13, 14, 16, 17, 19, 20, 21, 22, 23, 24, 25 *Dörfliche Siedlungen*
9 *Bischofshof*

11 *St.-Laurentius-Kirche*
15 *Siedlung Poříčí*
18 *Früheste jüdische Siedlung beim Újezd*

26 *Burgsiedlung unterm Wischehrad*
27 *Burg Wischehrad/Vyšehrad*
28 *Dorf Nusle*

Erklärungen zum Stadtplan

STRASSEN UND PLÄTZE

links der Moldau: Hradschin und Kleinseite

- A *Brandstätte – Pohořelec*
- B *Hradschinplatz – Hradčanské náměstí*
- C *3. Burghof – 3. nádovoří*
- D *Goldmachergäßchen – Zlatá ulička*
- E *Alte Schloßstiege – Staré zámecké schody*
- F *Wallgarten – Zahrada na Valech*
- G *Neue Schloßstiege Nové zámecké schody*
- H *Spornergasse – Nerudova*
- J *Eiermarkt – Tržiště*
- K *Kleinseitner Ring – Malostranské náměstí*
- L *Waldsteinplatz – Waldštejnské náměstí*
- M *Klárov*
- N *Brückengasse – Mostecká*
- O *Karmelitergasse – Karmelitská*
- P *Malteserplatz – Malézské náměstí*
- R *Aujezd – Újezd*
- S *Laurenziberg – Petřín*
- T *Chotek-Park – Chotkovy Sady*
- U *Sommerberg – Letná*
- W *Brücke des 1. Mai – Most 1. máje*
- X *Karlsbrücke – Karlův most*
- Y *Mánesbrücke – Mánesův most*
- Z *Čechbrücke – Čechův most*

rechts der Moldau: Altstadt und Neustadt

- A *Altstädter Ring – Staroměstské náměstí*
- B *Kleiner Ring –Malé náměstí*
- C *Karlsgasse – Karlova*
- D *Kreuzherrengasse – Křížovnická*
- E *Karpfengasse – Kaprová*
- F *Pariser Str. – Pařížšká*
- G *Lange Gasse – Dlouhá*
- H *Zeltnergasse – Celetná*
- J *Obstmarkt – Ovocní trh*
- K *Rittergasse – Ritířská*
- L *Bergstein – Perštýn*
- M *Nationalstr. – Národní*
- N *Karlsplatz – Karlovo náměstí*
- O *Korngasse – Žitná*
- P *Stephansgasse – Štěpánská*
- Q *Wenzelsplatz – Václavské Náměsti*
- R *Wassergasse – Vodičková*
- S *Heinrichsgasse – Jindřîšká*
- T *Graben – Příkopy*
- U *Hybernergasse – Hybernská*
- V *Herrengasse – Pánská*

GEBÄUDE UND DENKMÄLER

links der Moldau: Hradschin und Kleinseite

1 *St.-Veits-Dom, St.-Georgs-Statue*
2 *Königlicher Palas*
3 *St.-Georgs-Basilika*
4 *Daliborka*
5 *Ehrenhof mit Matthiastor*
6 *Erzbischöfliches Palais, Palais Sternberg*
7 *Palais Salm und Palais Schwarzenberg, Mariensäule*
8 *Palais Toskana*
9 *St.-Nepomuk-Kirche*
10 *Loretokloster*
11 *Palais Czernin*
12 *Palais Kučera und Nepomuksäule*
13 *Kloster Strahov*
14 *Rathaus der Hradschinstadt*
15 *Kajetanerkirche*
16 *Palais Thun (Kolowrat)*
17 *Palais Czernin-Morzin*
18 *Wälsches Spital*
19 *Palais Lobkowitz*
20 *Palais Schönborn*
21 *Palais Vrtba und Garten*
22 *St. Maria de Victoria*
23 *St.-Niklas-Kirche und Kolleg, Dreifaltigkeitssäule*
24 *Palais Smiřický und Palais Sternberg*
25 *St.-Thomas- und St.-Josefs-Kirche*
26 *Palais Waldstein*
27 *Goldenes Brünnl*
28 *Palais Ledebour, Kolowrat und Fürstenberg*
29 *Malteserkirche*
30 *Palais Nostitz*
31 *Palais Buquoy*
32 *Insel Kampa*
33 *Kleinseitner Brückentürme*
34 *Seminargarten, Nebozízek*
35 *Aussichtsturm, St.-Laurentius-Kapelle*
36 *Hungermauer*
37 *Kinsky-Lusthaus*
38 *Bertramka*
39 *Burgreitschule*
40 *Ballhaus im Burggarten*
41 *Belvedere*

rechts der Moldau: Altstadt und Neustadt

1 *Altstädter Rathaus*
2 *Teynkirche und Teynhof*
3 *Husdenkmal, Paulanerkloster*
4 *St.-Nikolaus-Kirche*
5 *Palais Clam-Gallas*
6 *Clementinum mit St.-Clemens- und St.-Salvator-Kirche Wälsche Kapelle*
7 *Altstädter Brückenturm, Kreuzherrenkloster, Karlsdenkmal*
8 *Rudolfinum und Kunstgewerbemuseum*
9 *Jüdischer Friedhof, Pinkas-Synagoge*
10 *Altneu-Synagoge*
11 *St.-Jakob-Kirche und Kloster*
12 *St.-Castullus-Kirche*
13 *Pulverturm – Obecni Dům*
14 *Carolinum, Ständetheater*
15 *St.-Gallus-Kirche*
16 *Bethlehemskapelle – U Vejvodů*
17 *St.-Aegidius-Kirche*
18 *Hl.-Kreuz-Rotunde*
19 *Smetanamuseum*
20 *Nationaltheater*
21 *Ursulinerinnenkloster*
22 *Kirche Maria Schnee, Adriatica-Gebäude*
23 *Restaurant U Fleků*
24 *St.-Karl-Borromäus-Kirche*
25 *Neustädter Rathaus*
26 *St.-Ignatius-Kirche und Kolleg*
27 *Faust-Haus*
28 *Kloster Emaus und St. Johannes am Felsen*
29 *Kirche Maria Säul*
30 *St.-Martins-Rotunde auf dem Wischehrad, Slavín*
31 *Karlshof, Kirche und Kloster*
32 *Villa Amerika*
33 *St.-Stephans-Kirche, St. Longinus*
34 *Nationalmuseum*
35 *Nationalversammlung, Smetana-Theater (ehem. Deutsches Theater)*
36 *Hauptbahnhof*
37 *St.-Heinrichs-Kirche*
38 *Palais Kinsky und Palais Sweerts-Sporck*
39 *Zollhaus*
40 *Hl.-Kreuz-Kirche am Graben*
41 *Palais Sylva-Tarouca*

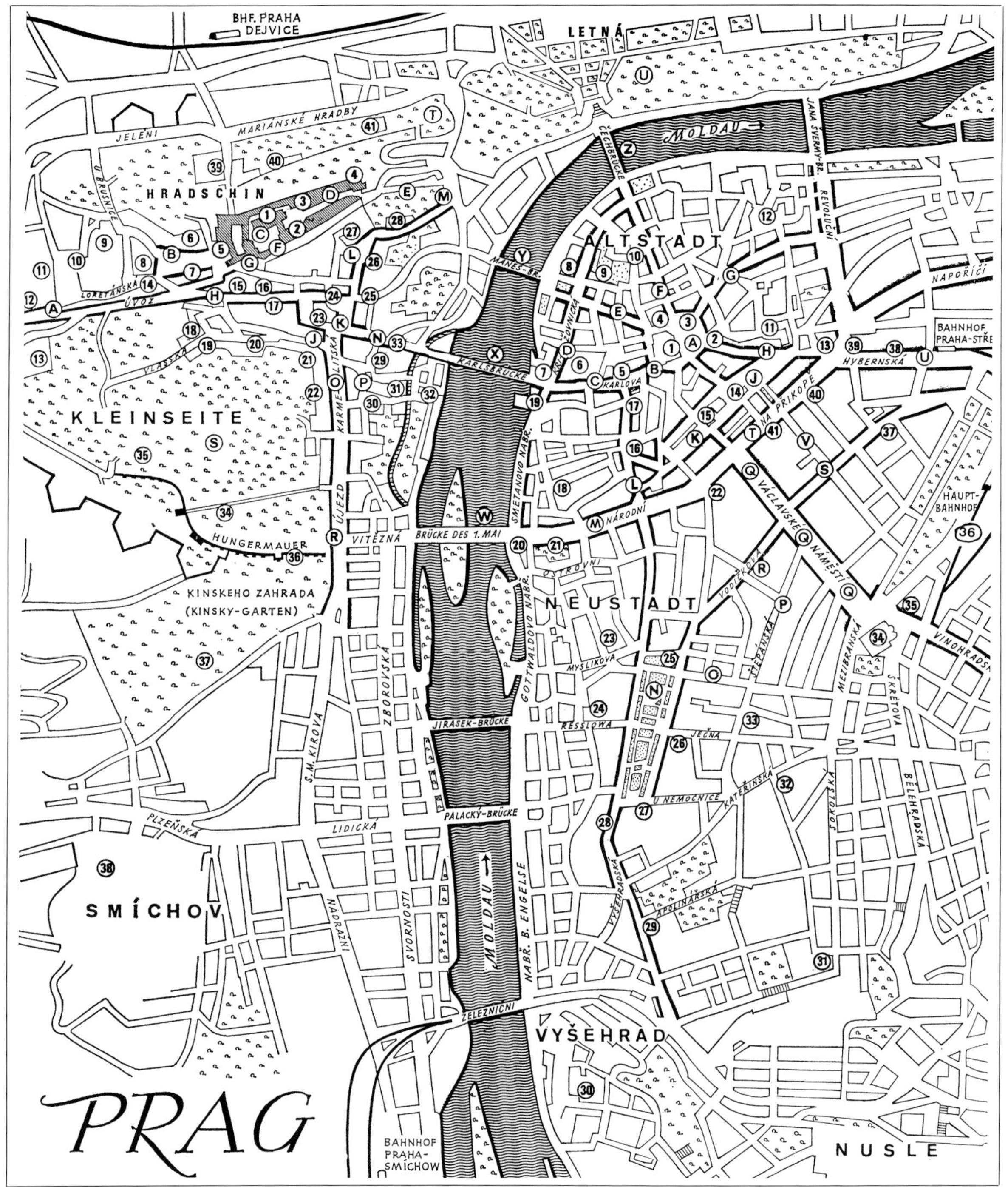
PRAG
BHF. PRAHA DEJVICE
LETNÁ
MOLDAU
HRADSCHIN
MARIÁNSKÉ HRADBY
JELENÍ
U BRUSNICE
LORETÁNSKÁ
ÚVOZ
ALTSTADT
KLEINSEITE
KARLSBRÜCKE
MÁNES-BR.
ČECHBRÜCKE
JANA ŠVERMY-BR.
REVOLUČNÍ
NA POŘÍČÍ
BAHNHOF PRAHA-STŘE
HYBERNSKÁ
NA PŘÍKOPĚ
KARLOVA
KŘIŽOVNICKÁ
SMETANOVO NÁBŘ.
NÁRODNÍ
VÁCLAVSKÉ NÁMĚSTÍ
HAUPT-BAHNHOF
VINOHRADSKÁ
VLAŠSKÁ
KARMELITSKÁ
ÚJEZD
VÍTĚZNÁ
BRÜCKE DES 1. MAI
HUNGERMAUER
KINSKEHO ZAHRADA (KINSKY-GARTEN)
OSTROVNÍ
NEUSTADT
VODIČKOVA
ŠTĚPÁNSKÁ
MEZIBRANSKÁ
ŠKRÉTOVA
MYSLÍKOVA
GOTTWALDOVO NÁBŘ.
ZBOROVSKÁ
JIRÁSEK-BRÜCKE
RESSLOVA
JEČNÁ
S. M. KIROVA
PALACKÝ-BRÜCKE
U NEMOCNICE
KATEŘINSKÁ
SOKOLSKÁ
BĚLEHRADSKÁ
PLZEŇSKÁ
LIDICKÁ
SMÍCHOV
NÁDRAŽNÍ
SVORNOSTI
NÁBŘ. B. ENGELSE
VYŠEHRADSKÁ
APOLINÁŘSKÁ
ŽELEZNIČNÍ
VYŠEHRAD
BAHNHOF PRAHA-SMÍCHOW
NUSLE

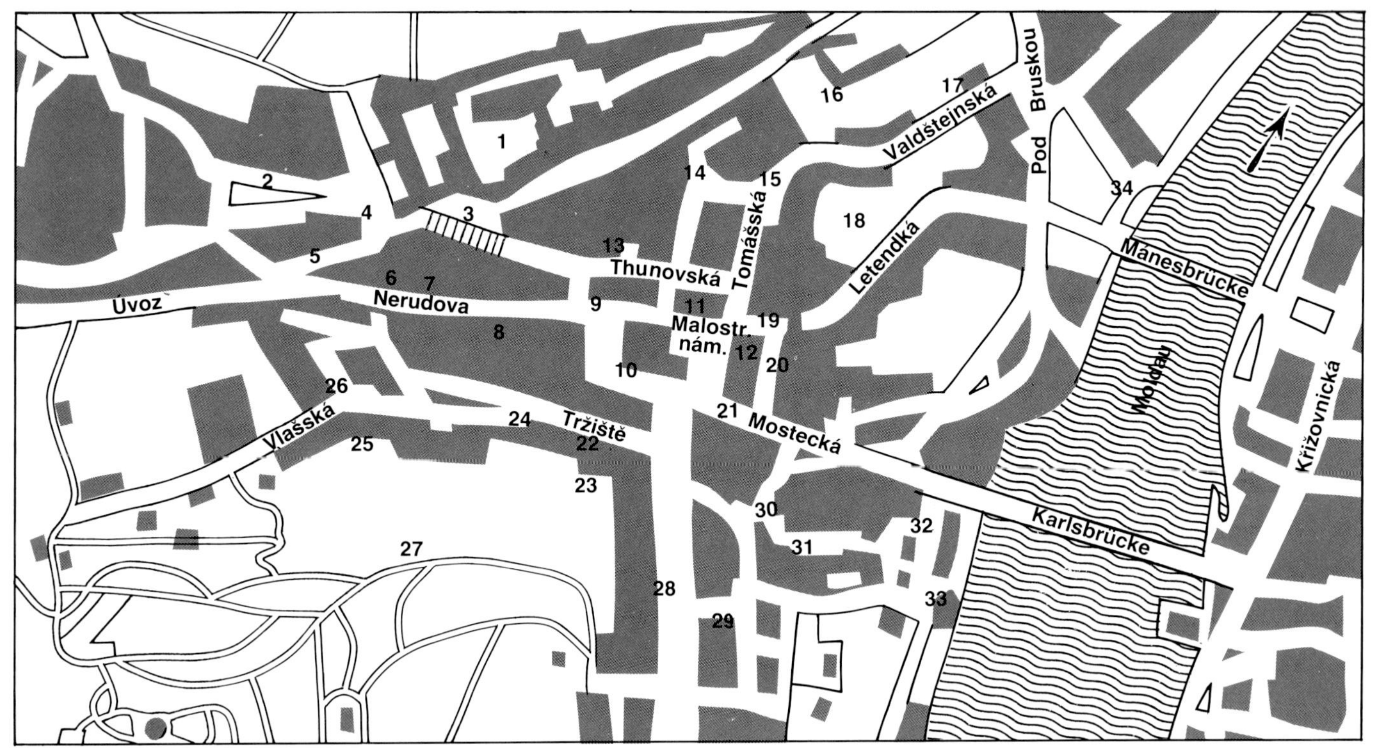

Spaziergang auf der Kleinseite:

1 *Hradschin*
2 *Hradschinplatz*
3 *Neue Schloßstiege*
4 *Palais Salm*
5 *Palais Schwarzenberg*
6 *Kajetanerkirche*
7 *Palais Thun in der Spornergasse*
8 *Palais Czernin-Morzin*
9 *Palais Liechtenstein*
10 *St.-Niklas-Kirche*
11 *Palais Smiřický und Palais Sternberg*
12 *Kleinseitner Rathaus und Palais Kaiserstein*
13 *Palais Thun*
14 *Goldenes Brünnl – Zlatá studnička*
15 *Waldsteinpalais, gegenüber Palais Ledebur*
16 *Ledebur-Garten*
17 *Palais Kolowrat und Palais Fürstenberg*
18 *Waldstein-Garten*
19 *St.-Thomas-Kirche*
20 *St.-Josefs-Kirche*
21 *Brückengasse mit Palais Kaunitz*
22 *Eiermarkt – Tržiště*
23 *Vrtba-Palais mit Garten*
24 *Palais Schönborn*
25 *Palais Lobkowitz mit Garten*
26 *Wälsches Spital*
27 *Laurenziberg*
28 *Prager Jesulein*
29 *Palais Nostitz*
30 *Malteserplatz mit Malteserkirche*
31 *Palais Buquoy*
32 *Insel Kampa*
33 *Palais Kaiserstein*
34 *Klárov*

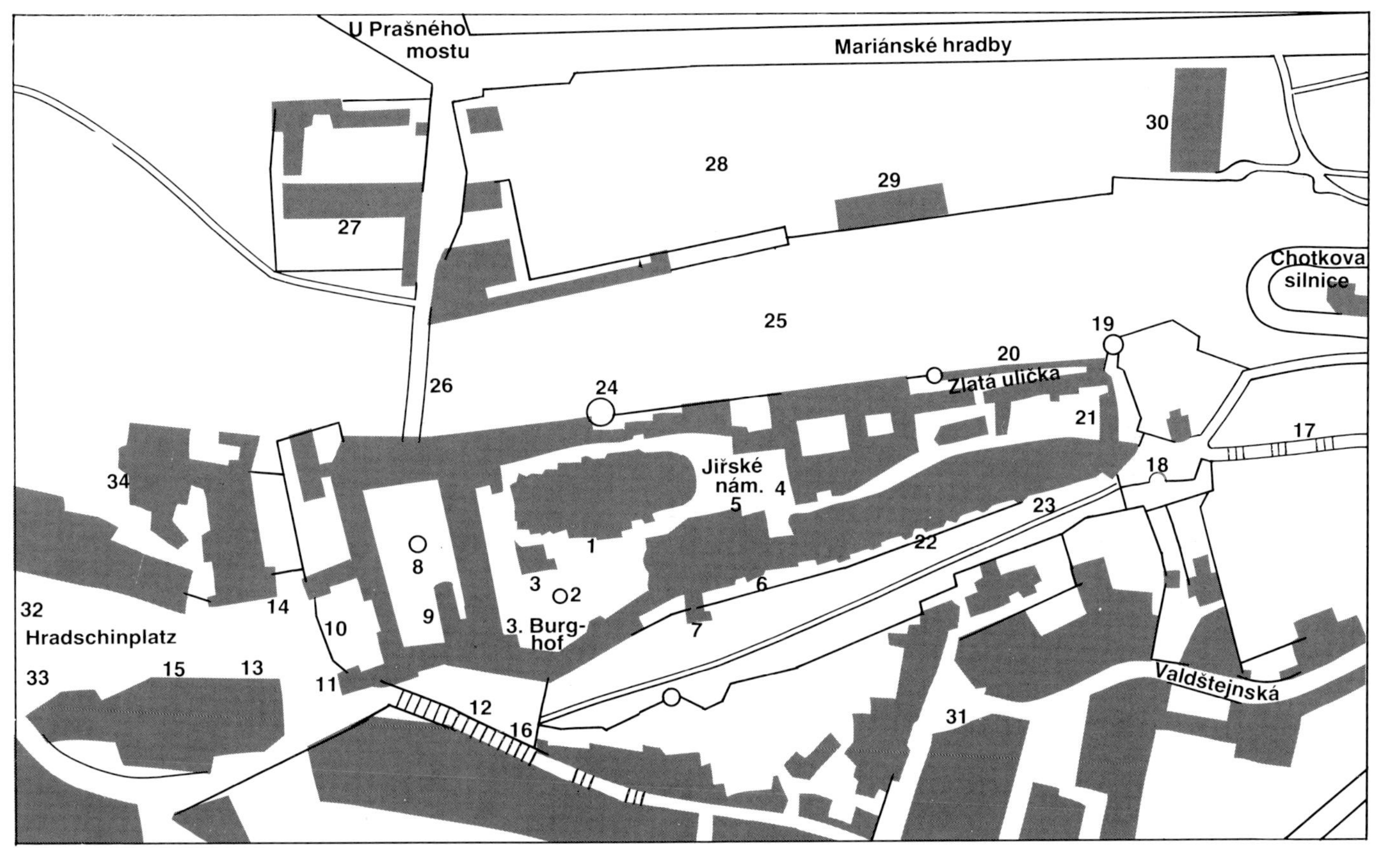

Spaziergang auf dem Hradschin:

1	*St.-Veits-Dom*	19	*Daliborka*
2	*St.-Georgs-Statue*	20	*Goldmachergäßchen*
3	*Ehem. Bischofshof*	21	*Burggrafenhang*
4	*St.-Georgs-Kloster (Nationalgalerie)*	22	*Ehem. Adeliges Damenstift*
5	*Landrechtsstube*	23	*Palais Lobkowitz*
6	*Kgl. Palas mit Wladislawsaal*	24	*Mihulka*
7	*Ludwigstrakt*	25	*Hirschgraben*
8	*2. Burghof mit Brunnen*	26	*Staubbrücke*
9	*Hl.-Kreuz-Kapelle*	27	*Ehem. Reitschule (Ausstellungshalle)*
10	*1. Burghof mit Matthiastor*	28	*Ehem. Kgl. Lustgarten*
11	*Trakt des Staatspräsidenten*	29	*Ballhaus*
12	*Paradiesgarten*	30	*Belvedere mit Singendem Brunnen*
13	*Palais Salm*	31	*Fünfkirchenplatz auf der Kleinseite*
14	*Erzbischöfliches Palais*	32	*Palais Toskana*
15	*Palais Schwarzenberg*	33	*Zum Czernin-Palais, Kloster Strahov, Loretokloster*
16	*Neue Schloßstiege*	34	*Palais Sternberg Galerie*
17	*Alte Schloßstiege*		
18	*Burgtor und Schwarzer Turm*		

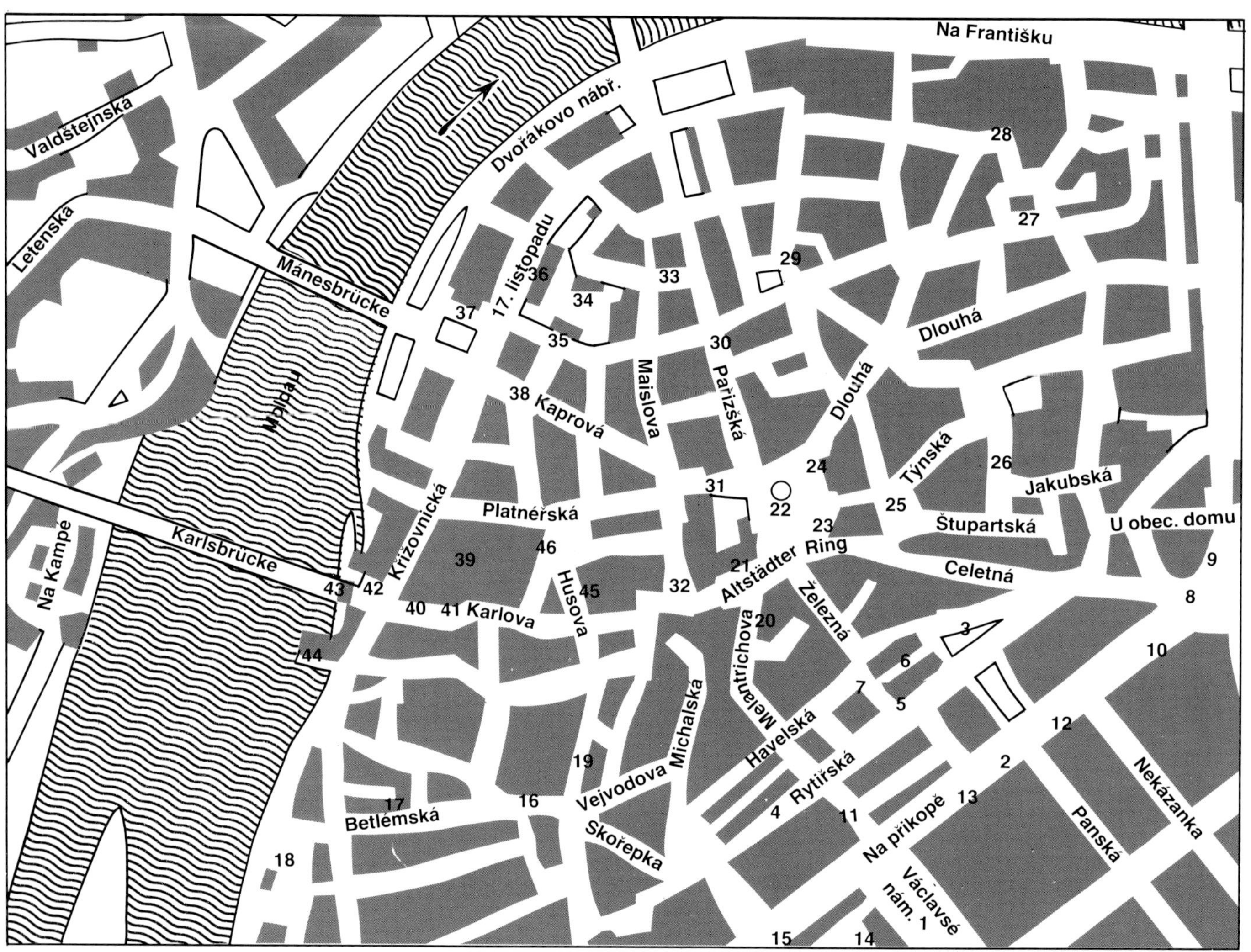

Spaziergang durch die Altstadt:

1 *Wenzelplatz – Václavské nám.*
2 *Graben – Na příkopě*
3 *Obstmarkt – Ovocný rtrh*
4 *Rittergasse – Rytířská*
5 *Ständetheater*
6 *Erker des Carolinums*
7 *St.-Gallus-Kloster*
8 *Pulverturm*
9 *Gemeindehaus (Repräsentationshaus)*
10 *Palais Vernier (ehem. Deutsches Haus)*
11 *Brückl – Mustek*
12 *Hl.-Kreuz-Kirche*
13 *Palais Sylva-Tarucca*
14 *Maria-Schnee-Kirche*
15 *Jungmann-Platz*
16 *Bethlehemskapelle*
17 *Kreuzes-Rotunde*
18 *Smetana-Kai mit Franz-Josef-Denkmal*
19 *St.-Aegidius-Kirche*
20 *Melantrichgasse, Haus zu den zwei Bären*
21 *Altstädter Rathaus mit astronomischer Uhr*
22 *Hus-Denkmal*
23 *Teynkirche*
24 *Palais Kinsky*
25 *Teynhof*
26 *St.-Jakobs-Kirche*
27 *Gallus-Kirchlein*
28 *Agnes-Kloster*
29 *Hl.-Geist-Kirche*
30 *Pariser Straße – Pařížská*
31 *St.-Nikolaus-Kirche*
32 *Kleiner Ring*
33 *Altneu-Synagoge und Jüdisches Rathaus*
34 *Alter Jüdischer Friedhof*
35 *Pinkas-Synagoge*
36 *Kunstgewerbemuseum*
37 *Rudolfinum*
38 *Karpfengasse – Kaprová*
39 *Clementinum*
40 *St.-Clemens-Kirche*
41 *Wälsche Kapelle*
42 *Kreuzherrenkirche*
43 *Altstädter Brückenturm*
44 *Smetana-Museum*
45 *Palais Clam-Gallas*
46 *Eingang zum Clementinum*

234 Karlsbrücke mit dem Altstädter Brückenturm, 1357 von Kaiser Karl IV. erbaut

◁ *235 Loretoheiligtum um »Casa Santa« von dem Architekten Giovanni Orsi 1626–1631 begonnen und im 17. und 18. Jahrhundert herum erbaut. Außenfront und Christi-Geburts-Kirche von Christoph Dientzenhofer begonnen und von Sohn Kilian Ignaz 1720 bis 1722 vollendet.*

236 Neustädter Rathaus auf dem Karlsplatz in der Neustadt, Grundsteinlegung 1367, Renovierung 1905

237 Haus Topic, Sezessionsgebäude am Graben, 1910 von Osvald Polivka erbaut

238 Haus Praha, Sezessionsgebäude am Graben, 1910 von Osvald Polivka erbaut ▷

PRAHA
POJIŠTUJE
ZIVOT
KAPITAL
DUCHOD
VENO
OVOCE ZELENINA
VIOLA
MASO UZENINY

239 Keramikrelief an einem Sezessionsgebäude in der Karpfengasse

240 Sezessionsgebäude Ecke Maiselora/Maiselgasse, Architekt unbekannt

▷

Zu Seite 300, 301:
241–254 Alte Prager Hauszeichen. Vor der Hausnumerierung hatten alle Häuser diese Zeichen, später wurden sie als Zierde fortgeführt.

217
28

255 Blick vom Altstädter Brückenturm auf die Türme der Altstadt, mit dem Astronomischen Turm des Clementinums, rechts davon der Altstädter Rathausturm und links ein Turm der Teynkirche

256 Altstädter Ring mit der St.-Nikolaus-Kirche, 1732–1735 nach Plänen von Kilian Ignaz Dientzenhofer erbaut, und dem Hus-Denkmal von Ladislav Šaloun, 1915 ▷

Register

Die Zahlen verweisen auf die Pagina.

Verwendete Abkürzungen
Bf. = Bischof
Ebf. = Erzbischof
Ehzg. = Erzherzog
Gf. = Graf
Hzg. = Herzog
K. = Kaiser
Kg. = König

Bibliographie

Bachmann, Erich: Barock in Böhmen – die Architektur und Plastik. Im Sammelband »Barock in Böhmen« herausgegeben von K. M. Swoboda, München 1964.

Blažíček, Oldřich J.: Sochářství Baroku v Čechách. Prag 1958.

Chalupecký/Kvet/Mencl: Praha Románská, Prag 1948.

Dvořáková/Menclova: Karlštejn. Prag 1964.

Fehr, Götz: Benedikt Ried, ein deutscher Baumeister zwischen Gotik und Renaissance. München 1961.

Fehr, Götz: Die Karlsbrücke zu Prag. Berlin 1943.

Franz, H. G.: Bauten und Baumeister der Barockzeit in Böhmen. Leipzig 1962.

Friedl, Antonín: Magister Theodoricus. Prag 1956.

Herzogenberg, Johanna Baronin: Prag. München 1966.

Hubala, Erich: Barock in Böhmen – die Malerei. Im Sammelband »Barock in Böhmen«, herausgegeben von K. M. Swoboda, München 1964.

Janáček, Josef: Dějiny Prahy. Prag 1964 (Geschichte Prags).

Kletzl, Otto: Peter Parler. Berlin 1942.

Kuhn, Heinrich: Tschechoslowakei. Nürnberg 1961.

Kutal, Albert: České gotické sochařství. Prag 1962.

Merhautová, Anežka: Bazilika sv. Jiří na Pražském hradě. Prag 1966 (Die Basilika des Hl. Georg auf der Prager Burg).

Morper, J. J.: Das Czerninpalais in Prag. Prag 1940.

Neumann, Jaromír: Die Gemäldegalerie der Prager Burg. Prag 1966.

Pešina, Jaroslav: Die Tafelmalerei der Spätgotik und der Renaissance in Böhmen. Prag 1956.

Plicka/Poche: Sedm procházek Prahou. Prag 1966.

Poche/Janáček: Prahou krok za krokem. Prag 1963.

Poche, Emanuel: Matyáš Bernard Braun. Prag 1965.

Schürer, Oskar: Prag. München/Brünn 1935.

Šamánková, Eva: Architektura české renezance. Prag 1961.

Seibt, Ferdinand: Hussitica. Köln/Graz 1965.

Swoboda, Karl M.: Barock in Böhmen. München 1964.

Swoboda, Karl M.: Peter Parler. Wien 1943.

Swoboda/Glassner: Prag. Berlin 1941.

Winter, Eduard: Tausend Jahre Geisteskampf im Sudetenraum. Salzburg/Leipzig 1938.

L'arte del Barocco in Boemia. Ausstellungskatalog Mailand 1966.

Les primitifs de Bohmême. Ausstellungskatalog Brüssel 1966.

Barockmaler in Böhmen. Ausstellungskatalog München/Köln/Nürnberg 1961.

Photonachweis

Ehm, Josef; Prag 131

Germanisches Nationalmuseum, Nürnberg 220

Museum Prag 32, 42

Neumeister, Werner; München 7, 8, 10, 11, 12, 13, 14, 15, 16, 17, 18, 19, 20, 21, 22, 23, 24, 25, 27, 28, 29, 30, 31, 37, 39, 40, 46, 47, 52, 55, 56, 57, 58, 61, 62, 64, 66, 67, 70, 71, 72, 76, 77, 80, 81, 82, 83, 84, 95, 96, 97, 98, 99, 100, 101, 102, 103, 104, 105, 106, 107, 110, 111, 112, 113, 114, 115, 116, 117, 118, 119, 120, 121, 122, 123, 124, 125, 126, 127, 128, 130, 132, 133, 134, 135, 136, 137, 138, 139, 140, 141, 142, 143, 146, 147, 148, 149, 152, 153, 155, 156, 157, 158, 159, 162, 165, 166, 168, 169, 171, 173, 174, 175, 176, 177, 179, 180, 181, 182, 183, 184, 185, 187, 188, 189, 190, 191, 192, 193, 194, 196, 197, 198, 199, 200, 201, 202, 203, 204, 205, 206, 207, 209, 210, 211, 213, 215, 216, 217, 218, 221, 222, 223, 224, 225, 226, 227, 228, 229, 230, 231, 232, 233, 234–256

Österr. Nationalbibliothek, Wien 43

Paul, Alexander; Prag 75

Schmidt-Glassner, Helga; Stuttgart 6, 9, 26, 65, 68, 69, 73, 74, 78, 79, 85, 86, 87, 88, 89, 90, 91, 92, 93, 94, 108, 109, 129, 144, 145, 150, 151, 154, 160, 161, 163, 164, 167, 170, 172, 178, 186, 195, 208, 212, 214, 219

Die Karte auf S. 289 zeichnete Ilse Eckart, Berlin. Die Spaziergänge auf S. 290, 291 und 292 zeichnete E. Pellikan, München.